논리적 글쓰기

첨삭을 통해 배우는 글쓰기의 기술

이동천

한국교원대학교 국어교육과 졸
한국교원대학교 교육대학원(인공지능융합교육 전공) 졸

전주영생고등학교에서 가르치는 일을 시작했습니다.
지금은 세종과학예술영재학교에서 일합니다.
언어, 매체의 힘과 한계를 주로 공부합니다.

논리적 글쓰기

첨삭을 통해 배우는 글쓰기의 기술

초판 1쇄 인쇄 2025년 12월 9일
초판 1쇄 발행 2025년 12월 19일

지은이 이동천
펴낸이 이대현
편 집 이태곤 권분옥 임애정 강윤경
디자인 안혜진 최선주 김다윤
마케팅 박태훈

펴낸곳 도서출판 역락
출판등록 1999년 4월 19일 제303-2002-000014호
주소 서울시 서초구 동광로 46길 6-6 문창빌딩 2층 (우06589)
전화 02-3409-2060
팩스 02-3409-2059
홈페이지 www.youkrackbooks.com
이메일 youkrack@hanmail.net

ISBN 979-11-7396-445-9 03800

첨삭을 통해 배우는
글쓰기의 기술

논리적 글쓰기

이동천

역락

여는 글

우리는 말과 글로 생각과 감정을 표현합니다. 초코파이 광고 때문에 '말하지 않아도 알아요'와 같은 표현이 인기를 끌기도 했었습니다만, 나의 생각과 감정이 상대방에게 알아서 전달되는 일은 발생하지 않습니다. 빛은 진공 상태를 뚫고 대상에 가닿을 수 있다지만, 우리의 생각은 '매개(체)' 없이 누군가에게 자동 전달될 수 없습니다. 물론 말과 글이 아니더라도 상대에게 무언가를 전달할 수는 있습니다. 몸짓, 손짓, 언어에 해당하지 않는 즉물적인 소리 등을 활용할 수 있기는 합니다. 거기에 상대와 내가 어떤 상황 맥락을 공유하고 있다면, 상대는 내 뜻과 감정을 더 정확하게 이해할 수 있게 됩니다. 그러나 우리는 말과 글을 뛰어넘는, 정교하면서도 대중적인 도구를 아직 발명하지 못했습니다.

버트런트 러셀 같은 일군의 분석 철학자들은, 언어(자연어)의 모호성을 극복할 필요가 있다고 보았습니다. 같은 표현이라 할지라도 상황과 문화적 맥락에 따라 달리 해석되는 경우들이 있지요. 게다가 사물의 움직임이나 상태를 표현하는 말들을 잘 들여다보면, 뜻이 모호할 때가 많습니다. 감각에 기반한 표현들은 대개 이런 문제에서 자유롭지 못합니다. '빨갛다, 짜다, 눈이 시리다, 목이 막히다, 뛰다' 등의 말들은 비유적으로 쓰일 때가 많고, 다의성도 강합니다. 그래서 러셀은 일상 언어를 검증 가능한 형태의 명제와 기호로 바꾸어 참과 거짓을 판별하는 체계를 세우려 했습니다. 그렇게 하면 수학적 진리도 다룰 수 있다고 주장했지요.

그러나 우리는 아직까지 자연어를 포기하지 못했습니다. 자연어를 사용해 일상적인 생각과 감정을 주고받고, 학술적인 담론에 참여합니다. 영상으로 대표되는 복합 양식 매체(뉴미디어)의 시대가 도래하였다고 하지만, 그림과 소리가 자연어의 역할을 완전히 대체할 수는 없는 노릇입니다.

매체 철학자 빌렘 플루서(1920~1991)는 현대의 영상 콘텐츠를 '기술적 이미지'라고 부르고, 인류가 발명한 '세 번째 코드(code, 지배적 상징체계)'라고 칭했습니다. 그리고 이 코드에 담긴 뜻을 제대로 이해하려면, 기술 장치에 관한 이해력과 '그 이전 단계의 코드(영상 제작자가 기획 단계에서 사용한 코드, 두 번째 코드)'인 문자 텍스트를 추출해 독해할 줄 아는 능력이 필요하다고 보았습니다. 이 능력이 없으면 콘텐츠 제작자가 의도한 대로 세계를 인식하게 된다고 경고했습니다('프로그래밍'). 그런데 이 문자 텍스트 역시 자연어에 기반하고 있지요.

자연어는 말 그대로 자연 발생적인 언어입니다. 어느 개인이나 집단이 특정한 목적을 달성하고자 만들어 낸, 인위적인 공산품 같은 것이 아닙니다. 그런 언어들이 몇 있습니다만, 대체로 생명력이 길지 않았습니다. 자연어는 인류가 환경과 상호작용하며 만들어 낸, 생존과 진화의 산물입니다. 그래서 자연어에는 그 사용자(언중(言衆, 같은 언어를 사용하면서 공동생활을 하는 이들))의 기질과 성정, 관습, 문화, 사고 체계가 반영되어 있습니다.

자연어의 일종인 한국어는, 한반도에 거주하여 온 이들이 오랜 기간 갈고 닦아온 언어입니다. 고대와 중세에는 당대의 동아시아 보편 문어(文語)였던 한문의 영향을 많이 받았습니다. 중국으로부터 유래된 여러 사상과 종교, 풍습의 영향도 많이 받았지요. 근대에는 일본과 서양을 통해 서구식 생활양식과 학문을 수용하도록 내몰렸습니다. 요새는 영어에서 유래한 외래어들이 많아졌지요. 심지어 외래어화(국어화)하지 않은 외국어가 일상에서 그대로 쓰이기도 합니다("Mike, confirm되지 않은 message는 share하지 말아 주세요."). 이처럼 한국어는 도도한 강물처럼, 이 모든 과정을 겪고도 살아남은 몇 안 되는 자연어입니다.

글쓰기가 의미를 구성하는, 인간의 고유한 행위라는 점도 강조하고 싶습니다. 우리가 이 세상에 남기고 가는 것은 가죽도 아니고, 이름도 아니고, 글(더 넓게는 기호)과 행위로 엮인 '의미'일지도 모릅니다. 우리는 수십 개에 불과한 자모(또는 음운)를 활용해 세상에 존재한 적이 없던, 새로운 텍스트를 쉽게 만들 수 있습니다. 이 글도 그러합니다. 글쓰기는 공공재를 활용해 '나만의 무엇'을 만들어 내놓는 창의적 행위입니다. 백사장이나 놀이터에서 하는 모래 놀이와 닮은 데가 많다고 생각하면, 글쓰기가 조금은 더 즐거워집니다.

종종 '표절 의혹을 받아 억울하다'라고 토로하는 학생도 만나게 됩니다. 또는 '내 힘으로 초고를 쓴 뒤, 인공지능에게 윤문(또는 교정)만을 맡겼을 뿐이다'라고 스스로를 변호하는 학생도 봅니다. 이 학생들의 주장에도 일말의 개연성은 있습니다. 그러나 전적으로 신뢰하기는 어렵습니다. 남이 나와 같은 생각을 할 확률은 얼마나 될까요? '생각'을 무어라고 정의하느냐에 따라 다르겠지만, 높다고 확언하기는 어려울 것입니다. 그럼, 같은 생각을 하고 있으면 글도 꼭 같아질까요? 그렇지 않다는 것이 문제의 핵심입니다. 둘 이상의 사람이 '동일한 텍스트'를 생산할 확률은 매우 낮습니다. 경이로운 일이지요. 이처럼 글쓰기는 종(種, 생물 분류의 기초 단위)적으로나, 개체적으로나, 그 정체성과도 관련이 있는 중요한 행위입니다. 그러니 글쓰기를 타인이나 어떤 도구에 완전히 맡겨 버려서는 안 되는 것입니다.

챗지피티로 대표되는 생성형 인공지능에만 의존하다 보면, 자기 힘만으로는 의미를 창출하고 조직해낼 수 없는 사람이 되고 맙니다. 새로운 정보를 산출해내지 못하는 프롬프터(prompter, 명령어를 입력하는 사람)나 중간 연산자쯤에 머물지, 아니면 새로운 의미를 창출해내는 창작자가 될지는 온전히 여러분의 선택에 달려 있습니다.

그리고 무엇보다, 읽는 이와 주변 이들을 배려할 줄 아는 자세를 갖춥시다. 글은 세상과 공동체를 향한 나의 '발신(發信)'입니다. 독자에게 친절하지 않은 글, 자기 과시적인 글, 폐쇄적 사고와 편향에 갇힌 글은 안 쓰느니만 못합니다.

이 책은 영재학교 학생들이 수업 시간에 쓴 논술문과, 그에 대한 필자의 비평 및 첨삭이 주를 이룹니다. 문장, 단락, 글 등 텍스트를 구성 단위별로 분절하여 '좋은 글을 쓰는 법'을 소개하는 책은 이미 시중에 많습니다. 그와 달리, 이 책은 학생들의 원고를 세세히 바로잡는 과정을 실제적으로 보여주는 데 초점을 두고 있습니다. 학생들이 탐색한 논제를 함께 살피면서 나, 인간, 사회에 관한 생각의 폭을 넓히는 것도 유의미한 일이 될 것입니다.

이 책에 실린 '학생 글'은, 학생들이 지난 4년(2021~2024) 동안 '논리적 글쓰기', '매체 기반 상호작용', '융합 독서' 등의 수업 시간에 작성한 것들입니다. 학생들은 이슈나 쟁점에 관한 수업을 듣고, 관련 주장 등을 담은 텍스트를 먼저 읽었습니다. 그리고 요구 사항(글의 분량, 전개 방식, 반드시 포함해야 할 내용 등)에 맞추어 글을 썼습니다.

이 책을 읽는 이들의 이해를 돕기 위해, 학생들의 글은 '같은 논제를 다룬 것끼리' 묶어서 여기에 필요한 만큼 소개합니다. 처음에는 '학생의 원고가 안고 있는 문제(표현이 장황하다든지, 주장이 편벽되어 있다든지 등)'를 분류의 기준으로 삼아 책을 엮으려 하였습니다. 그러나 원고가 다루고 있는 문제(논제)에 맞추어 책을 엮는 것이 독자의 이해를 돕는 길이라 생각되어, 방향을 수정하였습니다.

먼저 2022학년도에 학생들이 전국장애인차별철폐연대(약칭 '전장연')의 출근길 지하철 시위에 관하여 쓴 글들을 살펴보겠습니다. 학생들은 관련 자료를 탐색하고 주요 개념, 각계의 주장들을 학습한 뒤, 논제에 맞추어 글을 썼습니다.

* 논제의 요구에 맞추어 글감을 구상하고 글을 쓰는 것도 어려운 일이지만, 남의 글을 읽고 어디가 어떻게 잘못되었는지를 알기 쉽게 설명하는 일은 더 어렵습니다. 여러분도 도전하여 보세요.

* 원고를 꼼꼼하게 읽고 교정하여 주신 김지현, 진소영 선생님께 감사의 마음을 전합니다. 집필의 시간을 허락하여 준 아내와 두 어린이에게도 고마움을 전합니다.

목차

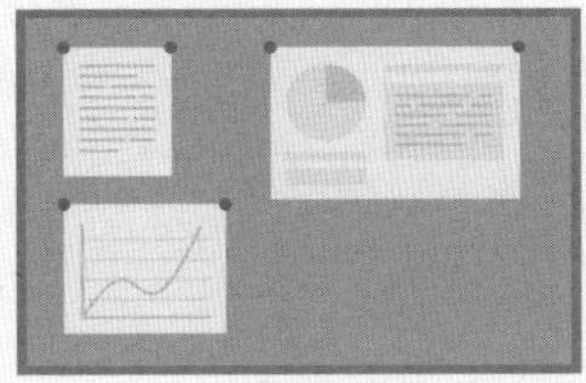

논리적 글쓰기

1.
자유로이 이동할 수 있는 권리, 그리고 일상을 누릴 권리

지금까지 살핀 내용들을 바탕으로, '전장연'의 장애인 이동권 보장 요구 시위에 대해 논평하시오.

- 1,500자(±200자), 삼단 구성에 따라 글을 전개할 것.
- 시위의 방식이 정당한지(또는 용인 가능한지)를 중점적으로 다룰 것.
- 사안에 대한 나름의 대안과 전망도 함께 제시하여 볼 것.

학생 글 1

먼저, 전장연의 이러한 출근길 지하철 시위는 법률을 위반하는 위법 시위이다. 전장연이 행하는 대부분의 출근길 지하철 시위는 미신고 집회이며, 이는 불법적인 시위에 해당한다. 또한 전장연의 지하철 시위 중 발생하는 스크린도어 등의 기물 파손, 불법 홍보물 부착 등 역시 불법적 행위이다.

2-3년 전, 전장연의 출근길 지하철 시위가 이슈가 된 적이 있습니다(시위와 문제 제기는 지금도 계속되고 있습니다). 근대 이래 좀처럼 공론화되지 않던 장애인 이동권 문제가 비로소 공중파를 타고 여론의 주목을 받았습니다. <학생 글 1>은 이에 관한 학생의 글입니다. 주장의 타당성은 논외로 하고, 표현이 간결하고 정확한지만을 우선 살펴보도록 합시다.

먼저, '이러한'과 같은 모호한 지시 표현이 눈에 띕니다. '이러한'은 '이렇다'의 관형사형입니다. '이렇다(이러하다)'는 '상태, 모양, 성질 따위가 이와 같다'[1]는 뜻을 가진 말입니다. 지시 표현은 적절히 활용하면 문장과 문장, 단락과 단락을 긴밀하게 연결하는 데 도움을 줍니다. 같은 표현(주로 명사)을 되풀이하다 보면 식상한 느낌을 주는데, 이를 방지하는 역할도 담당합니다. 그러나 꼭 필요하지 않은데도 상투적으로 사용하는 경우, 뜻을 모호하게 만듭니다. '이러한'을 삭제하거나, 지시관형사 '이'로 대체하는 것이 낫겠습니다.

'법률을 위반하는 위법 시위이다'라는 표현은 어떠한가요? 같은 말을 두 번 반복하고 있습니다. '위법'이라는 말을 지우든, '법률을 위반하는'이란 말을 지우든 해야 합니다. '시위'라는 말이 같은 문장 안에서 두 번 쓰인 것도 다듬는 것이 좋겠네요. <학생 글 1>은 다음과 같이 고쳐 쓰면 좋습니다.

---

1 표준국어대사전. 이하의 풀이는 모두 이 사전에서 인용함.

고쳐쓰기

먼저, 이 시위는 위법하다. 전장연은 집회 계획을 신고하지 않았고, 스크린도어 등의 기물을 파손했다. 게다가 불법 홍보물 등을 부착하기까지 했다.

논술(또는 논설)과 같은 주장을 내세우는 글은, 주장과 근거 위주로 간결하게 표현하는 것이 좋습니다. 주어와 서술어를 잘 일치시키는 것도 중요한데요, 이에 관해서는 뒤에서 다시 다루겠습니다.

이번에는 다른 학생의 글을 읽어 보겠습니다. 본론의 첫 번째 문단을 가져왔습니다. 내용보다는 표현에 먼저 초점을 맞추어 글을 평가해 봅시다.

학생 글 2

결국 이 시위로 피해를 본 시민은 자가용 차량이나 택시를 탈 여건이 되지 않는 출근길 서민들에게 피해 끼친 것이다. 이 시민들은 출근길이나 면접, 시험 같은 각종 중요한 약속 시간에 늦어 보상할 수 없는 큰 피해를 광범위하게 피해를 줬다. 극단적인 예로 친인척의 임종을 지키러 가지 못한 사람에게 "버스를 타고 가라"라는 망언하기도 하는 등 많은 서민에게 피해를 줬고 이는 장애인이라는 약자들이 서민 약자들에게 피해를 준 수평 폭력에 불과한 아이러니한 시위 방법이었다. 더불어 전장연의 시위 방법은 단순히 장애인이 이동하는데 얼마나 불편한 건지를 직접적으로 보여주며 공감을 끌어내는 시위가 아닌 철제 사다리를 목에 걸고 문을 막는 등 고의로 지하철의 운행을 막았다는 점에서 무고한 시민들이 시위로 피해를 보는 것보다는 전장연이 하고자 하는 말을 전하는 것을 더 중요하게 생각한 것에서 이미 정상적인 시위의 범주를 벗어났다.

여러 가지 문제를 안고 있는 문단입니다. 그래서 역으로 여러분에게 소개하고 함께 분석하기에는 좋은 문단입니다. 먼저 첫 번째 문장을 봅시다. 자연스러운가요? 이 문장의 주어는 '피해를 본 시민은' 입니다. 서술어는 '피해 끼친 것이다' 입니다.[2] 피해를 본 시민이, 출근길 서민들에게 피해(를) 끼쳤다는 식의 문장입니다. 무슨 말을 하려는지 알기도 어렵고, 상식에도 반하며, 주어와 서술어가 잘 호응하고 있지도 않습니다.

다음 문장도 비슷한 문제를 안고 있습니다. '이 시민들은' 이 주어입니다. 그리고 '보상할 수 없는 큰 피해를 광범위하게 피해를 줬다' 가 전체 문장의 서술어를 이룹니다. '피해를' 이 불필요하게 반복되어 있습니다. '보상하다' 는 능동사로, 주체가 상정되어야 자연스러운 말입니다. 그런데 문장의 주어인 '이 시민들은' '보상하다' 의 주체가 되기 어렵습니다. 피동의 뜻을 담은 말인 '보상받다' 의 주체가 될 수는 있겠네요.

네 번째 줄부터 시작되는 문장인 '극단적인 예로 ~시위 방법이었다' 를 살펴봅시다. 호흡이 너무 길어서 읽기가 어렵습니다. '망언' 사례와, 시위

---

2 교과서에는 문장 성분을 최대한 잘게 분석하지만(대체로 어절 단위), 이 책에서는 주어부(주어와 그에 딸린 부속 성분(관형어 등)), 서술부(서술어와 그에 딸린 부속 성분(목적어 등)) 등도 크게 '주어', '서술어' 따위로 묶어 분류합니다.

전반에 관한 평가를 한 문장에 넣으려 하다 보니 이렇게 되고 말았습니다.

이 문장의 후반부, 그러니까 '이는 장애인이라는 약자들이 ~에게 피해를 준 ~에 불과한 ~한 시위 방법이었다'도 손볼 곳이 많은 표현입니다. 이 표현에는 관형사형 어미('~는', '~ㄴ')가 불필요하게 네 번이나 쓰여서 문장의 구조가 복잡해졌습니다. 관형사형 어미는 체언(명사, 대명사, 수사)을 꾸미는 말, 즉 관형어를 만듭니다. 한 문장 안에 수식언(관형어, 부사어)이 여럿 붙으면 읽기가 불편해집니다. 시원하게 고속도로를 달리고 싶은데, 나들목(진출입로, IC)이 난잡하게 여기저기 붙어서 제 속도를 낼 수 없는 것과 같습니다.

이 문단의 후반부, '더불어 전장연의 시위 방법은 ~범주를 벗어났다'은 심지어 한 문장으로 되어 있습니다. 이 문장은 무려 198자(띄어쓰기 포함)에 달합니다. 앞에서 강조했듯 글쓰기를 연습하는 학생의 입장이라면, 이런 길고 장황한 문장은 되도록 배격하는 것이 좋습니다. '논제에 열의를 보인 것 같기는 한데, 효용이 없다'라는 평을 피하기가 어려운 문장이 되고 말았습니다.

위 <학생 글 2>는 내용상으로도 몇 가지 문제를 안고 있습니다만, 표현을 바로잡는 데 먼저 치중하겠습니다. 글은 결국 기호(문자) 배열체입니다. 아무리 좋은 뜻을 품고 있어도, 간결하고 정확하게 나타내지 못하면 독자에게 전달되지 못합니다(종래의 논의에서는 글을 '내용'과 '형식'으로 나누고, 전자에 더 많은 가중치를 두어 왔습니다).

글쓰기를 연습하는 중이라면, 되도록 문장은 짧고 간명하게 쓰는 것이 좋습니다. '나는 독자가 이해하기 쉽게 글을 썼다. 따라서 이 글을 이해하는 책임은 온전히 독자에게 있다'라는 투로 작성된 글들을 더러 봅니다. 이런 자세로 글을 써서는 곤란합니다.

아래는 <학생 글 2>를 간결하게 다듬은 것입니다.

고쳐쓰기

결국 전장연은 자가용이나 택시를 이용하지 못하는 서민들에게 피해를 입혔다. 이들이 회사에 지각하거나 면접, 시험에 제때 참석하지 못해 입은 피해는 보상받기도 어렵다. 아이러니하게도 약자가 또 다른 약자에게 피해를 강요하고 만 것이다. 전장연은 대중의 공감을 얻는 것보다 극단적인 방식으로 대중교통 운행을 막는 데 힘을 쏟았다. 무고한 시민들에게 피해를 강요하면서 자기네의 주장만 내세웠다. 따라서 정상적인 시위라고 할 수 없다.

구체적인 사례를 제시하면 주장을 뒷받침하는 데 도움이 되지만, 그것이 지나치면 글을 말단 지엽(맨 끄트머리의 부차적(비본질적인, 중요하지 않은)인 부분)적인 데에 옭아매게 됩니다. 글을 핵심 위주로 간결하게 고쳐 쓰고자 한다면, 단락의 구체성을 적절하게 조절하는 것도 필요합니다.

이번에는 내용을 살피도록 하겠습니다. 표현에 문제가 많은 글은 대개 내용에도 문제가 많습니다. 골재가 뒤틀리고 타일, 벽지 등의 마감 처리가 말끔하게 되지 않은 집을 가리켜, '형식에만 문제가 있는 집, 건축 철학은 뛰어난 집'이라고 말할 수 없는 것과 같습니다. 그럼 이번에는 내용에 초점을 맞추어, 아래의 <학생 글 3>을 읽어 봅시다. 본래의 글 중 본론 두 번째 단락과 결론 단락만을 추렸습니다.

학생 글 3

시위의 단체행동 방식 역시 적합하지 못하다. 현재 전장연은 21년간 쌓아 온 장애인으로서의 억하심정과 그간 5명의 대통령에 대한 불만을 모두 현 정권에 쏟아내고 있다. 또한 그 수단으로 정부에 대한 항의가 아닌, "죄 없는 시민들"에게 정부가 굴복할 때까지 피해를 주는 방식을 사용하고 있는데, 이는 도덕적으로도, 사회적으로도, 법적으로도 용납되기 힘들다. 전장연이 시위에서 주장하는 바에 따르면 대한민국이 장애인의 기본권을 박탈하고 완전히 무시하는 나라라는 인식이 박힐 수 있는데, 실상은 또 그렇지 않다. 한국경제신문에 따르면, 지상에서 승강장까지 교통약자가 타인의 도움 없이 엘리베이터로 이동할 수 있는 동선을 의미하는 1역사 1동선 확보율은 서울시가 다른 선진국 도시들보다도 압도적으로 높다. 이렇게 장애인들이 살기 어려운 나라가 아님에도 불구하고, 전장연의 초기 목적과 다른 장애인 탈시설, 교육 예산 확보 등으로 시위대의 요구 사항이 확대 및 변질되어 이미 시위의 정체성을 잃어버린 상태이다.

장애인의 인식 개선과 여러 공공시설 마련은 선진국이라면 필수적인 요소이고, 이를 부족하다고 여겼을 시 시위를 통해 의견을 표출하는 것은 정당한 행위이다. 그러나 전장연의 최근 행보는 시위의 정체성을 보아도, 시위를 통한 여론의 반응을 보아도 실패한 시위라는 것이 정설이다. 전국장애인차별철폐연대가 이와 같은 실수를 반복하지 않기 위해서는 우선 다른 사람들의 기본권을 보장하는 시위 방식을 적용해야 할 것이다. 또한, 시위의 본 목적을 잊지 않는 것이 중요할 것이다. 특히나 본래 목적에 반해 변질된 목적인 '기타 장애인 탈시설 확보'의 목적을 이루려면 지하철역이 아닌 정부 공공시설 앞에서의 시위가 상식적으로도 적합한 방식이 될 것이다.

학생들이 인터넷상에서 정보를 얻는 대표적인 두 창구로, '나무위키'가 있고, '챗지피티' 같은 생성형 인공지능이 있습니다. 특히 글감이 장애인, 여성, 성소수자, 이주민 등 사회적 약자에 관한 것이거나 정치적 쟁점에 관한 것인 경우, 많은 학생들이 나무위키의 서술과 관점을 별 비판 없이 가져다 쓰는 것을 보게 됩니다(10대 학생 작자와 나무위키 간의 상호작용에 관한 진지한 연구는 아직 찾아보지 못했습니다). 위의 학생 글도 그와 같은 문제가 보이지만, '학생이 주체적으로 쓴 글'이라고 가정하고, 그 내용을 검토하여 봅시다.

이 글은 두 단락에 걸쳐서 '시위의 본 목적'이 '변질'되었다고 강조합니다. '변질되다'는 '성질이 달라지거나 물질의 질이 변하게 되다'라는 뜻을 가지고 있는 말인데요, 이 글에서는 부정적 의미로 쓰였습니다. '순수'해야 할 시위가 '변질'되었다는 관점이 전제되어 있습니다. 전장연이 장애인 이동권 외 장애인 탈시설 문제, 교육 예산 확보 문제에 관한 요구도 했다는 점을 근거로 내세웁니다. 장애인의 탈시설 권리를 보장하고 교육 예산을 확보해 달라는 요구는 본래의 '순수'한 집회 의도를 흐리는 '불순'한 행위일까요?

시위는 자신의 처지와 요구를 공공에 널리 알리기 위한 행위입니다. 집회의 취지에 공감하는 이들, 또는 최소한의 공통 분모를 가진 이들이 현장에 모입니다. 이들은 저마다 다른 존재 여건에 처해 있습니다. 이동권이 보장되지 않으면 어떤 이들은 학업이나 취업에 어려움을 겪고, 어떤 이들은 자녀 돌봄에 어려움을 겪습니다. 이처럼 다양한 이들이 모여 다양한 목소리를 내는 것은 자연스러운 일입니다. 이를 가리켜 '불순'하다고 단언하는 것은 위험한 일입니다. 집회 현장에 모여 모두가 하나의 구호만 외쳐야 '합법'이라면, 타인과 연대할 수 없는 1인 시위만을 강제하는 꼴이 됩니다. 타인의 존재 여건이나 정체성(이 글에서는 '시위의 정체성'도 언급합니다)은 '단언(주저하지 않고 딱 잘라 말함)'의 대상이 될 수 없습니다.

위 글에서는 1역사 1동선 확보율이 다른 선진국 도시들보다 높다고 주장합니다. 그리고 '장애인들이 살기 어려운 나라가 아님'이라고 단언합니다. 또한 전장연의 시위가 대한민국이 선진국이 아니라는 잘못된 인식을 널리 퍼트릴까 걱정된다는 생각도 내포되어 있습니다. 모두 타당하지 못한 생각입니다. 1역사 1동선 확보율과 같은 지표는 장애인의 이동권이나, 삶의 질 전반을 대표하지 않습니다. 더해서, 장애인으로서의 삶이 만족스러운지 아닌지는 장애인들이 판단할 문제입니다. 이는 마치, 대한민국의 1인당 국가총생산(GDP) 통계를 바탕으로, '당신도 적당히 벌 만큼은 벌 테니까, 이제 만족하며 살아야 하지 않겠어?'라고 묻는 일과 같습니다.

위 글의 말미에는 '장애인 탈시설권은 지하철역이 아니라 정부 공공시설 앞에서 주장하는 것이 상식에 부합한다'라는 주장도 담겨 있습니다. 글쓴이의 주장대로, 보건복지부나 기획재정부 앞에서 시위하는 것이 더 '효율적인' 방식일 수도 있겠습니다. 군중의 규모나 목적 등에 따라 다르지만,

대다수의 시위는 아스팔트 도로 위나 번화가, 광장 같은 데서 진행됩니다. 모인 이들이 행렬을 이루어 진행을 하기도 하고, 한 군데 머물러 구호를 외치기도 합니다. 그런데 아스팔트 도로 위라고 하여서, 교통 문제만을 외치며 행진해야 하는 것은 아닙니다. 경찰이 그런 것을 요구하지도 않습니다. 집회 장소가 번화가나 광장이라고 하여서, 상권이나 경제 문제만을 다루어야 하는 것도 아닙니다. 즉, 시위의 '장소'가 시위의 '내용'을 규정짓는 조건이 될 수는 없습니다. 누가 어떤 주제로, 언제 어디에서 무슨 말을 외칠지는 전적으로 그 주체의 자유이기 때문입니다.

<학생 글 3> 이외에도, 여러 글에서 위와 같은 내용상의 문제가 발견되었습니다. 특히 '과거보다 장애인들의 처우가 개선되었으니, 이제 만족할 필요가 있다'와 같은 주장을 담은 글들도 더러 제출되었는데요, 설득력이 떨어집니다. 이동권, 교육권, 주거권과 같은 '기본권'의 충족 정도는 키, 몸무게, 소득처럼 척도로 나타내 비교 연산할 수 없습니다. 소희가 작년에는 3,000만 원을 벌었는데 올해에는 4,000만 원을 벌었다면, (물가인상분 등을 감안하지 않은) 소희의 소득은 약 33.3% 증가한 셈이 됩니다. 만약 소득을 행복을 측정하는 간접 척도로 사용할 수 있다면, 소희의 행복도 33.3% 높아졌다고 말할 수 있습니다.

그러나 기본권에 관해서는 그렇게 말하기가 어렵습니다. 휠체어를 타고 등교하는 초등학생 지체장애인 진수는 집 근처 A역에서 학교 근처 C역까지 이동해야 합니다. 그런데 A역에만 휠체어 리프트가 있고, B, C역에는 그러한 시설이 없다고 가정하여 봅시다. '그래도 진수의 기본권이 1/3만큼은 보장되어 있다'라고 말할 수 있을까요? 이듬해, 다행히 예산이 확

보되어 장애인 이동 지원 시설이 B역에도 설치되었습니다. 그러나 진수 혼자 등교할 수 없는 상황에는 변화가 없습니다(사실, 이런 시설이 설치되어도 진수가 만원 지하철을 타려면 여러 문제를 해결해야 합니다). 우리는 진수에게 '너의 기본권이 2/3는 충족되었으니, 올해는 만족하렴'이라고 말할 수 없습니다.

'전장연은 모든 장애인을 대표하는 단체가 아니다'라는 점을 짚은 학생들도 적지 않았습니다. 이 역시 주장의 근거로는 적당하지 않습니다. 집회 및 시위의 자유와, 대표성 간에는 아무런 제약 관계가 없기 때문입니다. '전장연의 주장에 반대하는 장애인 단체도 있다'라는 주장도 설득력이 별로 없습니다. 어떤 분야나 영역에 속하는 구성원들(또는 이해당사자들) 모두가 의견의 일치를 보았을 때라야 집회나 시위를 할 자격이 생긴다는 생각은 전체주의적인, 위험한 발상입니다.

'극렬한 시위 방식이 그간 장애 인식 개선에 힘써 온 다른 단체들의 노고를 훼손할 우려가 있다'는 주장도 있었습니다. 앞의 것들에 비하면, 충분히 제기될 만한 주장입니다. 그러나 더 나아가서 '이 때문에 장애에 대한 혐오나 차별이 더 조장될 수 있다'라고 말하는 것은 잘못입니다. 근래 청소년 범죄가 자주 보도됩니다. 흉악 범죄에 속하는 사례들도 종종 소개되지요. 그렇다고 하여서 청소년을 혐오하는 것이 정당화되지는 않습니다. '너구리 마을'에서 온 학생들이 유달리 사고를 많이 친다고 가정합시다. 누군가 그 학생들을 근거로 삼아, 너구리 마을에 관한 편견을 갖게 된다면, 그것은 그 학생들의 잘못일까요, 아니면 편견을 품은 그의 잘못일까요?

글에는 글쓴이의 인생관과 철학이 그대로 반영됩니다. 평가자인 교사는 주장과 근거를 더 타당하게 전개하라고 요구할 수는 있지만, 관점을 수정하여 주지는 못합니다. 세상사에 관하여 어떤 관점을 취할지는 전적으로 삶의 주체인 각자의 자유에 해당하기 때문입니다. 내가 무슨 생각을 하며 살든, 그것은 나의 자유입니다. 자유 중에서도 가장 본질적인 자유에 해당하지요. 그러나 그러한 생각이 행동으로 구체화되면, 그에 따른 책임이 수반됩니다. 글쓰기도 그러한 행동에 속합니다. 흔히 글쓰기는 행위 이전의 단계, 머릿속 구상을 지면에 끄적이는 수준의 단계로 치부하는 경우가 많은데요, 그렇지 않습니다. 글쓰기는 '발신' 행위입니다. 수신자는 '독자로서의 나(글쓴이)'일 수도 있고, 담당 교사일 수도 있으며, 집단(학계, 대중, 특정 집단의 구성원 등)일 수도 있습니다. 마땅히 책임이 따를 수밖에요.

얼마 전 설거지를 하다가 우연히 KBS1 <사랑의 가족>(2025.07.12. 방영)이란 프로그램을 보았습니다. 휠체어를 탄 경기도 성남시의 한 장애인이 변호사와 함께 저상 버스 타기를 시도(35분 25초 이후)하는데요, 현실이 녹록지 않았습니다. 저상버스에는 휠체어가 쉽게 들어갈 수 있도록 '슬로프(경사판)'가 달려 있습니다. 그러나 버스 정류장의 바닥이 너무 낮거나 높게 만들어져 있으면(버스와의 단차가 맞지 않으면), 슬로프를 대지 못합니다. '성남시 이동 편의시설 기술지원 센터'에 따르면, 적법하게 만들어진 정류장은 전체의 15.4%에 불과하다고 합니다.

방송에 출연한 장애인이 버스에 탑승하는 일은 고되기 그지없었습니다. 승차를 거부하는 기사도 있었고, 휠체어를 실어주긴 했으나 버스 바닥에 고정해주지는 않는 기사도 있었습니다(그의 의무임에도). 방송 제작진의 문의에 시청 장애인 복지과 담당자는 이렇게 답했습니다. " … (중략, 시설마다 주관 부서가 다르다는 내용) … 계속 개선하려고 하고 있는데 단시간에 바꿔지는 않죠."

사람의 권리는 시설과 장비가 보장해주지 않습니다. 사람이 보장해주어야 합니다. 그런 정신이 중요하지요. 이제, 두 번째 논제로 넘어갑니다.

2.
인공지능 COMPAS가 내리는 결정은 공정한가?

챗지피티의 도움을 받아, 컴퍼스(COMPAS)의 공정성에 대해 논하여 보시오.(1,000자 ± 100자, 띄어쓰기 포함 / 삼단 구성을 갖출 것.)

* 활용 가능 범위 : 용어, 기사 및 사례와 같은 정보 검색, 완성된 글에 대한 피드백 등

조건 1. 챗GPT에게 한 질문과, 그로부터 얻은 정보(답변 등) 등을 알아보기 쉽게 표로 정리하여 함께 제시할 것(화면 캡처본을 넣어도 됨).

챗지피티, 클로드(Claude), 제미나이(Gemini) 등, 누구나 쉽게 생성형 인공지능을 사용할 수 있는 시대입니다. 2022년 말에 출시된 챗지피티는 인공지능의 효용과 한계, 위험성에 관한 대중적인 논쟁을 일으켰습니다. 새로운 시대가 열릴 것이라고 환호하는 이들이 있는 반면, 인간의 일자리와

지위를 인공지능이 빼앗아 갈 것이라고 경고하는 이들도 있습니다. 인공지능이 인간의 삶의 질을 한 단계 더 높은 차원으로 이끌지, 아니면 기존의 사회·경제적 불평등을 더욱 심화할지 아직은 알기 어렵습니다.

그러나 사실, 챗지피티가 등장하기 이전부터 인공지능을 둘러싼 논쟁이 있었습니다. 이맘때쯤 우리나라에서는 과학기술 철학을 연구하는 이상욱 교수와 미학 및 예술 철학을 연구하는 김재인 교수 같은 이들이 인공지능이 예술을 창작할 수 있는지 등을 탐구했습니다. 인공지능이 인간을 밀어내는 '주체'의 지위를 점할지, 아니면 인간 주체의 역할을 보조하는 새로운 기술적 '도구'에 머물지를 내다보려 한 거죠. '창작', '예술', '감각', '주체', '행위', '이해' 등, 평소 별생각 없이 사용하여 온 이 개념들에 관한 전면적인 재검토가 필요한 논의입니다. 튜링 테스트의 개념을 문학에 적용해, 기계가 쓴 글과 사람이 쓴 글을 구분하기가 쉽지 없다면, 기계도 창작의 주체로 인정해야 한다고 주장하는 이들도 있습니다.

2021년에는 『지금부터의 세계』라는 소설이 국내에 출간되어 주목을 받기도 했습니다. 이 책의 '편저자' 인 김태연 씨는 '비람풍' 이라는 자체 개발 인공지능이 이 작품을 지었고, 자신은 비람풍의 작업을 감독하기만 했다고 밝혔습니다. 원로 소설가 이문열 씨가 추천사를 썼기 때문일까요, 이 책은 대형 인터넷 서점에서 한동안 베스트셀러가 되었습니다. 해외에서는 알파고가 지었다는 작품이 출간되기도 했습니다. 모두 챗지피티 등장 직전의 일입니다.

법조계에서도 인공지능은 논쟁의 핵심에 놓였습니다. 미국에서는 일부 주의 법정에서 피의자의 재범 확률을 판단할 때 인공지능을 이미 사용하여 왔습니다. 이 인공지능의 이름은 컴퍼스(COMPAS)입니다. 지구의 남과 북을 가리키는 도구, 컴퍼스와 이름이 같지요. 그런데 프로퍼블리카(propublica)[3]라는 언론이 이 프로그램이 인종 차별적이라는 탐사 보도 결과를 내놓아 논쟁이 시작됩니다. 컴퍼스가 유색 인종의 재범률을 훨씬 더 높게 측정한다는 것입니다. 인종 집단별 위양성(False positive, 재범할 것으로 예측했으나 재범하지 않은 경우) 값과 위음성(False negative, 재범하지 않을 것으로 예측했으나 재범한 경우) 값의 차이가 크다는 데 주목했습니다. 개발사가 주장하는 '예측적 공정성'이 사실은 최적의 차별을 야기한다고 비판했지요.

개발사는 억울했던 모양입니다. 진양성(True positive, 재범할 것으로 예측했고, 정말로 재범한 경우) 값에는 인종 간의 차이가 뚜렷하지 않다고 항변했습니다. 프로퍼블리카가 지적한 인종 집단 간의 차이는, 모집단(母集團, 통계의 대상이 되는 전체 인종 집단)의 특성이 잘 반영된 결과일 뿐이라는 것이지요. 흑인의 위양성 값이 높은 것은 바로 이런 기본 구성 비율의 차이 때문이며, 인종 집단 간의 위험 점수 분포가 동일해야 한다는 기대는 환상에 가까운 것이라고 공격했습니다. 개발사는 알고리즘 자체의 정확성과 '예측적 공정성'을 강조하였습니다.[4] 관련 내용을 더 깊게 알고 싶다면, 각주를 참고하기 바랍니다.

통계나 기술에 관한 전문적인 지식이 있어야만 이 논쟁에 낄 수 있는

---

3 Julia Angwin, Jeff Larson, Surya Mattu and Lauren Kirchner, 〈Machine Bias〉, ProPublica, 2016.05.23.

4 오요한·홍성욱, 「인공지능 알고리즘은 사람을 차별하는가?」, 『과학기술학연구』 18(3), 2018, 153-215쪽.

것은 아닙니다. 이 논쟁은 기계학습 알고리즘이라면 피할 수 없는, 그리고 누구나 접근할 수 있는 근원적인 문제를 안고 있기 때문입니다. 기계(또는 알고리즘, 또는 프로그램)는 인간 개발자(또는 사용자)가 제공한 학습 데이터에 기반해 현실을 이해하고 미래를 예측합니다. 여기에서 두 가지 문제가 파생됩니다. 첫째, 학습 데이터가 정확하지 않거나 고의적으로 왜곡되는 경우 기계 또한 잘못된 결과를 내놓을 수밖에 없다는 점입니다. 둘째, 현실에 내재된 불평등한 구조를 기계가 '정확하게' 학습하는 경우 기계 또한 불평등이 내포된 결과를 내놓을 수밖에 없다는 점입니다. 인간의 죄를 묻고 형량을 정하는 일에 컴퍼스와 같은 기계를 도입해야 할까요? 컴퍼스는 공정한 도구일까요? '공정하다'라는 말은 무엇을 의미할까요? 정확하면 공정한 것일까요?

학생들은 다양한 의견을 개진하였습니다. 같은 과제를 수행했던 선배들의 글을 미리 함께 검토해보기도 하였고요, 개발사와 언론사 양쪽의 입장을 살피며 서로 의견을 나누어 보기도 했습니다. 그리고 작문 과정에서 챗지피티를 보조적인 작문의 도구로 삼아 보기도 하였습니다. 이 논제는 정답을 요구하고 있지 않습니다. 정답이 없는 문제이니까요. 근거를 들어 자신의 주장을 논리적으로 뒷받침할 수 있는가, 그 과정을 들여다보는 일이 더 중요합니다. 이제 학생이 작성한 원고를 단락별로 나누어 읽고 검토하여 봅시다.

학생 글 4_1

인공지능 COMPAS는 "Correctional Offender Management Profiling for Alternative Sanctions"의 약자로 '대체 제재를 위한 교정 범죄자 관리 프로파일링'이라는 뜻이 있다. COMPAS는 범죄자 위험성을 예측하는데 사용되는 기술이다. COMPAS는 범죄자의 과거 기록, 개인 정보 등의 변수들을 분석해 재범 가능성과 위험 수준을 판단하고 평가한다. 또한 이 평가는 법원에서 형량을 결정하는데 도움을 주고 있다고 한다. 하지만 일부 연구에서 COMPAS가 인종차별을 일으킬 수 있다는 것을 보여주고 있고, 일부는 COMPAS가 공정하지 않다고 주장하고 있다. 다만 나는 COMPAS가 공정하다고 생각한다.

글쓴이는 첫 번째 문단에서 COMPAS의 뜻을 길게 풀이하고 있습니다. 설명이 친절하기는 하지만 논지 전개에 꼭 필요한 내용은 아닙니다. 제시된 지문에 이미 언급된 내용이기도 합니다. 두 번째 문장, 'COMPAS는 범죄자 위험성을 예측하는데 사용되는 기술이다'를 볼까요? 많은 학생들이 의존 명사 '데'를 어미 '-데'처럼 앞의 말에 붙여 쓰는데요, 잘못입니다. '곳', '장소', '일', '것', '경우' 등의 뜻을 나타내는 '데'는 의존 명사(혼자서는 쓰이지 못하는 명사. 관형어를 동반해야만 쓸 수 있는 명사. '것' 등이 대표적)입니다. 따라서 '예측하는데'는 '예측하는 데'로 고쳐야 합니다. 더 간추려서 'COMPAS는 범죄자의 위험성을 예측하는 도구이다'와 같이 표현하는 것도 좋습니다. 네 번째 문장의 '형량을 결정하는데'도 고쳐야겠지요? '형량을 결정하는 데'로 바로잡아야 합니다.

'하지만 일부 연구에서 ~보여주고 있고, 일부는 ~주장하고 있다'라는 표현도 장황한 느낌을 줍니다. 더 간결하게 줄이는 것이 좋겠습니다. 마지막 문장, '나는 COMPAS가 공정하다고 생각한다'도 역시 고쳐야 합니다. 논술에서는 굳이 글쓴이를 '나'와 같은 대명사로 드러낼 필요가 없습니다. 논술뿐만 아니라, 논리성과 객관성이 중시되는 장르의 글(논문, 학술 에세이 등)에서는 '나', '필자', '본인'과 같은 표현을 잘 쓰지 않습니다. 결론을 도출하기 위해, 작문 주체의 개인적 경험(문화인류학적 관찰 등)이나 주관성이 반드시 드러나야 하는 경우가 아니라면, 1인칭 대명사는 쓰지 않는 것이 좋습니다. '생각하다'와 같은 추상적인 인식 동사도 배제하는 것이 좋습니다. 다시 말해, '나는 A는 B라고 생각한다'와 같은 방식보다, 'A는 B다'라고 표현하는 것이 낫습니다.

학생 글 4_2

COMPAS가 공정하다는 것에 앞서 공정성의 정의를 명확하게 해야 한다. 공정성이란 모든 개인이 동등하게 대우받는 것을 의미한다. 또한 공정성은 인종, 성별, 출신 국가, 종교, 나이, 성적 지향 등과 같은 특성에 따라 차별하지 않아야 한다. COMPAS가 공정한 이유는 다음과 같이 3가지이다.

<학생 글 4_2>는 <학생 글 4_1>의 바로 다음 단락입니다. 글 전체로 보면, 본론의 첫 번째 단락에 해당합니다. 첫 문장이 어떤가요? 'COMPAS가 공정하다는 것에 앞서'라는 말은 무엇을 뜻하지요? 막연한 느낌을 줄

뿐만 아니라, 구어체(입말체)의 느낌도 납니다. 이 문장은 이렇게 간추릴 수 있습니다. '먼저, 공정성이 무엇인지를 명확하게 밝힐 필요가 있다'. 이어지는 세 번째 문장, '또한 공정성은 인종, 성별, 출신 국가, 종교, 나이, 성적 지향 등과 같은 특성에 따라 차별하지 않아야 한다.'는 더 큰 문제를 안고 있습니다. 잘 읽어 보면, 주어와 서술어가 호응하지 않는다는 점을 알 수 있습니다. 국어에는 크게 세 가지 부류의 문장이 있습니다. '무엇이(누가) 무엇이다', '무엇이(누가) 어떠하다', '무엇이(누가) 어찌한다'. 위의 문장은 어디에 속할까요? '공정성은'이 주어이고, '차별하지 않아야 한다'가 서술어입니다. 이상하지 않습니까? '공정성'은 대상을 차별하거나 차별하지 않는 어떤 주체가 될 수 없는 명사이기 때문입니다.

학생 글 4_3

첫째, 인공지능 COMPAS의 재범 가능성 평가는 공정한 평가이다. COMPAS는 범죄 유형, 범죄자의 연령, 성별, 과거 범죄 기록, 신상 정보, 사회 경제적 지위, 교육 수준 등 다양한 변수를 고려하여 범죄자의 위험 수준을 평가한다. 이러한 변수들은 모두 객관적이고 현실적인 데이터들이며, 이를 기반으로 재범 가능성을 점수화한다. 따라서 COMPAS는 인간의 주관이 개입되지 않는 공정한 인공지능으로, 인종 등의 특성에 따라 차별되지 않는다.

이제 '첫째'로 시작하는 세 번째 문단을 봅시다. 첫 문장부터 자연스럽지가 못합니다. '~의 ~성 평가는 ~한 평가이다'의 형태입니다. '자연스러운 문장'이란 것이 무어냐고 물으면 간단하게 답하기 어렵습니다. 문법에 부합해야 할 뿐만 아니라, 군더더기가 없어야 합니다. 이런 문장을 스스로 걸러낼 수 있어야 합니다. 잘 쓰인 글을 많이 읽다 보면 문장에 대한 감(感)이 절로 쌓입니다. 이 문장은 이렇게 고치면 어떨까요. '첫째, 컴퍼스는 공정하게 재범 가능성을 평가하고 있다'라고요.

세 번째 문장을 봅시다. 이 문장은 형식보다는 내용에 눈길이 갑니다. 컴퍼스가 다루는 변수들을 가리켜 '모두 객관적이고 현실적인 데이터'라고 주장합니다. 그리고 이를 바탕으로, 컴퍼스는 '공정한 인공지능', '인종 등의 특성에 따라 차별되(?)지 않는다'라고 결론을 내립니다. 피의자의 재범 위험성을 평가하기 위해 그의 성별이나 사회 경제적 지위, 교육 수준 등을 참고하는 일, 어떻게 평가해야 할까요? '인간의 주관이 개입되지 않는'다고 단언한 점도 흥미롭습니다.

이 글은 성별, 지위, 교육 수준 등을 재범률을 추정하는 데 필요한 요소라고 단정하고 있습니다. 대다수가 여기에 동의할 것이라는 관점도 내포되어 있습니다. 그런데, 가장 정작 중요한 요소가 빠져 있습니다. 피의자 그 개인의 내면입니다. 그가 현재 무슨 생각을 하고 있는지, 인생관은 어떠한지, 언제 좌절하고 언제 기쁨을 느끼는 사람인지를 알면, 그의 위험성을 더 타당하게 평가할 수 있지 않을까요?

알고리즘의 한계도 짚을 필요가 있습니다. 만약 모 대학에서 수십 만에 달하는 졸업생들의 데이터를 분석해, 위의 변수들과 잠재 역량 사이에 유의미한 관계가 있다는 점을 발견했다고 가정합시다. 그리고 이를 근거로 삼아 지원자의 출신, 성별, 경제적 지위, 교육 수준 등을 참고해 입학 여부를 결정하기로 했다고도 가정합시다. 양질의 데이터를 학습시킨 뒤 임의의 평가 데이터를 넣어 측정하여 본 결과, 알고리즘의 예측 정확도 또한 높다고도 합시다. 입학 담당관은 학생의 데이터를 입력할 뿐, 그의 주관적 판단은 철저히 배제된다고도 합시다. 이 대학의 입시 방침은 '공정' 한가요?

알고리즘은 현실을 수치로 환원해 필요한 정보를 추론해내는 일에 능합니다. 그러나 현실은 몇 개의 변수 영역으로 분할하면 쉬이 이해할 수 있는 그런 작고 가벼운 대상이 아닙니다. 인간(또는 기계가)이 가공해 낸 데이터는 현실(Reality)의 해상도를 재현해 낼 수 없습니다. UHD급 초고해상도 모니터라 할지라도 자연을 있는 그대로 담아낼 수 없는 것과 같은 이치입니다.

어떤 변수를 얼마나 설정해야 하는지도 문제가 됩니다. 바로 이 과정에서 개발자(또는 사용자)의 주관이 개입됩니다. 변수 간의 가중치를 설정하는 과정, 학습 데이터를 확보해 전처리(알고리즘이 활용할 수 있도록 가지런하게 다듬는 일)하는 과정에도 인간의 주관이 필연적으로 개입됩니다.

많은 학생들이 수치 처리 모델의 객관성을 막연하게 신뢰합니다. 학생들의 글을 읽다 보면, 그러한 가치관이 생각보다 널리 퍼져 있음을 발견합니다. 변수 없이 작동하는 알고리즘은 없습니다. 무언가를 수치화하여 전산 처리한다는 사실이 그 과정의 객관성이나 공정성을 담보하는 것은 아님에 유의해야 합니다.

학생 글 4_4

> 둘째, 인공지능 COMPAS는 현실의 데이터를 기반으로 평가한다. COMPAS는 입력받은 정보를 변수로 하여 재범 가능성을 점수화한다.

이때 점수화할 때에는 저장된 데이터와 알고리즘을 기반으로 평가하는 것인데, 이때의 데이터는 수집된 현실에서의 데이터를 편견 없이 반영한 것이고 이는 차별없는 한없이 공정한 과정이다.

단락(문단)은 하나의 중심 생각을 담고 있어야 합니다. 단락의 중심 생각이 담긴 문장을 '소주제문'이라고 합니다. 단락은 소주제문과 이를 뒷받침하는 문장들로 구성되는, 논지 전개의 최소 단위입니다. 특히 본론에 속하는 단락의 소주제문이 잘 드러나야 합니다. 이렇게 만들어진 각각의 소주제문은 하나의 중심문장(글 전체의 주제문)을 떠받쳐야 합니다.

그런데 위의 문단은 바로 앞의 문단에서 밝힌 내용을 중언부언하고 있습니다. 특히, 첫 문장과 둘째 문장은 바로 앞 문단의 요지를 되풀이하고 있습니다. 셋째 문장은 이 단락의 소주제문입니다. '현실의 데이터가 편견 없이 컴퍼스에 반영되어 있다(근거는 제시되지 않았습니다)'는 취지의 뒷받침 문장과 '(따라서 컴퍼스는) 공정하다'는 소주제문이 앞뒤로 연결되어 있는데요, 두세 문장으로 나누는 편이 낫습니다.

이 단락은 '이는 차별없는 한없이 공정한 과정이다'라는 표현으로 마무리됩니다. 무슨 말일까요? 지시대명사 '이'가 가리키는 말이 분명하지 않습니다. 맥락상 '편견 없이 반영된 데이터' 또는 '데이터를 편견 없이 반영한 것' 등을 가리키는 것 같기는 한데, 둘 다 '공정한 과정이다'라는 서술어와는 잘 어울리지 못합니다. '데이터'는 과정이 될 수 없고, '반영한 것'도 마찬가지입니다. 앞에서도 강조했듯, 주어와 서술어가 잘 호응하도록

'일치' 시키는 것이 기본이 되어야 합니다.

또한, '한없이'는 논술과 같은 장르의 글에 어울리지 않는 표현입니다. 발붙일 데가 없습니다. 막연하고, 추상적이며, 단정적입니다. 이러한 표현은 반증의 가능성을 조금도 인정하지 않겠다는 독선적 태도를 보이는 것으로 읽힐 수도 있습니다. 모든 논리적·과학적 주장은 반증의 가능성을 내포하고 있고, 또 그래야 합니다. 심지어 칼 포퍼 같은 과학 철학자는 '반증의 가능성을 담고 있는 명제라야 가치가 있다'라고 말합니다. 주장은 담박하게 내세우면 됩니다. '한없이', '무조건', '항상'과 같은 부사어를 앞세워 '옳다', '공정하다', '타당하다', '신뢰할 만하다'라고 단정해서는 안 됩니다.

결국 이 단락은, 데이터를 활용한 알고리즘에 대한 무한한 신뢰가 막연하게 더 부각되어 있을 뿐, 새로운 생각을 담고 있지는 못합니다.

학생 글 4_5

마지막으로, 인공지능은 모두 공정하다. 인공지능이 공정하다는 것은 인간의 편견과 차별 없이 작동하는 것을 의미한다. 이때 인공지능은 데이터를 기반으로 학습하고 결정을 내리기 때문에 인공지능이 공정하지 않다는 것은 데이터의 공정성을 따져야 한다는 얘기가 된다. 데이터의 양이 많을수록 데이터의 차별성이 줄어들기 때문에 충분히 많은 데이터가 학습되었다면 인공지능은 공정할 수밖에 없다. COMPAS는 노스페인트사가 개발한 빅데이터 분석 인공지능으로, 수많은 범죄 데이터를 바탕으로 학습되었기 때문에 COMPAS는 공정하다.

결론적으로, 위양성, 위음성 값이 인종차별에 의한 것이라고 믿을 수도 있겠지만, COMPAS는 현실의 데이터를 기반으로 학습되고 결정을 내리기 때문에 우연한 오차이거나 현실일 가능성이 높다. 따라서 인공지능 COMPAS는 공정하다.

자, 이제 이 학생이 작성한 글의 마지막 두 문단입니다. 안타깝게도 논제에서 벗어나 '인공지능은 모두 공정하다'라고 단언하며 문단을 열었습니다. 이런 표현이 어째서 문제가 되는지는 앞에서 자세히 밝혔으니 넘어갑시다. <학생 글 4_5> 속 첫 번째 단락은 본론의 세 번째 단락에 해당하는데요, 이 단락의 전반부 또한 새로운 생각이나 근거를 제시하고 있지는 않습니다. 앞의 두 단락에서 밝힌 내용을 되풀이하고 있습니다. 이 단락의 후반부에서는 '충분히 많은 데이터', '수많은 범죄 데이터'와 같은 막연한 표현들이 눈에 띕니다. 이 단락의 소주제문은 '많은 데이터로 학습시킨 알고리즘이므로 컴퍼스는 공정하다' 정도로 간추릴 수 있습니다. 학습 데이터의 양과, 그 결과물의 공정성 간에는 어떤 관계가 있을까요? 이 글을 통해서는 알 수 없습니다. 논의하지 않았으니까요.

양종모(2021)는 사람에게는 '인지적 구두쇠(cognitive miser)' 속성(가능하면 생각을 하지 않으려는 속성)이 있으며, 이런 속성이 알고리즘에 의한 기계적 의사결정을 부추기고 있다고 지적합니다. 그리고 사람이 개입하지 않는 기계적 결정은 공정하다는 근거 없는 믿음까지 더해지고 있는 실정이라고 비판합니다.[5]

---

5 양종모, 「재범의 위험성 예측 알고리즘과 설명가능성 및 공정성의 문제」, 『형사법의 신동

많은 사람들이 알고리즘을 활용해 세상을 이해하고 앞으로 일어날 일을 예측하여 보려고 노력합니다. 기후 위기 대처, 에너지 공급망 관리, 각종 투자 시황 분석 등에 강력한 추론 능력을 갖춘 알고리즘이 쓰이고 있습니다. 향후 동해의 수온이 앞으로 얼마나 높아질지를 알면, 어민들의 소득을 보전하는 데에도 도움이 되겠지요. 그러나 개별 인간의 역량이나 인성을 평가해야 하는 경우, 또는 개인의 권리 제한과 관련 있는 결정을 내려야 하는 경우(유·무죄 판단, 형량 결정 등)라면 어떻습니까?

세상의 모든 것을 수치로 환원해 '과학적'으로 분석하고 예측할 수 있다고 보는 사람들이 있습니다. 인간이라고 해서 이러한 분석이나 예측의 예외가 되지 않는다고 봅니다. 근래에 힘을 얻고 있는 이러한 견해는 '과학주의', 또는 '환원주의'로 불립니다. 인간 또한 물리학, 화학, 생물학적 원리의 지배를 받으므로, 기술이 충분히 고도화된다면 인간을 '과학적 언어'로 설명하고 예측할 수 있다는 주장입니다. 물론 이러한 주장에 반하는 이들도 있습니다. 많은 인문학자, 과학자, 기술 철학자들이 이 논쟁에 가담하고 있는데요, 이에 관해서는 뒤에서 자세히 다룹니다. 이제는 인간과 기술에 관해 학생들이 쓴 글을 살펴보겠습니다.

향』 70, 2021, 207-240쪽.

3.
인간과 기술은 어떤 관계를 맺고 있는가?

1. 논제 : 다음의 조건에 맞추어 기술과 인간의 관계에 대해 논하시오.

조건1. (가), (나), (다)를 활용하며 내용을 전개하시오.

- 각각 한 문단으로 요약하며 비교할 것.
  - (나)를 요약할 때는 (가)에 언급된 핵심 개념을 적용하여 볼 것.

조건2. 인간에게 어떤 자세가 필요한지를 분명하게 드러내시오.

- 기타 자료 속 핵심 아이디어, 개념, 사례 등을 필요한 만큼 적절히 활용하여 뒷받침할 것.
- 사회의 지속 가능성에 대해서도 언급할 것.

조건3. 기타 사항

- 삼단 구성(서론, 본론, 결론)을 갖출 것
- 분량 제한: 1,800자(±200자, 띄어쓰기 포함)
- 문단의 수: 5~7 문단
- 챗지피티를 활용하지 말 것. 특히 챗지피티가 내놓은 결과를 붙여넣거나 재조합하여 쓴 경우, 표절 행위로 처리될 수 있음.

(가) 플라톤의 『파이드로스(Phaedrus)』에는 이집트를 통치하던 타무스 왕의 이야기가 나온다. 우리처럼 자신이 만든 도구의 도구로 전락해 가는 사람들(소로의 시에 나오듯)에게 이만큼 많은 교훈을 주는 이야기도 없다. 소크라테스가 자신의 친구 파이드로스에게 들려주는 이야기는 다음과 같다. 타무스는 테우스 신을 초대하여 즐겁게 해준 적이 있는데, 그는 수, 계산, 기하학, 천문학, 문자 등 많은 것을 발명한 신이었다. 테우스는 자신의 발명품을 타무스에게 보여주면서 그것들을 이집트 사람들에게 널리 알려 보급하라고 명한다. 소크라테스의 이야기는 다음과 같이 이어진다.

타무스는 각 물건들의 용도를 물었으며, 테우스가 그것들을 설명할 때마다 그 주장의 타당성을 고려하여 발명품에 대해 찬성과 반대를 표시하였다. 이유를 하나하나 설명하려면 너무나 많은 시간이 걸릴 것이므로 간단히 찬반 의사만을 표했다고 한다. 그런데 문자에 도달했을 때 테우스는 다음과 같이 선언하였다. "왕이여, 여기에 내가 심혈을 기울여 완성한 작품이 있고. 이것은 이집트인들의 지혜와 기억력을 늘려줄 것이오. 기억과 지혜의 완벽한 보증수표를 발견해 낸 것이지요." 이에 대해 타무스는 다음과 같이 대답한다. "모든 발명가의 모범이 되시는 테우스여, 기술의 발명자는 그 기술이 장차 이익이 될지 해가 될지를 판정할 수 있는 최선의 재판관은 될 수 없습니다. 문자의 아버지인 당신은 자손들을 사랑하여 발명해 낸 그 문자에 본래의 기능에 정반대되는 성질을 부여한 셈입니다. 문자를 습득한 사람들은 기억력을 사용하지 않게 되어 오히려 더 많이 잊게 될 것입니다. 기억을 위해 내적 자원에 의존하기보다 외적 기호에 의존하게 되는 탓이지요. 당신이 발견한 것은 회상의 보증수표이지, 기억의 보증수표는 아닙니다. 그리고 지혜에 대해서라면, 당신의 제자들은 사실과는 상관없이 지혜에 대한 명성을 계속 누리게 될 것입니다. 그들은 적절한 가르침 없이도 많은 정보를 받아들일 수 있게 될 것이고, 따라서 실제로는 거의 무지하다 할지라도 지식이 있는 것으로 인정 받게 될 것입니다. 그리고 그들은 진정한 지혜 대신 지혜에 대한 자만심으로 가득 차 장차 사회에 짐만 될 것입니다."

이 신화로 책을 시작하는 이유는 이러하다. 타무스의 대답 속에는 건전한 원칙들이 상당수 포함되어 있으며, 이를 통해 우리는 기술사회에 대해 현명하고 신중하게 사고하는 법을 배울 수 있기 때문이다. 사실 타무스의 판정에도 오류가 없는 것은 아니지만, 이마저 우리에게 중요한 교훈을 준다. 문자사용이 기억력을 약화시키고 거짓 지혜를 낳는다는 주장은 틀린 말이 아니다. 문자사용이 그러한 결과를 가져오고 있다는 것은 명백한 사실이기 때문이다. 타무스의 오류는 문자사용이 사회에 짐이 될 것이라는 주장에 있다. '단지 짐만 될 것'이라는 주장 말이다. 그가 가진 뛰어난 지혜에도 불구하고 그는 문자의 혜택이 어느 정도일지 예견하지 못하고 있다. 우리가 잘 알고 있듯, 문자의 혜택은 엄청난 것이다. 우리는 여기에서 기술의 진보가 일방적인 결과만을 가져오리라는 생각이 잘못되었음을 깨닫게 된다. 모든 기술은 짐인 동시에 축복이다. 즉 '이것 아니면 저것'이 아니라 '이것인 동시에 저것'이다.

이는 기술혁신에 대해 조금이라도 고민해 본 사람에게는 자명한 사실이다. 그러나 문제는 지금 우리를 둘러싼 대다수의 사람들이 열광적인 테우스류의 무리라는 사실이다. 이들은 새로운 기술이 가져올 파멸의 가능성은 외면한 채 기술의 능력만을 과신하는 외눈박이 예언자에 다름없다. 아마도 그런 사람들을 기술도착자(Technophile)라고 불러도 괜찮을 것이다.

–닐 포스트먼, 『테크노폴리』, 궁리, 2005.

제시된 지문 (가), (나), (다)는 인간과 기술의 관계를 고찰하고 있는 글들입니다. 먼저 (가)는 『테크노폴리』(닐 포스트먼, 2005)라는 책에서 발췌한 지문입니다. 이 책은 기술에 관한 대중의 상식을 비판하고 있습니다. 우리는 기술을 인간의 충직한 도구로 여깁니다. 우리가 원하는 대로 기술을 통제할 수 있다는 믿음이 널리 퍼져 있습니다. 핵 투발 기술은 나날이 고도화되고 있지만, 대다수의 사람들은 핵전쟁을 염려하고 있지 않습니다. 인공지능이 인류를 위협하는 일이 일어나지 않도록 통제할 수 있다는 낙관은 주식 시장에 활기를 불어넣습니다. 과학과 기술이 발전하면, 인류의 생명이 연장되고, 사회적 갈등이 완화되며, 무너진 생태계도 복원될 것이라고 믿는 사람들도 많습니다. '인간다움'을 결정짓는 덕목들이 후세대에 안정적으로 전달될 것이라는 믿음(또는, 기술이 '인간다움'을 함부로 훼손하지 못하도록 방지할 수 있다는 신념)도 확인할 수 있습니다. 그러나 닐 포스트먼은 이러한 풍조를 '기술도착증'이라 부르며 비판했습니다.

그에 따르면 기술은 한번 만들어지고 나면 인간의 손을 떠납니다. 사춘기 청소년이 부모와 거리를 두기 시작하는 것보다 더 빨리, 기술은 세상에 등장하는 순간 '인간의 의지와 관계없이 그 자체의 예정된 임무를 수행'한다는 것입니다. 또한 그는 기술이 인간에게 미치는 영향이 전방위적이라는 데에도 주목했습니다. 기술이 산업 분야에만 영향을 미친다는 생각은 순진합니다. 기술은 우리의 인식 체계, 소통 방식, 문화 전반에 영향을 미칩니다. 텔레비전 발명 이후의 사회는 '텔레비전 발명 이전의 사회 + 텔레비전'과 같은 간단한 공식으로 치환할 수 없습니다. 텔레비전이 우리의 가치관과 생활 양식을 근본부터 뒤흔들어 놓았기 때문입니다. 스마트폰 발명 이전의 사회와 이후의 사회, 사회적 관계망(SNS) 도입 이전의 사회와 이후의 사회도 마찬가지입니다.

(가)의 앞머리에 포스트먼이 인용한 타무스 왕의 이야기도 이러한 관점에서 읽으면 이해하기가 쉽습니다. 발명의 신 테우스가 타무스에게 자신이 발명한 문자를 소개합니다. 그런데 테우스의 기대와 달리, 타무스는 문자가 미칠 역효과에 주목합니다. 문자 때문에 사람들의 기억력이 감퇴되고, 위선과 거짓이 횡행하게 될 것이라고 지적하지요. 포스트먼은 현대인들에 없는 기술에 관한 경각심이, 타무스에게는 있다고 보았습니다. 그는 기술에 대한 지나친 낙관을 '기술 도착적'이라고 비판합니다. 그리고 현대 사회를 가리켜 '테크노폴리'라고 정의합니다. 기술이 모든 것을 지배하는 사회가 되었다는 것입니다.

(나) 정보가, 그리고 알고리즘과 인공지능을 통한 정보의 가공이 사회적, 경제적, 정치적 과정들을 결정적으로 좌우하는 지배 형태를 일컬어 정보체제(Informationsregime)라고 한다. 규율체제에서와 달리, 정보체제에서는 몸과 에너지가 아니라 정보와 데이터가 착취된다. 권력 획득을 위해 결정적으로 중요한 것은 생산 수단의 소유가 아니라, 심리정치적 감시, 행동 조종, 행동 예측에 투입되는 정보에 접근하는 것이다. 정보체제는 정보자본주의와 맞물려 있으며, 정보자본주의는 감시자본주의로 발전하고, 사람들은 데이터 가축이자 소비 가축으로 격하된다.

규율체제는 산업자본주의의 지배 형태다. 그 체제 자체도 기계적 형태를 띤다. 모든 각자는 규율적 권력 기계 내부의 작은 톱니바퀴 하나다.

규율권력은 신경 경로들과 근육 섬유들에 침투하여 "무정형의 반죽, 쓸모없는 몸"을 "기계"로 만든다. 규율권력은 "고분고분한" 몸을 제작한다. "고분고분한 몸이란 복종시킬 수 있는 몸, 착취할 수 있는 몸, 변형시키고 완전하게 만들 수 있는 몸이다." 생산 기계로서의 고분고분한 몸은 데이터와 정보의 보유자가 아니라 에너지의 보유자다. 규율체제에서 사람은 노동 가축으로 훈련된다.

소통과 연결망 형성에 주력하는 정보자본주의는 공간적 고립, 엄격한 노동 감독, 신체적 훈육 같은 규율 기술들을 구시대의 유물로 만든다. 순응성이나 복종성을 뜻하기도 하는 "고분고분함"은 정보체제의 이상이 아니다. 정보체제의 예속된 주체는 고분고분하지도 않고 순종적이지도 않다. 오히려 그 주체는 자기가 자유롭고 진정성 있고 창조적이라고 망상한다. 그 주체는 자기를 생산하고 자기를 공연한다(performen).

생활세계의 디지털화가 거침없이 진행되고 있다. 이 변화는 우리의 지각, 우리가 세계와 맺는 관계, 우리의 공동 생활을 근본적으로 바꿔놓고 있다. 우리는 소통과정에 도취하여 혼미한 상태다. 정보의 쓰나미가 파괴적인 힘을 발휘한다. 어느새 그 쓰나미는 정치 분야마저 덮쳐 민주주의 과정에 막대한 혼란과 장애를 유발한다. 민주주의가 인포크라시로 변질하고 있다. (중략)

미디어크라시는 씨어터크라시(극장의 지배)이기도 하다. 정치는 군중 미디어 연출에 소진된다. 미디어크라시의 전성기에 배우 로널드 레이건은 미국 대통령에 당선되었다. 이제 맞수들의 텔레비전 논쟁에서 관건은 논증이 아니라 공연이다. 대통령 후보의 연설 시간도 대폭 단축된다. 연설 스타일도 변화한다. 자기 연출이 더 우수한 사람이 선거에서 이긴다. 담론은 쇼와 광고로 전락한다. 정치적 내용의 역할은 점점 줄어든다. 그리하여 정치는 실체를 깡그리 상실하고 속이 텅 빈 텔레크라시 이미지

> 정치가 된다.
>
> -한병철, 『정보의 지배: 디지털화와 민주주의의 위기』, 김영사, 2023.

(나)는 『정보의 지배』(한병철, 2023)란 책에서 발췌한 지문입니다. 한병철은 독일에서 활동하고 있는 철학자인데요, 문장이 쉽고 간결하면서도 문학적입니다. 읽다가 보면 비유로 가득한 묵시록 같다는 느낌도 받습니다. 그는 현대 사회의 어두운 단면들을 짚은 단행본들을 출간해 독일 현지에서도 많은 주목을 받았습니다. 『폭력의 위상학』, 『피로사회』, 『불안사회』, 『서사의 위기』, 『사물의 소멸』 등의 단행본이 많은 독자들의 호응을 받았습니다. 역시 관심이 있다면 직접 읽어보기를 권합니다.

『정보의 지배』에는 부제가 달려 있는데요, '디지털화와 민주주의 위기'입니다. 글쓴이가 무엇을 말하고자 했는지 보다 직접적으로 와닿지요? 그는 현대 사회를 가리켜 '정보체제(Informationsregime)'라고 이름 붙입니다. 그는 이 체제가 사람을 데이터화해 '데이터 가축', '소비 가축'으로 격하시키는 신종 자본주의(정보자본주의) 체제라고 보았습니다. 이 체제의 진짜 무서운 점은, 이러한 내막을 알아차리기가 매우 어렵다는 것입니다(포스트 모더니즘 계열의 철학자들이 주목하는 바와 대체로 일치합니다).

이전 단계의 사회였던 산업자본주의 사회는, 명시적인 규율을 내세워 사람들을 감시하고 통제합니다. 일제 강점기나 그 이후의 군사 독재 시기를 떠올리면 쉽게 이해할 수 있습니다. 인력이나 기계의 힘을 빌어 상품을 생산하고, 이를 판매해 부를 축적했던 시기에는 규격화된 공정과 숙련된 노동자가 필요했습니다. 위계질서가 뚜렷해 '내가 어떤 규율의 지배를 받고 있는지', '나의 상급자가 누구이고 내 위치가 어디인지'를 쉽게 이해할 수 있었습니다.

반면 정보체제는 이런 점이 철저히 은폐됩니다. 최상위 권력자 1인의 의지에 의해서가 아니라, 그 체제에 속한 말단 구성원에 의해 자발적으로 그렇게 됩니다. 우리는 스스로를 인스타 맛집으로 이끈 뒤 자기 자신과 주변 환경을 디지털 파일로 박제하고 남과 공유하는 데 열정적입니다. 디지털화할 수 없는 경험, 남에게 공유해 '좋아요'를 받을 수 없는 경험은 '존재하지 않았던' 경험처럼 취급됩니다. 그리고 알고리즘이 추천하는 대로 물건을 구매하거나 영상을 시청하는 일에도 매우 익숙합니다. 타인은 물리세계에 존재하는 또 다른 자아가 아니라, 손가락 터치 한 번으로 불러내거나 밀어낼 수 있는 가상적 존재가 됩니다. 선택 및 소비의 대상이 되는 보통의 물건과 별반 차이가 없는 존재가 되고 말지요.

(나)는 더 나아가 이러한 정보체제가 민주주의에도 악영향을 준다고 꼬집습니다. 글쓴이는 정보체제하의 민주주의를 데모크라시가 아니라 '미디어크라시' 또는 '씨어터(극장)크라시'라고도 불렀습니다. 가짜뉴스가 횡행해 생산적인 담론이 자리 잡을 수 없기 때문입니다. 원전에서 그는 디지털 공간이 쇼와 이미지, 광고로 범벅되어 있으며, 성숙된 시민이 아니라 '소통 좀비'만을 양성하고 있다고 비판했습니다. 더 나아가 '디지털 커뮤니티는 정치적 행위를 할 능력이 없다'라고도 선언했습니다.

(다) 최근 크라우드소싱을 통해 본격화되고 있는 디지털 사회혁신은 '활동가·시민·공동체들이 방대한 사회적 필요에 따르는 해결을 모색하고 지식을 공동으로 생산하기 위해 디지털 기술을 이용하여 협력하는 것'으로서 인터넷 등장 이전에는 상상할 수 없었던 규모로 성장하고 있다(European Union, 2014: 5). 이러한 디지털 사회혁신의 민주적 특징은 가치·규범·기술 디자인 부문에서 나타나고 있다. 가치 부문에서는 좀 더 많은 시민의 참여 및 평등한 참여를 제도화하고, 기술 디자인에 있어서는 누구나 사용할 수 있는 기술 공유와 쉬운 디자인을 추구한다.

… 산업사회에서 시민의 위상이 피치자로서 일방적인 정책 결정 수혜자로만 평가되어 실제 정책결정과정에서 배제되는 경우가 보편적이었다면, 디지털 사회에서 시민은 새로운 정책을 건의하고 정책결정과정에도 개입하는 적극적인 주체로 변화할 기회가 많아졌다. 그러나 디지털 사회혁신으로 공식화되기 이전에 발생한 개인과 집단의 ICT 정치사회활동들에 대해서는, 특정 국가의 예외적인 사건, 정치사회문화가 상이한 사회에서 산발적으로 나타나는 일회적 협력, 제도화되기 어려운 무책임한 운동, 그리고 제한된 일부 기술자유주의자들의 이상적인 시도에 불과하다는 부정적 평가를 받기도 했다. 온라인 사회운동과 온라인 정책결정 영역에서 나타나는 이러한 산발적인 사건들은 미국 시애틀 反WTO 집회(1999), 멕시코 사파티스타 농민 봉기(2001), 우샤히디(Ushahidi, 2007), 아이슬란드 키친웨어 혁명(2009), 월스트리트 점령시위(Occupy Wall Street, 2011), 아랍의 봄(Arab's Spring, 2011), 영국 런던 폭동(2011), 스페인의 인디그나도스 운동(Indignados, 2011), 터키의 게지공원 저항(Turkey's Gezi Park Protests, 2013), 우크라이나의 유로마이단(Euromaidan, 2013년), 홍콩의 우산 혁명(Umbrella Revolution, 2014), 대만 해바라기 운동(Taiwan's Sunflower Movement, 2014)과 같은 사회운동

과 혁명 사례뿐만 아니라 한국 대선(2002), 프랑스 대선(2007), 미국 대선(2008, 2012, 2016), 독일 연방선거(2009), 영국 총선(2010, 2015), 러시아 대선(2012) 등의 사례가 제도 영역에서도 거대하고 세계적인 파급력을 가지고 있음에도 불구하고 정치사회적 의미를 체계적으로 평가받지 못한 측면도 있다.

시민 다수의 참여가 가능한 기술 환경이 구현됨으로써, 첨단기술을 다양한 문제 해결의 도구로 활용할 뿐만 아니라, 인터넷의 주요 특성인 개방성과 연결성을 바탕으로 세계 시민들과 연대를 확장하고 있다. 인터넷을 통한 연대는 과거와 비교할 수 없을 정도의 속도와 참여 규모를 보여주고 있으며, 다수의 참여라는 크라우드소싱을 통해 직접민주주의 구현의 시도가 상대적으로 훨씬 더 구체적으로 진행되고 있다. 일례로, 미국의 진보정치를 이끄는 대표적인 정치집단인 무브온(MoveOn)이 진행하는 온라인 정치운동과 세계적 이슈가 될 정도로 적극적인 폭로성과 파급력을 자랑하는 위키릭스(Wikileaks)의 정치부패 폭로운동은 기존에 존재하지 않았던 새로운 정치 주체의 등장을 본격화하고 있다. 또한 국가는 물론 세계 정치 단위까지 디지털 기술을 통해 시민 관여가 확장되면서 공공영역(Public Sphere)에 새로운 거버넌스(Governance)가 형성되고 있다.

-조희정·이상돈·류석진, 「디지털 사회혁신의 정당성과 민주주의의 발전: 온라인 청원과 공공문제 해결 사례를 중심으로」, 『정보화정책』 23(2), 2016.

이번에는 지문 (다)를 소개하겠습니다. 이 글에서는 디지털 기술이 사회 혁신과 민주주의 발전에 기여하고 있다고 주장합니다. 시민들간의 소

통과 결속이 훨씬 쉬워졌다는 것입니다. 또한 과거와 달리 시민의 위상이 높아졌다고도 역설합니다. 산업사회의 시민이 '피치자(통치를 받는 사람)', '정책 결정 수혜자'에 불과했다면, 디지털 사회의 시민은 정책 결정 과정에 훨씬 깊숙이 개입할 수 있는 '주체'라는 것입니다. 누구나 쉽게 집에서 지방자치단체나 중앙정부의 예산 사용 내역을 살펴 볼 수 있는 시대입니다. 의회에서 의원들이 무슨 일을 하고 있는지, 회의록을 열람하는 일도 아주 쉽습니다. 더 나아가 같은 생각을 가지고 있는 사람들을 온라인에서 모아, 공동의 행위를 기획하고 실천하기도 합니다.

(다)는 국제적인 사례들을 듭니다. 2002년의 우리나라 대선, 홍콩의 우산 혁명, 월스트리트 점령 시위, 절반의 성공으로 끝났던 아랍의 봄 등이 언급되어 있습니다. 디지털 기술이 시공간의 제약을 수월하게 극복하게 해주어 크라우드 소싱(Crowd sourcing, 생산과 서비스의 과정에 소비자 혹은 대중을 참여시켜 더 나은 제품, 서비스를 만들고 수익을 참여자와 공유하는 방법(시사경제용어사전))과 같은 일이 가능해졌다고 강조합니다. 직접 민주주의를 구현하는 일도 훨씬 쉬워졌다고도 밝히고 있습니다.

학생들은 위의 세 지문들을 함께 읽으며 요지를 파악했습니다. 학업능력이 우수한 학생들도 A4용지로 3~4쪽이 되는 글을 맞닥뜨리면 핵심을 잘 파악하지 못하는 경우가 다반사입니다. 긴 글은 긴 호흡으로 천천히 읽어야 합니다. 스마트폰이나 태블릿으로는 할 수 없는 경험이지요. 짜릿한 단말마의 경험도 좋지만, 먼 데까지 천천히 걷는 것도 좋습니다. 여러분들도 도전해보기를 바랍니다.

학생 글 5

기술은 우리에게 수많은 편리함을 제공하고 있다. 사람처럼 대화할 수 있는 대화형 인공지능을 누구나 자유롭게 사용하고 활용할 수 있으며, 원하는 그림도 인공지능에게 맡기면 뭐든지 그려주는 시대가 왔다. 하지만 이러한 기술의 발전은 사람의 내면에 있던 악한 마음을 이끌어내고, 생각하지 않게 만들었다. 이 글에서는 이러한 기술이 우리 인간의 삶에 주는 영향에 대해서 이야기해 보려고 한다.

어느 학생이 제출한 글의 서론(첫 문단)입니다. 논의의 배경을 설명하고, 본론에서 다룰 내용을 미리 안내하고자 노력한 흔적이 보입니다. 하지만 몇 군데 표현은 다듬는 것이 좋겠습니다. 첫 번째 문장의 '수많은'은 막연한 느낌을 줍니다. 피수식어인 '편리함'과 잘 어울리는 말인지도 모르겠습니다. '수많은 편리함'. 자연스럽게 느껴지나요?

'대화할 수 있는 대화형 인공지능', '사용하고 활용할 수 있으며'와 같은 표현에서도 눈을 멈추게 됩니다. 같은 말을 되풀이하고 있는 표현들이기 때문입니다. 논술처럼 주장하는 글은 간결하게 쓰는 것이 훨씬 낫습니다.

세 번째 문장도 봅시다. 좀 긴데요, 이 문장은 '기술의 발전이 사람의 내면에 있던 악한 마음을 이끌어낸다'와, '(기술의 발전이) (무엇인가를) 생각하지 않게 만들었다'의 두 문장이 연결된 형태입니다. 그런데 선행절(이어진 문장의 앞부분)과 후행절(이어진 문장의 뒷부분) 모두 어색합니다. '기술의 발전'이 '악한 마음을' '이끌어낸다'는 건 무슨 뜻인지 알기 어렵습니다. 또한 무엇을 '생각하지 않게 만들었다'는 것인지도 알 수 없습니다.

마지막 문장도 고칠 필요가 있습니다. '나는'과 같은 1인칭 대명사로 문장을 시작하는 우를 범하진 않았습니다만, '이 글에서는 ~에 대해서 이야기해 보려고 한다'와 같은 표현은 논술에 적합하지 않습니다. 문장의 구조가 상투적(늘 써서 버릇이 되다시피 한 것)입니다. 하나 마나한 내용을 담을 수밖에 없는 구조라는 뜻입니다. 게다가, '이야기하다'는 서술어로 쓰기엔 너무 추상적인 말입니다. 이어질 내용을 직접적으로 예고하고 싶다면, '짚다, 분석하다, 탐구하다, 비교하다, 비판하다, 설명하다, 강조하다' 등과 같은 말을 서술어로 쓰는 편이 낫습니다. 의미가 훨씬 구체적이기 때문입니다. 이 단락은 아래와 같이 다듬을 수 있습니다.

고쳐쓰기

기술은 일상을 편리하게 한다. 누구나 대화형 인공지능을 사용할 수 있는 시대이다. 인공지능에 맡기면 무엇이든 그려준다. 하지만 기술 발전의 이면에는 어두운 점도 있다. 기술이 우리의 삶에 어떤 영향을 미치는지를 종합적으로 살펴야 하는 이유이다.

이번에는 다른 학생의 글을 보겠습니다. 본론의 마지막 문단입니다.

학생 글 6_1

당신은 두 글 중 어느 쪽에 공감하는가? 기술은 인간에게 유익할까 해로울까? 더 나아가 계속 기술을 발전시키는 것이 맞을까? 이 질문은 기술을 근원인 과학과 활용인 공학으로 나누어 설명해야 한다. 이언 스튜어트의 '자연의 패턴'의 문장을 빌리자면 과학은 자연을 이해하는 학문이고 공학은 자연을 바꾸는 학문이다. 과학자들이 자연의 구조를 밝혀주면 공학자들은 필요한 구조로 바꾸어준다. 과학은 발전될수록 지식을 산출한다. 지식만으로는 어떤 결과도 부르지 못하기에 과학은 인간에게 영향을 주지 못한다. 하지만 이 지식이 공학에게 주어진다면 재앙을 부르기도 한다. 공학은 지식을 현실에 적용하기 때문이다. 과학이 철이라면 공학은 철이 메스가 될지 총이될지 결정한다. 그렇기에 우리는 과학은 장려해야 하지만 공학에는 신중해야 한다. 앞선 비유를 다시 활용해보자면, 필요할 때 알맞은 기기를 만들기 위해선 가능한 많은 재료들을 준비해두어야 한다. 어떤 재료가 어떤 기기로 이어질지 모르기 때문이다. 일례로 텔레비전은 바이올린 현의 진동 연구에서 비롯되었다. 그러나 누군가 그 재료들로 만들려는 것이 폭탄이 될지는 면밀히 감시해야한다. 요약하자면 과학원리의 발견은 멈추지 말아야 하나 머스크의 칩 같이-그 원리를 활용할 때는 개발하는 공학자들과 감시하는 세계인들 모두 경각심을 지녀야한다.

일부만을 실었는데도 꽤 길지요? 문장을 간결하고 정확하게 구사하는 것도 중요하지만, 균형 있게 문단들을 배치하는 것도 중요합니다. 문단들의 분량이 자로 잰 듯 꼭 맞아떨어져야 하는 것은 아닙니다. 그러나 어느 문단이 다른 문단보다 1.5배 이상 현저하게 길어지면, 균형감 있게 논의를 이끌지 못하고 있다는 인상을 주게 됩니다. 앞에서 설명했듯, 문단은 하나의 중심생각만을 담고 있어야 합니다. 도무지 한 문단으로 소화할 수 없는 내용이 있다면, 차라리 역할이 다른 두 개의 문단으로 나누는 것이 낫습니다. 앞 문단에 주장을 담고, 나머지 정보들은 이 문단을 뒷받침하도록 재조직하는 것이지요. 사례를 소개한다든지, 더 자세한 부연 설명을 덧붙인다든지 말입니다.

<학생 글 6>은 도전적인 느낌을 줍니다. '당신'이라는 말로 독자를 호출하며 시작합니다. 그리고 양자택일적 질문을 던집니다. '당신은 뭐가 좋소?'라고요. 도발적이지요. 논술은 대체로 대학 입시나 학내의 평가를 위해 활용되는 장르입니다. 그래서 논술문의 글쓴이(작자)는 대개 수험생입니다. 질문을 하는 사람이 아니라, 질문에 답을 해야 하는 사람이지요. 출제자의 의도를 분석하고, 논제가 요구하는 조건에 맞추어 자신의 생각을 전개해야 합니다. 건조하고 담박한 느낌의 문체를 쓰는 것이 좋습니다. 일견 딱딱하고 재미없는 틀에 박힌 글쓰기라고도 볼 수 있습니다만, 대학에서 요구하는 학술적 글쓰기에도 적용되는 관습적 규칙입니다. 글을 전개하면서 질문법을 사용할 수는 있습니다. 독자의 호기심을 끌 수도 있고, 문체에 변화를 줄 수도 있으니까요. 그런데 '당신'과 같은 말로 독자를 부른 뒤, 그에게 답을 요구하는 일은 적절하지 않습니다.

그다음에 이어지는 내용들을 살펴봅시다. 글쓴이는 과학과 공학 간의 관계를 설명하는 데 많은 분량을 썼습니다. 과학을 지식 산출의 유일하고도 근원적인 창구로 여기고 있는 것 같기도 합니다. 과학은 진리를 발견하는 순수한 활동이고, 공학은 과학이 발견한 진리를 응용하는 데 그치는 활동이라는 생각이 팽배해 보입니다. '지식만으로는 어떤 결과도 부르지(?) 못하기에 과학은 인간에게 영향을 주지 못한다'라는 단언도 보입니다.

어떤 과학적 발견은 그 자체만으로 대중의 인식에 커다란 영향을 미칩니다. 예를 들어, 지구가 일개 '창백한 푸른 점'에 불과하다는 사실을 알게 되면, 인생관에도 변화가 생깁니다. 공학의 힘을 빌리지 않더라도 말입니다. 그러나 이 글은 상세한 설명 없이 통상의 인식과는 거리가 있는 주장을 단언하고 있기 때문에, 읽는 이는 위화감(違和感, 조화되지 아니하는 어설픈 느낌)을 느끼게 됩니다.

'기술을 ~과학과 ~공학으로 나누어 설명해야 한다'는 문장은 글쓴이가 기술을 과학과 공학의 상위 개념으로 제시하고 있는 것 같은 인상도 줍니다. 그러나 '기술'은 '과학 이론을 실제로 적용하여 사물을 인간 생활에 유용하도록 가공하는 수단'이라고 풀이되어 있습니다. 과학의 상위 개념으로 쓰고 있지는 않지요. '공학'은 '공업의 이론, 기술, 생산 따위를 체계적으로 연구하는 학문'으로 풀이되어 있습니다. 사전의 풀이에 따르면 오히려 공학이 기술에 관한 메타 학문이 아닌가 생각됩니다.

여하튼, 글쓴이의 논지에 따르면 과학은 지식을 산출합니다. 그리고 이 지식을 활용해 인간에게 실질적인 영향을 미치려면 공학적 수단을 활용해야 합니다. 글쓴이는 과학을 '철'에, 공학을 철을 가공해 만든 '메스'나 '총'에 빗댑니다. 그리고 이를 근거로 '과학은 장려해야 하지만 공학에는 신중해야 한다'고 결론을 내립니다.

글쓴이는 기술이 어떤 파멸적 결과를 야기할지 모르므로, 경계심을 지녀야 한다는 점을 강조하려 했던 것 같습니다. 그러나 단정이 단정을 낳고 다시 단정을 낳는다는 느낌을 지우기 어려운 단락입니다. 인간과 기술의 관계를 논하라는 논제에서도 한참 벗어나고 말았습니다. 글쓴이는 논제를 '기술은 인간에게 유익한가, 해로운가'라는 이분법적 물음으로 대체한 듯

합니다.

학생 글 6_2

오늘날 과학이 불러온 비극이라 소개되는 예시는 사실 대부분 공학의 실수들이다. 온실효과가 밝혀진 다음이라면 화석연료 엔진은 규제되었고 프레온의 반응 메커니즘이 밝혀진 다음이라면 오존층은 보존되었다. 머스크의 칩도 뇌과학이 더 발달했다면 위험부담이 없다. 과학이 발전될수록 공학이 불러올 문제도 예측하기 쉬워진다. 그러나 현재 과학보다 공학에 지원금이 집중되고 있다. 더 빠르고 눈에 띄는 성과가 나오기 때문이다. 기술의 긍정적 면만을 노리려면 우선 어떤 기술이 긍정적인지를 판단해야한다. 그 판단 기준이 될 과학이 더 부흥할 수 있기를 과학도로서 소망한다.

<학생 글 6_1>의 후반부, 그러니까 결론 단락입니다. 학생은 꾸준히 기술을 과학과 공학으로 구분한 뒤, 과학의 순수성과 무해함을 변호하고 공학의 문제를 부각하고 있습니다. 문장도 다듬을 필요가 있습니다. 예로 '온실효과가 밝혀진 다음이라면 화석연료 엔진은 규제되었다'와 같은 표현은 부자연스럽습니다. '온실효과가 먼저 밝혀졌다면, 화석연료 엔진 기술은 규제되었을 것이다'와 같이 고칠 수 있습니다. '머스크의 칩도 뇌과학이 더 발달했다면 위험부담이 없다'와 같은 표현도 부자연스럽습니다. 어떻게 고치는 것이 좋을까요? 여러분 각자 고민하여 보길 바랍니다. '더 빠르고 눈에 띄는 성과가 나오기 때문이다.'도 살펴봅시다. 이 문장은 어디가

문제일까요? '더 빠르다'의 주체가 서술되어 있지 않습니다. 무엇이 더 빠르다는 것인지를 밝혔어야 했습니다. 맥락상 '발전 속도가' 정도를 주어로 삼으면 될 것 같습니다. 또는 '더 빠르고'를 '더 빠르게'로 바꾸는 것도 좋아 보입니다. 그리고 '판단해야한다'는 '판단해야 한다'로 띄어 써야 합니다.

4.
우리는 미디어와 어떤 관계를 맺는가?

〈논제〉 '트랜스미디어 이론은 대중문화 콘텐츠 소비를 촉진하기 위한 이론에 불과하다'는 비판이 있다. 이에 답하며 현대의 미디어 생산 및 소비 행태를 비평하여 보시오.

조건 1. 삼단 구성(서론-본론-결론)에 맞게 글을 구성하시오.

조건 2. 지문 (가)~(다)에 언급된 현상 및 개념들을 적절하게 활용할 것.
※ (가), (나), (다)를 모두 활용해야 함.

조건 3. 자신의 미디어 수용 또는 생산 경험을 적절하게 활용하시오.

조건 4. 1,600자(±100자, 띄어쓰기 포함)

우리는 종일 미디어(media)에 둘러싸여 살아갑니다. 스마트폰, 스마트워치, 태블릿, 텔레비전, 라디오, 전축, 종이책, 전자펜, 볼펜, 연필, 모두 미디어입니다. 우리말로는 매체라고 부릅니다. 논자마다 정의는 다르지만,

내 생각을 남에게 전달할 때 쓰이는 모든 도구, 반대로는 남의 생각을 이해하기 위해 동원되는 모든 도구를 가리켜 미디어라고 할 수 있습니다. 위에서는 물리적으로 감각 가능한 도구들을 미디어의 예로 들었는데요, 콘텐츠가 담겨 있는 형태에 따라 미디어를 구분하기도 합니다. 예를 들면 다큐멘터리인지, 유튜브 쇼츠 영상인지, 인스타그램의 사진인지 등에 따라 미디어를 나누기도 합니다. 또는 개별 콘텐츠 그 자체를 지칭할 때에도 미디어라는 말을 씁니다. 누군가의 의도적 기획으로 만들어진 의미체(意味體) 전반을 지칭한다고 이해합시다.

논제에서 언급하고 있는 트랜스미디어란, 이런 미디어(또는 콘텐츠) 간의 자유로운 넘나듦을 말합니다. 헨리 젠킨스(2006)는 '다양한 미디어 플랫폼을 통해 공개되며, 각각의 새로운 텍스트가 전체 스토리에 분명하고도 가치 있게 기여하는 것'이라고 정의했습니다. 몇 년 전까지 흥행에 성공했던 마블의 어벤저스 시리즈를 생각하면 쉽습니다. 어벤저스에는 여러 슈퍼히어로가 등장하지요. 아이언맨, 스파이더맨, 캡틴 아메리카, 토르, 헐크, 블랙팬서와 같은 주연 외에도 앤트맨 등의 온갖 조연들이 등장합니다. 그리고 이들은 각각 자기만의 스토리 라인을 가지고 있습니다. 거기에서는 모두가 자기 세계의 주인공이지요. 이 콘텐츠들은 다양한 형태로 시장에 공개됩니다. 극장판이 있는가 하면 넷플릭스와 같은 OTT판이 있고, 인쇄물인 코믹(만화)판도 있습니다. 게임, 소설 등 이윤이 발생하는 곳이라면 장르를 가리지 않고 출시됩니다. 그리고 이 세계관과 저 세계관이 서로 복잡하게 이어져 있어 서로의 내용 전개에 영향을 미칩니다.

우리나라에서도 이런 현상을 쉽게 확인할 수 있는데요, 웹소설로 인기를 얻었던 작품이 웹툰으로 다시 등장했다가, 또 인기를 끌어서 드라마로 만들어지는 경우가 많습니다. 1세대 웹툰 작가인 강풀의 '무빙', '조명가게', '순정만화' 등이 영화화된 것, 웹소설이었던 '재벌집 막내아들'이 JTBC 드라마로 재탄생해 인기를 끈 것 등을 떠올려 보세요.

콘텐츠 유통업계에서는 과거 대중성이 검증된 콘텐츠에 재투자해 새 콘텐츠를 만들어 내는 작업을 정형화하고 있습니다. 네이버를 예로 들겠습니다. 이용자들은 네이버 웹툰에서 여러 작품들을 감상합니다. 그리고 '스튜디오 드래곤'이란 업체는 여기에서 인기 웹툰의 IP(지적 재산권)를 획득합니다. 이 업체는 넷플릭스와도 비즈니스 관계를 맺고 있습니다. 2019년 11월에 넷플릭스가 스튜디오 드래곤의 2대 주주가 되었거든요. 스튜디오 드래곤은 넷플릭스의 투자를 받은 대신, 2020년부터 3년간 최소 21편 이상의 콘텐츠를 제공하기로 계약했다 합니다. 이용자들은 넷플릭스를 구독하고, 넷플릭스는 이용자들에게 콘텐츠를 제공하지요. 이제는 트랜스미디어 현상을 언급하지 않고서는 콘텐츠 생태계를 설명할 수 없게 되었습니다.

학생들에게 제시된 지문 (가)~(다)는 미디어 현상에 관해 논하고 있습니다. 미디어가 우리의 사고 및 소통 방식, 문화 등에 어떤 영향을 미치고 있는지를 다루고 있습니다. 조금 길지만, 앞선 논제들의 지문에 비하면 짧은 편이니 여기에 소개해보겠습니다.

(가) 낭만적 사랑, 즉 로맨스는 자아를 탐색하고 추구하는 능동적 행동이다. 달리 말해 로맨스는 '성찰성'을 근본으로 확장된 감정 양식인 것이다. 현재 한국사회는 '로맨스의 상품화'를 장려하고 대부분의 상품을 낭만화시키는 작업에 이례적인 성공을 거두고 있다. 물론 어느 시대나 남녀 간의 사랑이야기는 스테디셀러다. 하지만 타인과의 관계 속에서 자신을 성찰하는 기제로 작동하는 로맨스가 소비를 추동하는 자본주의와 긴밀한 결속이 가능하다는 것은 쉽게 이해되지 않는다.

먼저는 일견 돈과 무관해 보이고 혹은 이를 뛰어넘는 사랑만이 낭만적 사랑으로 추앙받았던 오랜 역사에도 불구하고 로맨스, 즉 "낭만적이라고 느끼는 것은 상품 소비와 여가시장 참여에 밀접한 연관"을 맺었다. 달리 말하자면 남녀 간 연애 감정보다 낭만적 상황이 혹은 낭만적 분위기가 로맨스를 구성하게 된 것이다. 일상을 탈피한 비일상의 특별한 시간, 특정 장소, 특정 물건을 소비하고 향유하는 행위, 이미지, 그리고 연출이 오히려 낭만화의 소비를 구성하고 부추긴다. 사랑이라는 감정은 하나의 소비재가 되었고, 로맨스는 마케팅의 마이더스 손이 되었다. 그런데 여기서 중요한 것은 '나'라는 개인 역시 로맨스 시장에서 선택받기 위해 자신을 셀링(selling)해야 한다는 점이다. 이는 딴 사람이 아닌 '바로 그 사람'을 찾기 위해 노력했던 연애 관행이 현대 소비사회에서는 로맨스에 걸맞은 근사한 외모와 취향을 '소유한 자'를 찾는 최적의 선택으로 변했기 때문이다.

-김은정·권경미, 「웹툰에 나타난 불유쾌한 로맨스와 여대생 표상 연구」, 『애니메이션 연구』 14(3), 2018, 7-32쪽.

(나) 지금 우리는 스마트한 지배에 예속되어 있다. 억압도, 저항도 없이 삶을 게시하고 공유하고 좋아하도록 지배당한다. 새롭고 자극적인

뉴스거리가 넘쳐나는 시대, 이슈에서 이슈로 빠르게 이동하는 사람들, 스스로 자기 존재를 정보로 전락시키는 사회에서 개인은 각자의 이야기, 즉 서사를 잃고 우연성에 휩싸인 채 폭풍우 한가운데서 부유한다.

정보 과잉 사회는 그 속에서 '스토리텔링'을 외친다. 사람들은 마치 자신의 이야기를 전시하듯 소셜 네트워크 서비스에 찰나의 장면들을 끊임없이 공유하고 공감 버튼을 누른다. 그러나 그 안에 의미는 없다. 사라져 버릴 정보에 불과하다. 무언가를 끝없이 공유하고 타인과 교류하면서도 고립감을 느끼는 이유가 여기에 있다. 스토리텔링은 '스토리셀링(Storyselling)'이라는 자본주의의 달콤한 무기가 되어 마치 의미가 있는 것처럼 사람들을 유혹한다. 세상으로부터 충격받고 저항하고 간극을 느끼며 자신만의 철학을 쌓아올릴 기회를 빼앗고 그저 '좋아요'를 외치게 만든다.

스토리는 서사가 아니다. 스토리, 즉 정보는 끊임없이 등장하는 다음 스토리로 대체되어 사라진다. 반면 서사는 나만의 맥락과 이야기, 삶 그 자체다. 나의 저 먼 과거와 현재, 미래를 연결하기에 방향성을 띤다. 곧 사라져 버릴 정보에 휩쓸려 자신만의 이야기를 잃은 사회, 내 생각과 느낌과 감정을 말하지 못하고 입력한 정보를 앵무새처럼 내뱉는 사회의 끝은 서사 없는 '텅 빈 삶'이다.

삶은 이야기다. 서사적 동물(animal narrans)인 인간은 새로운 삶의 형식들을 서사적으로 실현시킨다는 점에서 동물과 구별된다. 이야기에는 새 시작의 힘이 있다. 세상을 변화시키는 모든 행위는 이야기를 전제한다. 이와 반대로 스토리텔링은 오로지 한 가지 삶의 형식, 즉 소비주의적 삶의 형식만을 전제한다. 스토리셀링으로서의 스토리텔링은 다른 삶의 형식을 그려낼 수 없다. 스토리 텔링의 세상에서는 모든 것이 소비로 환원되기 때문이다. 우리로 하여금 다른 이야기, 다른 삶의 형식, 다른 지각과 현실에는 눈멀게 한다. 바로 여기에 스토리 중독 시대 서사의 위기가 있다.

-한병철, 『서사의 위기』, 다산초당, 2023.

(다) 팬픽션을 창작하는 이들은 콘텐츠의 세계관을 이해하고, 참여하고, 네트워크를 이루고 그 세계관을 확장해나간다. 가령 <해리 포터>의 경우 팬픽션넷에서만 몇십만 건의 팬픽션을 보유하고 있으며, 팬카페에서는 세계관을 이해하기 위해 연표를 작성하는 등 구체적이고 능동적인 스토리 참여행위를 보이는 것이다. 이는 능동적 이용자와 이해자 사이에 있는 행위다. 팬픽션을 두고 팬픽션을 창작하는 이들이 자신에게 필요한 제품을 직접 만들어 소비하는 창조적인 소비자로서 크리슈머(cresumer)라고 말하기엔 비약이 있을 수도 있다. 단순히 시청자가 댓글을 쓰고 올리는 행위 자체가 역할놀이로서 스토리 창작에 참여하는 행위라거나, 평을 남기고 토론하는 정도로 스토리 빌딩을 했다고 말하기에는 과장이 있을지 모른다. 그러나 마블에서 나온 수많은 영화들이 연계되어 있다는 것을 희미하게라도 인지하고, 거기에서 설명되지 않았던 서브 플롯들을 검색해보고, 원작을 논하는 이들의 토론을 구경하며 다음 마블 영화의 소위 '떡밥'을 상상하고 댓글을 남기는 행위는 마블 영화들이 트랜스미디어 콘텐츠가 아니라면 발생하기 어려운 행위임에는 분명하다. 여러 개의 가능세계가 있는 만큼, 새로이 창조된 영화의 세계에서 기존의 캐릭터 특징과 배경의 시공간 사이에 모순이 존재할 수밖에 없으며, 오히려 이 점 때문에 독자들이 이해를 하기 위해 '빈틈'을 파고드는 능동적 이용자가 되는 것이다.

이러한 브리콜라주[6]적 소비행위를 두고 이전에 TV리모컨을 돌리는 정

---

6 브리콜라주는 프랑스의 인류학자인 레비스트로스가 브라질의 원시부족을 연구하고

도의 적극적 시청밖에 되지 않는다고 하는 것이 오히려 이용자들을 폄하하는 일이 될 것이다. 드라마를 보고 평하는 정도의 수동적 독해행위라고 하더라도 만일 그 평을 인터넷에 올리고, 네트워크로 공유하고, 짤방이 붙고, 급기야는 드라마 콘텐츠를 가지고 팬 아트를 만들고, 그 팬 아트가 새로운 감상을 부르는 방식으로 순환될 수 있는 가능성을 가진다면 이를 가지고 수동적 독해라고 폄하할 수는 없다. 그런 의미에서 네트워크를 가지고 소통하는 이용자들은 근본적으로 능동적 이해자가 될 가능성을 가지고 있다고 할 것이다. 그리고 트랜스미디어 콘텐츠는 이 가능성을 보다 풍부하게 만들어주는 콘텐츠라고 할 수 있다. 마리 로르 라이언 역시 이러한 관점에서 트랜스미디어 콘텐츠의 능동적 이용이란 아래에서 올라오는 것, 스노우볼 효과(snowball effect)를 주는 것으로 바라보고 있다. 이러한 효과가 일어난다면 트랜스미디어 현상이라 볼 수 있다는 것이다.

-이영수, 「문화콘텐츠에서 트랜스미디어가 가지는 현재적 의의」, 『인문콘텐츠』 43, 2016.

1962년 발간한 〈야생의 사고〉에서 사용한 용어이다. 원주민들은 야만인이나 원시인이 아닌 길들여지지 않은 그들만의 '야생의 사고'를 가지고 있으며, 특히 그는 여러 분야에서 다양한 일을 해내는 부족사회의 문화담당자인 '브리콜뢰르'에 주목했다. 프랑스어인 브리콜뢰르(bricoleur)는 사전적 의미로 '여러 가지 일이나 작업에 손을 대는 사람'을 의미하는데, 부족사회에서 한정된 재료와 도구를 가지고 다양한 일을 능숙하게 사용하는 사람을 말한다. 그렇기 때문에 브리콜뢰르는 이전에 필요에 의해 만들었던 결과물을 새로운 것을 만들기 위한 수단으로 활용하면서 별개의 대상을 상황에 따라 하나로 통합하는 능력을 가지는데 이러한 기술을 '브리콜라주'라고 한다. -김동형, 「혁신과 브리콜라주」, 『전북도민일보』, 2013.3.24.

조금 긴가요? (가), (나), (다) 모두 A4 한 장을 넘기지 않는 글들입니다. 가장 긴 지문도 띄어쓰기 포함 1,600자를 넘기지는 않습니다. 특별히 난해한 내용은 없으므로, 지문에 관한 설명은 생략하겠습니다. 그러면 이 지문들을 읽고 학생들은 논제에 어떻게 답을 했을까요? 한 학생의 글을 문단별로 검토하여 봅시다.

학생 글 7_1

최근 웹툰들에서는 한 작품에서 타 작품의 애드립이 난무한다. 특히, 네이버웹툰 인기작 중 하나인 외모지상주의의 밈은 같은 네이버웹툰 뿐 아니라 타사의 작품에 오르내리기도 한다. 이런 밈들은 여러 커뮤니티에서 떠돌아 다니며, 짤 혹은 GIF로 생성되어 인지도가 높아지게 된다. 트랜스미디어라 불리는 이 현상은 매체 간의 제약을 초월하여 일어나는 일종의 스토리텔링이다. 매체들의 접근성이 높아진 21세기 시점에서 이 현상은 영화나 웹시리즈, 소셜미디어 등 다양한 플랫폼에서 다양한 규모로 이루어지고 있다. 이러한 트랜스미디어 이론은 미디어와 대중의 상호작용을 강조하며 대중문화와 미디어 소비에 대한 이해를 확장시키는 중요한 이론 중 하나라고 볼 수 있다. 한편, 일각에서는 이 이론이 소비자들의 소비를 부추기는 방향으로 이끈다는 시선으로만 바라보기도 한다. 하지만 이는 트랜스미디어의 본질을 간과한 사고라고 말할 수 있다.

공을 들여 서론을 완성하려 한 흔적이 보입니다. 그러나 어떤 자료를 보고 인용한 것 같은데, 출처는 드러나 있지 않습니다. 특히 '이러한 트랜스미디어 이론은 ~에 대한 이해를 확장시키는 중요한 이론 중 하나라고 볼 수 있다'와 같은 대목에서는 실리콘 냄새도 조금 납니다. 생성형 인공지능이 쓴 것 같은 느낌이 강합니다. 글에도 지문(指紋)이 있다는 것 알고 있나요? 같은 대상을 두고도 사람마다 표현하는 방식이 다릅니다. 단어와 여러 문법 요소를 선조적(線條的, linear, 시간 따위의 흐름에 체계적, 순차적으로 진행되는)으로 배열해 문장을 만든다는 점은 같지만, 어떤 요소를 선택해 어디에 배치할지는 개인의 의도나 취향에 따라 달라지기 때문입니다. 이를 우리는 '문체'의 차이라고 부릅니다.

이 문단은 보통의 십대들이 쓰는 구어체 문장으로 시작됩니다. '최근 웹툰들에서는 한 작품에서 타 작품의 애드립이 난무한다'는 문법에도 맞지 않고, 논술 장르의 격에도 어울리지 않는 문장입니다. 이 문장의 상위 주어는 무엇일까요? '최근 웹툰들에서는'은 처소의 부사격조사 '에서'가 쓰였으니 부사어로 보는 게 마땅해 보입니다. 거기에 주제어를 형성하는 힘이 있는 보조사 '는'이 붙었습니다. 그런데 그 바로 뒤에, '에서'가 사용된 부사어가 또 배치되었습니다. 'A에서는 B에서'의 형태입니다. 이런 어색한 형태 뒤에 '타 작품의 애드립이'라고 하는 주어가 등장합니다. 그리고 서술어 '난무한다'가 이어지는 구조입니다.

우리가 힘들게 논술문을 작성하는 이유는, 학술적 글쓰기의 기본을 배울 수 있기 때문입니다. 논제에서 벗어나지 않는 것, 선행 연구 등의 관련 텍스트를 충실히 요약하고 비평하는 것, 타당한 근거를 내세워 주장을 내세우는 것, 자신의 글이 공동체에 미칠 영향을 충분히 고려하는 것, 작문 윤리를 준수하는 것 등이 여기에 해당됩니다. 뜻이 분명하고 격식 있는 단어를 골라 문장을 간명하게 구성하려는 노력도 뒤따라야 합니다. 하지만

'애드립이 난무한다' 와 같은 표현은 논술문과 어울리지 않습니다. 미래에 내가 속하게 될 학술(또는 담화) 공동체의 구성원을 상상하며 글을 쓰는 것이 좋겠습니다.

그래도 이 단락은 트랜스미디어 이론이 무엇인지를 독자에게 상세히 안내하고자 노력하고 있습니다. 논의의 배경과 의의를 미리 안내하면서 본론으로 가는 길을 부지런히 닦고 있지요. '트랜스미디어라 불리는 이 현상은 ~일종의 스토리텔링이다' 와 같은 막연하고 독특한 정의가 읽는 이를 험지로 내몰고 있지만, 정신을 잘 차리고 더 읽어 봅시다.

학생 글 7_2

트랜스미디어 콘텐츠는 결국 더 좋은 콘텐츠를 만들어, 미디어 기업과 소비자가 상호이득을 볼 수 있는 구조이다. 가령, 모바일게임 '명일방주' 는 방대한 세계관을 애니메이션화하여 그 인기를 높였고, 몬스터 헌터, 레인보우 식스 등의 작품과 콜라보를 하며 다른 세계관과 엮음으로서 자신의 세계관을 확장시켜 관심을 이끌었다. 이러한 콘텐츠들을 생산함으로서 자신들의 컨텐츠를 더욱 알릴 수 있으며, 이러한 인기에 힘입어 더욱 많은 보상과 새로운 콘텐츠들을 만들어 소비자 입장에서도 만족스러운 소비가 이루어질 수 있었다. 한편, 정보 사회에서의 마케팅은 넘쳐나는 정보 속에서 현대인을 삶의 주체가 아닌 상품의 소비자로 전락시키기 쉽다는 비판도 있다. '스토리셀링'이라고 불리는 이것은 어떤 사물이든 스토리텔링을 더하여 구매를 부추기며, 모든 것이 소비로 환원된다는 것을 말하고 있다. 하지만, 스토리셀링은 마케팅 전략에 불과하며, 기업 입장에서는 많은 시행착오를 통해 최적의 판매 전략을 짜고, 이 과정에서 영감을 얻어 새로운 컨텐츠를 만드는 발판이 되기도 한다. 결국 더 좋은 컨텐츠를 만들고, 발생하는 이익은 콘텐츠에 재투자하는 선순환 구조를 갖게 된다.

이 단락에서도 논제가 요구하는 조건에 맞추어 자신의 생각을 전개하려고 애쓴 흔적이 보입니다. 그러나 이 단락도 몇 가지 문제를 안고 있습니다. 하나의 단락에는 하나의 중심 생각만이 담겨야 합니다. 그런데 이 단락의 전반부에는 '트랜스미디어', 후반부에는 '스토리텔링'에 관한 글쓴이의 평가가 병렬적으로 제시되어 있습니다. 전반부와 후반부를 잇는 부사어, '한편'이 단락의 긴밀함을 해칩니다. 이 둘을 하나의 단락에 담고자 했다면, 보다 유기적으로 내용을 전개했어야 합니다.

둘째, 문장성분 간의 호응이 자연스럽지 않아 뜻이 분명하게 드러나지 않는 곳이 많습니다. 첫 문장부터 그러합니다. '~콘텐츠는 ~콘텐츠를 만들어, ~가 상호이득을 볼 수 있는 구조이다'의 형태입니다. '콘텐츠가 콘텐츠를 만든다'는 말이 무슨 뜻인지 잘 와닿지 않습니다. 또한, '콘텐츠가 구조이다'라는 말도 잘 이해되지 않습니다. 주어와 서술어가 일치하고 있지 않기 때문입니다. 자신이 쓴 문장이 '무엇이(누가) 무엇이다', '무엇이(누가) 어떠하다', '무엇이(누가) 어찌한다' 등의 형태에 속하는지, 어디에도 속하지 않는 비문(非文, 문법에 맞지 않는 문장)인지를 점검할 줄 알아야 합니다.

'엮음으로서', '생산함으로서'와 같은 표현도 잘못되었습니다. '(으)로서'는 자격이나 신분, 지위를 나타내는 부사격조사로, '학생들의 대표로서', '장관으로서', '친구로서' 등과 같은 표현에 자연스럽습니다. 도구나 수단이 됨을 나타내는 조사는 '(으)로써' 입니다. 따라서 '엮음으로서' 는 '엮음으로써' 로, '생산함으로서' 는 '생산함으로써' 로 고쳐야 합니다.

세 번째 문장은 뜻도 잘 드러나지 않습니다. '이러한 콘텐츠들을 생산함으로써 ~콘텐츠들을 만들었다' 와 '소비자 입장에서도 만족스러운 소비가 이루어질 수 있었다' 의 두 문장이 장황하게 연결되어 있습니다. 무엇인가가 '이러한 콘텐츠들' 을 '생산' 합니다. 그리고 '자신들의 컨텐츠를 더욱 알' 린 뒤, 또 콘텐츠들을 만듭니다. 주어도 불분명하고, 동어반복적이기까지 합니다. 그 뒤에 이어지는 표현도 마찬가지입니다. 원문의 취지와 방향을 되도록 존중하며 <학생 글 7_2>을 고쳐보면 아래와 같습니다. 지금까지 그래왔던 것처럼, 핵심은 '간결하게', '명확하게' 입니다. 잘 고쳐졌는지 비교하여 주세요.

고쳐쓰기

트랜스미디어는 생산자와 소비자 모두에게 이익을 준다. 모바일 게임 '명일방주'가 좋은 사례이다. 이 게임은 방대한 세계관을 애니메이션 작품으로 공개해 호응을 얻었다. 또한 '몬스터 헌터', '레인보우 식스' 등의 다른 콘텐츠들과 연계해 세계관을 확장하는 데에도 성공했다. 소비자들도 다양해진 콘텐츠와 늘어난 보상에 만족하였다. 근래 유행하는 스토리텔링도 마찬가지이다. 양질의 콘텐츠로 생산자와 소비자 모두에게 이익을 주는 선순환구조를 만든다. 스토리텔링이 현대인을 무비판적인 소비자로 전락시킨다는 일각의 지적도 있다. 소비를 촉진하기 위해 서사를 덧입힌 콘텐츠를 양산하는 '스토리셀링' 비즈니스일 뿐이라는 것이다. 그러나 이는 지나친 비판이다. 스토리텔링은 기업의 여러 마케팅 전략 중의 하나일 뿐이다.

<학생 글 7_2>에 이어지는 단락들을 함께 읽어 봅시다.

학생 글 7_3

또, 트랜스미디어 콘텐츠는 소비자를 능동적인 판매자, 혹은 생산자, 이른바 프로슈머가 될 수 있게 한다. 현대 사회는 로맨스 또한 산업이 될 정도로 자본의 속박된 세상이다. 드라마에서 사용된 물건, 옷, 심지어는 고백 장소마저 명소가 되는 이른바 로맨스의 상품화가 이루어지고 있다. 이러한 상품들, 그리고 컨텐츠들이 유명해지는데 있어서 그 중심은 트랜스미디어가 있다. 어떤 드라마나 애니메이션이 인기를 타게 되면 자연스럽게 원작 또한 주목받게 된다. 팬층이 많아지게 되면 이에 따른 팬픽션이나 영상, 더 나아가 게임까지 확대가 된다. 이러한 소비자들은 프로슈머와 동시에 크리슈머가 된다. 반대로 소수의 팬들이 올린 팬픽션에 의해 원작이 유명해진 경우도 있다. 애니메이션 달링 인 더 프랑키스는 제로투 댄스가 SNS상에서 화제를 이끌어 원작이 인기를 얻었다. 이처럼 트랜스미디어는 기업이 소비자들에게, 그리고 소비자들이 기업이 서로 이윤을 가져다 주는 구조이다.

이처럼 현대의 미디어 생산과 소비는 트랜스미디어를 중심으로, 소비자가 판매자임과 동시에 기업과 상호공생관계라고 볼 수 있다. 이러한 관계가 지속되고, 콘텐츠의 선순환 구조가 잡히게 된다면, 트랜스미디어가 확대되어 사용자의 요구에 부합하는 콘텐츠 제작 방식으로 나아갈 수 있을 것이다.

<학생 글 7_3>은 본론의 마지막 단락과, 짧은 결론 단락으로 이루어져 있습니다. 글쓴이는 두괄식으로 단락을 구성하고 있습니다. 트랜스미디어의 또 다른 장점을 내세우며 단락을 열었습니다.

두괄식(글의 첫머리에 중심 내용이 오는 산문 구성 방식)으로 내용을 전개하면, 중심 생각을 보다 명료하게 독자에게 전달할 수 있습니다. 그런데 몇 군데 표현이 아쉽습니다. 조사가 정확하지 않은 곳(예: '현대 사회는 ~자본의 속박된 세상이다'에 쓰인 관형격 조사 '의'는 부사격 조사 '에'로 고쳐야 합니다.), 의존 명사('데')를 제대로 띄어 쓰지 못한 곳, 문장 구조가 다소 복잡하거나 장황한 곳들이 보입니다.

(가)의 소비사회에 관한 고찰이, 이 단락의 전반부에 구겨진 채 억지로 끼워져 있는 것이 가장 큰 문제입니다. 이 단락의 '현대 사회는 로맨스 또한 ~그 중심은(?) 트랜스미디어가 있다'는, 단락의 중심 내용과 거의 괴리(서로 어그러져 동떨어짐)되어 있습니다. 그 때문에 단락의 통일성(글의 모든 부분들이 하나의 중심 내용을 나타내는 데 기여하는 것)이 느슨해져 있습니다. (가)~(다)를 모두 활용하라는 논제의 요구를 힘겹게 소화한 결과입니다.

소비자들의 능동성을 강조하고자 제시된 사례들이 그 역할을 제대로 하고 있지 못하는 것도 문제입니다. 팬픽션에 의해 원작이 유명해진 경우, 팬층이 확대되며 원작 콘텐츠의 장르가 확대된 경우 등이 제시되고 있습니다. 그런데 이 사례들 어디에 소비자의 '능동성', '생산성', '주체성'이 있다는 것인지 잘 모르겠습니다. 제로투 댄스가 입소문을 타면서 원작 애니메이션 '달링 인 더 프랑키스'라는 애니메이션의 인기가 높아졌다는 사례도 프로슈머와 무슨 관련이 있는지 알 수 없습니다. 오히려 충성도 높은 팬들의 역할과, 유행(소위, '바이럴')이 콘텐츠 소비에 미치는 영향만이 부각되어 있을 뿐입니다.

또한 결론이 단 두 문장으로 이루어져 있는 것도 아쉽습니다. 결론은 본론에서 전개된 글의 핵심을 간추리고, 주장을 강조하며, 독자에게 생각이나 행동의 변화를 촉구하는 단락입니다. 지면의 여유가 있다면 당부의 말이나 기타 제언(提言, 의견이나 생각을 내놓음. 또는 그 의견이나 생각)도 담을 수 있습니다.

내용 및 표현, 구상 등 전반에 걸쳐 문제가 있는 글은 고치기가 어렵습니다. 개요부터 다시 설계해서 쓰는 편이 더 쉽고 효율적입니다. 아래의 <고쳐쓰기>는 그럼에도 불구하고 글을 다듬어 본 예입니다. 글이 더 간결해졌는지, 문단의 중심 생각이 잘 드러나는지를 원래의 글과 비교하며 살펴보기 바랍니다.

고쳐쓰기

또한 트랜스미디어는 소비자가 '프로슈머(생산적 소비자)'가 되도록 돕는다. 우리는 로맨스와 같은 인간의 본질적 감정마저 상품화되고 마는 소비사회에 살고 있다. 시간과 장소, 물건 등을 특별하게 만들어주는 '낭만화된 이미지'가 장르의 경계를 넘나들며 소비된다. 심지어 개인에게 스스로를 상품화하도록 압력을 가한다. 그러나 트랜스미디어는 소비자들이 이러한 수동적인 위치에서 벗어나, 능동적인 수용자가 되도록 돕는다. 이들은 적극적으로 원작이나 관련 작품을 탐색하고, 팬픽션과 같은 새로운 콘텐츠를 파생한다. 소비자들이 작품의 가치를 주체적으로 해석하고 재생산하는 데 트랜스미디어가 기여하고 있는 것이다.

이처럼 트랜스미디어는 생산자와 소비자가 서로 윈윈하도록 돕는 문화 현상이다. 생산자는 콘텐츠의 내용과 장르를 다변화하여 이익을 극대화할 수 있으며, 소비자는 콘텐츠를 능동적으로 수용하는 주체로 거듭날 수 있다. 일방적이고 직선적이었던 기존의 콘텐츠 생태계에 변화가 일어나고 있다. 자신의 콘텐츠 소비 패턴을 비판적으로 분석할 줄 알면, 이러한 변화에 대응할 수 있을 것이다.

5.
뉴미디어는 우리에
어떤 대가를 요구하는가?

〈논제〉 현대의 미디어 환경 및 현상에 대한 다음 글들을 읽고, 아래의 조건에 맞게 비평[7]하시오.

- 조건 1. 삼단 구성(서론-본론-결론)에 맞게 글을 구성하시오.
- 조건 2. 미디어 이론(베냐민, 아도르노, 보드리야르)을 적절히 활용하여 (가)~(다)의 현상들을 비평하시오.

※ 3인의 견해를 모두 활용하되, 핵심 개념 위주로 활용할 것. / 한 지문당 한 사람의 견해를 적용하면 됨.

※ 현상에 대한 자신의 견해도 명백하게 드러낼 것. 모호한 표현, 단순한 개념 소개(또는 설명)로 비평을 마무리하지 말 것.

- 조건 3. (라)의 '치러야 할 대가'가 무엇일지를 추론하여 보시오(서술에 따라 -1점 또는 -2점).

---

7 사물의 옳고 그름, 아름다움과 추함 따위를 분석하여 가치를 논하다.

※ 다음 〈보기〉를 활용할 것. 온라인 세계에 상시 접속 중인 사람이 치러야 할 대가임.

※ (라)의 시사점, 문제 의식 등을 근거로 적절히 활용할 것.

〈보기〉

1. (……) 사유의 경험을 한 사람은 누구든지 카토(Cato)가 다음과 같이 말한 것이 얼마나 옳았는지 알게 될 것이다. "인간은 아무것도 하지 않을 때 가장 활동적이며, 혼자 있을 때 가장 덜 외롭다."
2. 외로움은 고독이 아니다. 고독은 혼자 있기를 요구하지만, 외로움은 다른 삶과 함께 있을 때 가장 날카롭게 그 모습을 드러낸다. (……) 엄격히 말해 모든 사유는 고독 속에서 이루어지며, 나와 나 자신의 대화이다.

• 조건 4. 1,800자(±100자, 띄어쓰기 포함)

책, 신문, 텔레비전, 라디오와 같은 미디어를 레거시 미디어(legacy media)라고 합니다. 전통 매체라고도 하지요. 이보다 늦게 등장한 인터넷, 스마트폰 등의 새로운 통신 네트워크에 기반한 미디어를 가리켜 뉴미디어(newmedia)라고 합니다. 이 둘은 상대적인 개념입니다. 종이와 펜, 활자 같은 것들도 그 당대에는 엄연한 뉴미디어였습니다. 우리가 뉴미디어라고 부르는 것들도 언젠가는 반드시 레거시 미디어가 됩니다.

앞의 논제 3에서 잠깐 살펴보았듯이, 기술은 인간의 삶에 영향을 미칩니다. 2023년 기준, 우리나라의 주민등록상 도시 인구 비중은 무려 91.9%에 달합니다(통계청, e-나라지표). 현대의 도시가 이 많은 사람들을 감당할 수 있는 것 또한 기술 덕택입니다. 대중교통망, 전력망, 통신망, 상하수도망이 없으면 도시도 없습니다.

인력과 자본, 그리고 각종 자원이 자연스레 도시로 집약되었습니다. 그리고 도시는 '대중(大衆, 대량 생산·대량 소비를 특징으로 하는 현대 사회를 구성하는 대다수의 사람)'이라는 새로운 계층을 낳았습니다. 군중(群中, 한곳에 모인 많은 사람)과 대중은 엄연히 다른 개념입니다. 사전의 풀이에도 그 차이가 잘 드러나 있습니다. 대중은 자본주의 도시문화, 소비사회 등을 바탕으로 살아가는 이들입니다. 철저히 개인주의적이면서도 서로에게 의존하며 하나의 무리를 이루는 역설적인 집단이기도 합니다.

범박하게(데면데면하여 구체적이지 못하고 범위가 넓게) 말하면, 모든 기술은 곧 미디어입니다. 우리는 앞에서 '내 생각을 남에게 전달할 때 쓰이는 모든 도구, 반대로는 남의 생각을 이해하기 위해 동원되는 모든 도구'를 미디어라고 정의했습니다. 활자나 그림, 영상 등이 자연스레 연상될 겁니다. 여기서는 미디어의 경계를 더 넓혀 보겠습니다. '사람의 생각과 행위에 영향을 미치는 모든 기술적 산물'을 미디어라고 볼 수 있습니다.

너무 급진적인 주장으로 들릴 수도 있습니다. 그런데 이와 유사한(그러나 덜 급진적인) 생각을 먼저 내놓았던 이가 있습니다. 유명한 미디어학자였던 마셜 맥루한(Marshall McLuhan, '맥루언' 또는 '매클루언'으로도 소개됩니다)입니다. 그는 '미디어가 곧 메시지다(The medium is the massage)'라는 말로 '미디어는 메시지를 담는 그릇일 뿐'이라는 전통적인 관념을 깨트렸습니다. 그는 '전깃불'을 예로 들어 (다소 추상적으로) 자신의 주장을 뒷받침했습니다. 그에 따르면, 전깃불이 쓰인 네온사인 광고에 어떤 문구가 적혀 있는지는 중요하지 않습니다. 전기가 새로운 시대를 열었고, 사람들의 사고 및 소통 방식에 근본적인 변화를 초래했다는 것이 더 중요합니다. 그래서 '미디어는 마사지(massage)다'라고도 했습니다. 이처럼 그는 미디어의 기술적 속성에 초점을 맞추었습니다.

'사람의 생각과 행위에 영향을 미치는 기술적 산물이 곧 미디어'라는 명제와, '미디어가 곧 메시지'라는 명제를 이으면, '기술이 곧 메시지'라는 결론을 얻게 되는데요, 이에 관해서는 기회가 있을 때 따로 설명하겠습니다. 유튜브 영상과 쇼츠, 인스타그램의 이미지, DM(direct message), 카카오톡, 페이스북, 웹툰, 웹소설 등에 둘러싸인 우리가 어떤 소통 및 사고의 방식을 '강제'당하고 있는지를 각자 생각해보면 그 단서를 쉽게 발견할 수 있습니다.

다시 논제로 돌아갑시다. 학생들에게는 미디어 이론가 3인의 글을 지문으로 제공하였습니다. 그 이전에 3인의 주장과 문제의식을 몇 시간에 걸쳐서 깊이 살피기도 했습니다. 발터 베냐민은 원본과 복제, 기술과 예술 등의 관계에 대해 깊이 천착(穿鑿, 어떤 원인이나 내용 따위를 가지고 파고들어 알려고 하거나 연구함)한 선구자입니다. 사진과 영화 등의 새로운 기술이 예술에 관한 기존의 통념을 뒤엎고, 아우라(aura, 진품만이 갖는 고고한 가치)를 소멸시킨다고 주장했습니다. 그는 아우라의 소멸을 긍정적으로 평가했습니다. 예술에 대한 대중의 자유로운 접근과 비평을 가능하게 한다고 보았기 때문입니다. 그는 이러한 시대를 '기술 복제(또는 재생산) 시대'라고 불렀습니다.

현대의 여러 사회 및 문화 현상을 분석하는 데 여전히 유용한 관점입니다.

베냐민의 절친한 동료이자 후원자였던 테오도어 아도르노는 대중매체와 대중문화를 통렬하게 비판한 사람입니다. 그는 전체주의 체제가 독일에 자리 잡게 된 이유를 궁금해했습니다(유대인이었던 베냐민은 유럽을 탈출하지 못하고 결국 스스로 생을 마감합니다). 그는 '계몽의 변증법'이란 책을 통해 인간이 어떻게 인간을 학살하고 통제하는 지경에 이르렀는가를 살핍니다. 그는 이성(理性, 개념적으로 사유하는 능력. 사물의 이치를 논리적으로 생각하고 판단하는 능력)을 지목합니다. 인간은 자연을 지배하고 편의를 누리기 위해 이성을 활용하여 왔습니다. 이성은 합리성과 효용성을 강조하지요. 그런데 근대 이후, 이성은 인간마저도 객체(客體, 작용의 대상이 되는 쪽. 주체의 반대말)화시킵니다. 이성이 사회 시스템에 걸맞지 않은 이들을 배제하고 억압하는 도구로 쓰이게 되는 것입니다. 아도르노는 이런 이성을 '도구적 이성(또는 주관적 이성)'이라고 불렀습니다. 그리고 도구적 이성은 사람이 세운 시스템이 오히려 사람보다 중요한 가치로 대두되는 본말전도의 현실을 야기합니다. 이에 따라, 나치의 위대한 이상에 부합하지 않는 이들(동성애자, 장애인, 유대인 등)은 '처분'되었습니다.

아도르노는 인간을 도구화하고 지배하려는 사회를 '관리되는 사회'라고 불렀습니다. 그리고 대중문화와 대중매체가 이를 가능하게 한다고 지적했습니다. 소수의 독점 자본이나 권력자가, 예술이 아닌 것을 예술로 포장하고, 상품화할 수 없는 예술을 상품화하여 대중에게 유통되시킨다는 '문화산업론'이 여기서 나왔습니다. 문화산업론에 따르면, 대중은 정신적 오락에만 탐닉하느라 상품화된 문화를 무비판적으로 수용합니다. 그들의 문화적 욕구마저 허위로 조작하고 기만하지요. 대중 콘텐츠의 대다수는 이윤 추구를 위한 상품에 불과합니다. 그렇기 때문에 거의 천편일률적이기도 합니다. 동일한 생각과 레퍼토리를 조금씩만 변주해 상품을 찍어내듯 유통시킵니다. '동일성', '규격화', '획일성' 등의 용어에 이런 생각이 담겨 있습니다.

아도르노가 무엇을 시사하고자 했는지 조금 더 살핍시다. 대한민국은 2024년 말에 초고령 사회가 되었습니다. 65세 이상 인구가 전체 인구의 20%를 넘지요. 2024년의 평균 연령은 45세이고, 중위 연령은 그보다 조금 높다고 합니다. 10대와 20대는 전체 인구의 20.7% 정도입니다(행정안전부, 2024). 그런데요, 음악 관련 차트를 보면 10대 후반~20대 초반의 아이돌 노래가 거의 항상, 상단을 차지하고 있습니다. 왜 그럴까요? '무엇이 주로 노래되고 있는가'를 살펴도 의문이 생깁니다. 세상사의 여러 일 중 '사랑', 그것도 청춘남녀 간의 사랑이 노래의 주된 소재로 다루어지고 있다는 사실을 쉽게 발견할 수 있지요. 왜 그럴까요? 인간은 청춘 시기의 연애에 집착하도록 설계된 유별난 동물일까요? 생각하여 볼 문제입니다.

아도르노의 주장은 일견 지나치게 비판적으로 보입니다. 그러나 우리의 아이돌 '양산' 시스템이나 콘텐츠 생태계를 돌이켜보면, 비현실적인 주장이라고만은 할 수 없을 것 같습니다. 김광규 시인의 시, '상행(1981)'에 아도르노의 지적과 유사한 주제 의식이 보입니다. 관심이 있다면 찾아서 읽어 보기를 권합니다.

이제 장 보드리야르에 관해 짧게 소개하겠습니다. 보드리야르도 아도르노처럼 비판적인 시각으로 현대 사회와 문화를 분석했던 학자입니다. 영화 <매트릭스>를 본 적이 있는지 모르겠습니다. 현실과 가상에 관한 철학적 테제(논리를 전개하기 위한 명제)를 담고 있는 명작인데요, 이 영화 도입부에 보드리야르가 쓴 책, 『시뮬라크르와 시뮬라시옹』(Simulacra and Simulation)이 잠깐 등장합니다. 영화의 철학적 기반이 되는 개념을 담고 있기에, 제작자가 오마주(hommage, 특정 작품이나 인물에 대한 존경이나 찬사를 표현하기 위해 스타일, 기법, 요소 등을 차용하는 일, 위키백과)한 것으로 보입니다.

그는 현대 사회를 가상의 이미지로 범벅된 사회, 그래서 원본과 복제를 구분할 수 없게 된 사회, 더 나아가 '실재가 소멸된' 사회라고 비평하였습니다. '시뮬라크르'는 원본에서 파생된 복제품을 말합니다. '시뮬라시옹'은 '시뮬라크르 만들기' 정도로 번역할 수 있습니다. 그는 무슨 말을 하고 싶었던 걸까요. 하나씩 살펴봅시다.

30년 뒤에 살고 싶은 집을 머릿속으로 그려 봅시다. 좀 구체적으로 설계해 보세요. 어디에 있는 집인지, 화장실이 몇 개인지, 야외에 수영장도 있는지, 벽돌집인지 철근 콘크리트집인지 등을 자유로이 상상해 정해 봅시다. 이제 상상한 내용을 그림으로 표현해보세요. 능력이 된다면 설계도로 나타낼 수도 있겠습니다. 상상을 조금 더해볼까요. 여러분이 정말로 큰 돈을 벌어서 꿈꾸었던 대로 집을 지었습니다. 머릿속 집을 'A', 그림이나 설계도 속 집을 'B', 정말로 지은 집을 'C'라고 합시다.

보드리야르에 따르면 이 셋은 위상(位相, 어떤 사물이 다른 사물과의 관계 속에서 가지는 위치나 상태)이 다릅니다. A는 원본입니다. B는 그것을 본뜬 복제본이고요. C는 A를 본뜬 B를 따라 만들어진 또 하나의 복제본입니다. 복제본의 가치는 원본에 매여 있습니다. 얼마나 원본을 잘 모사(模寫, 원본을 베껴 그림)했는지에 따라 가치가 매겨지기 때문입니다. 사실 이러한 생각은 고대 그리스의 철학자, 플라톤이 먼저 했습니다. 그에 따르면 원본 A는 결코 현실에 실재(實在, 실제로 존재함)할 수 없습니다. 그것을 현실 세계에 구현하는 순간, 어딘가 어긋남이 발생하지요. A는 이데아(절대적인 관념의 세계)에만 존재합니다. 그리고 B는 A보다, C는 B보다 열등합니다.

그런데 현대는 그렇지 않다는 것이 보드리야르의 진단입니다. 현대사회의 많은 이미지들은 원본과의 관계가 끊어졌거나, 아예 원본이 없습니다. 그리고 우린 이런 이미지들에 포위된 세상에 살고 있습니다. 마치 현실이 그 현실을 모방한 지도(地圖), 또는 현실과는 아무런 관련이 없는 가상의 이미지에 덮여버린 꼴입니다. 어떻게 이런 일이 가능해졌을까요? 첫째, 기술이 발전했기 때문입니다. 누구나 클릭 몇 번으로 온갖 이미지를 무한정 생산할 수 있습니다. 둘째, 대량 생산과 대량 소비를 권장하는 '소비 사회'가 되었기 때문입니다.

그는 저서 『소비의 사회』에서 소비가 집단적이고 강제적인 행위로 정착되었다는 생각을 밝힙니다. 그에 따르면 소비는 더 이상 자발적이고 개인적인 행위가 아닙니다. 그건 우리의 착각이지요. 우리는 어릴 때부터 소비해야 행복한 삶을 영위할 수 있다고 교육받습니다. 더 무서운 것은, 그러한 사회를 설계한 우리 인간마저도 소비될 수 있는(교환 가치로 치환될 수 있는) 하나의 기호로 자리매김하게 된다는 것입니다. 영화 <매트릭스>에서 인간이 자신의 편의를 위해 만들어 낸 인공지능 기계에 의해 거꾸로 포섭된 채 살아가는 것과 유사합니다. 스스로가 기호화된 도구라는 점을 자각하지 못하고 있는 것도 비슷하군요.

소비 사회의 인간은 스스로를 진지하게 성찰하기가 어렵습니다. 남에 관해서도 마찬가지입니다. 그의 언행보다 그의 소비 목록(영수증 속 리스트)이 그를 더 잘 대변해준다고도 믿게 됩니다. 이미지의 홍수 속에 이미지화된 자신을 내맡긴 사회에서는 현실을 있는 그대로 보기가 어렵습니다. 그는 우리가 현실이라고 믿는 세상은 '하이퍼리얼(hyperreal, 파생실재, 과도실재)'이라고 정의했습니다. 그렇게 실재는 기호와 이미지의 저편으로 소멸해간다고도 했지요. 그의 말처럼 우리는 현실에서 스스로를 기호화하는 데 많은 공을 들입니다. 그런 우리가 가상 세계에서는 자유로워질 수 있을까요.

논제에 관해 설명하다보니 여기까지 왔습니다. 사실 몇 쪽에 압축하여 설명하기가 어려운 주제이지만, 여러분의 이해를 최대한 돕고자 이런 무리수를 택했습니다. 양해를 바랍니다. 학생들에게 주어진 지문들은 아래와 같습니다. 아래의 지문을 읽고, 논제가 요구하는 바에 따라 글을 구상해보세요. 그 뒤에 학생들의 글을 살피겠습니다.

(가) 지난 3월 4일, 뱅크시도 혀를 내두를 만한 또 다른 '창조적 파괴'가 있었다. 이번에는 뱅크시 그림 '멍청이(Morons)'가 대상이었다. 블록체인 기업 인젝티브프로토콜 관계자는 뱅크시의 이 그림을 공개적으로 불태웠다. 시가 1억원짜리 그림이었다. 이 관계자는 그림에 라이터를 갖다 대기 직전 "가상과 실물이 병존할 경우 예술 작품의 가치는 실물에 종속되지만, 실물을 없애면 NFT그림이 대체 불가능한 진품이 된다"고 밝혔다. 그는 "실물 그림을 디지털로 재현한 뒤 고유 번호를 스마트 계

약서에 입력하면 누구도 모방할 수 없는 '디지털 미술품'이 될 수 있다"고 했다.[8]

그리곤 정말 그림을 불태웠다. 실물이 영원히 사라진 뒤 3일 후 이 그림의 유일한 디지털 작품이 된 'NFT 멍청이'는 4억3000만원에 팔렸다. NFT는 Non Fungible token의 줄임말로 '대체 불가능한 디지털화폐'로 해석된다. 예컨대 미술품의 경우 구매자 정보를 블록체인에 기록해 미술품을 디지털 자산으로 바꿔주는 일종의 암호 기술이다.

NFT의 무한 활용은 미술 시장에서 끝나지 않는다. 미국 'NBA 탑샷'은 NBA 선수들의 덩크슛 등 경기 활약상을 담은 짧은 동영상에 NFT를 입혀 '디지털 NBA 카드'로 거래한다. 지난해 10월 오픈 이후 탑샷은 5개월간 매출이 3600억원에 달할 정도로 인기를 끌고 있다. 원래 10달러였던 디지털 카드가 1000~2000달러에 재판매 될 정도다. 최근 패션업체 루이비통이나 버버리도 자사의 디지털 명품을 사고 팔 수 있는 'NFT 컬렉션'을 잇따라 출시했거나, 출시할 예정이다.

-원종태, 「NFT 시대, 그들은 왜 1억짜리 그림을 불태웠나?」, 『머니투데이』, 2021.8.13.

(나) 현대 사회에서 특히 중요해진 것은 젊음과 건강, 아름다움과 매력이다. 과거에는 이성과 합리성에 기초한 지성 교육을 중시했고, 직업적 전문성이나 업무 능력을 상대적으로 더 강조했기 때문에 외모나 체력 관리를 중요하게 생각하지 않았다. 개성을 강조하기보다는 조직 내에서 두드러지지 않는 무난한 이미지, 기본적으로 깔끔하고 성실한 태도에 더

8 XION, 〈Authentic Banksy Art Burning Ceremony (NFT)〉, YouTube, 2021.03.04., https://www.youtube.com/watch?v=C4wm-p_VFh0

비중을 두기도 했다. 그런데 지금은 매력 자본(erotic capital)이라는 새로운 말이 만들어질 정도로 매력 있는 몸, 젊고 건강하고 아름다운 몸에 대한 지향이 커졌다. 정신의 가치보다 몸의 정체성이 더 중요해졌다.

영국의 런던 정책연구센터 연구위원이자 사회학자인 캐서린 하킴은 『매력 자본』이라는 책으로 전 세계의 이목을 끌었다. 하킴은 개인의 매력과 호감이 사회적 지위를 얻고 돈을 벌 수 있는 중요한 능력이라고 보고, 매력 그 자체를 자본으로 해석한다. 물론 하킴이 말하는 매력은 단순히 아름다운 외모만이 아니라 자기표현의 기술이자 사회적인 기술이다. 그것은 꾸준한 자기 관리와 노력으로 가꾸는 얼굴과 몸매만을 뜻하지 않으며 유머 감각과 활력, 세련됨, 상대에게 편안함을 주는 매너 등 타인의 호감을 살 수 있도록 만들어진 후천적 기술도 포함한다.

셀카 문화와 소셜 미디어 때문에 신체 이미지에 대한 관심이 커지고 코로나 사태가 장기화되면서 성형외과를 찾는 이도 늘어났다. 하나금융경영연구소가 2020년 5월 발표한 보고서 「코로나19가 가져온 소비 행태의 변화」에 따르면 2020년과 2019년 1분기 성형외과 매출액은 전년 대비 10퍼센트가량 증가했다. 집에 머무는 시간이 길어지고 누구나 일상적으로 마스크를 착용하는 환경에서, 해외여행 대신 외모 개선에 투자한다는 의미에서 비교적 회복 기간이 긴 성형수술에 대한 수요가 커진 것이다.

-조현준, 「매력이라는 이름의 자본」, 『개인의 탄생』, 2022.

(다) 케이팝(K-Pop)에 쏟아지는 비판 가운데 대표적인 것이 '기획사가 찍어내는 아이돌 공산품'이라는 평가다. 케이팝 성공요인으로 흔히 △'칼군무'로 대표되는 역동적인 무대 구성 △춤·보컬·랩 등 필요한 역할을 각기 소화하는 멤버 시스템 △완벽한 외모 △발 빠른 세계 음악 흐름 반영 등을 꼽는다. 이들 요소는 자연적으로 생긴 것이 아니다. 기획사의

세심한 기획과 훈련으로 탄생한 결과물이다. 에스엠(SM)엔터테인먼트가 H.O.T.를 통해 아이돌 그룹의 원형을 만들어낸 뒤 많은 기획사가 믿고 따라온 공식이다.

기획사들은 가능성 있는 청소년을 '연습생' 형태로 선발한 뒤, 강도 높은 훈련을 거쳐 아이돌 그룹으로 거듭나게 했다. 훈련은 이전 세대의 한계를 넘어서기 위한 노력이었다. 1990년대 등장한 많은 아이돌 그룹은 춤과 퍼포먼스에만 중심을 두다 보니 노래 실력이 형편없었다. 노래도 못하면서 춤만 잘 추면 가수냐 하는 비아냥도 쏟아졌다. 기획사들은 한층 경쟁력 있는 '상품'을 내놓기 위해 더 많은 연습과 훈련을 거치는 시스템을 체계적으로 갖추기 시작했다. 그 과정에서 아이돌 실력도 크게 향상됐고, 현재 케이팝 경쟁력의 근간이 됐다.

부작용도 만만치 않았다. 그중 하나가 이른바 '노예계약' 문제다. 연습생 기간은 짧으면 2~3년, 길면 5~6년이 넘곤 한다. 그 기간에 기획사는 연습생에게 레슨, 숙식, 성형수술 등을 제공하며 '훈육'에 들어간다. 제조업으로 치면 상품 기획·개발 기간인 셈이다. 이 과정에 가혹한 사생활 관리, 다이어트 관리도 더해진다. 한창 놀고 싶을 10대인 연습생이 어떤 문제를 일으킬지 알 수 없게 된다. 최근 자주 거론되는 케이팝 연습생 인권침해 논란은 대부분 이 과정에서 비롯한다.

기획사 시스템이 낳은 또 다른 부작용은 '천재 집착' 현상이다. 고만고만한 청소년을 모아 그룹을 만들다보니 차별화가 쉽지 않다는 문제에 직면했다. 마트 매대에 제조사 이름만 다른 빵들이 진열된 셈이다. 제과회사 마케팅 기획자라면 어떤 점을 차별 포인트로 잡을 수 있을까? 아마도 더 좋은 재료, 예컨대 유기농 제품임을 내걸 수 있다. 기획사도 비슷했다. 자사 아이돌 경쟁력을 선전하려 멤버의 '천재성'을 부각했다. 작사·작곡 실력을 갖췄다거나 프로듀싱을 직접 했다는 점 등을 내세우며 기획사에서 '만들어진' 아이돌이 아님을 강조했다.

-김윤지, 「기획사가 빚어낸 아이돌의 빛과 그림자」,
『이코노미 인사이트』, 2019(11월호).

(라) 집에 온종일 사람이 없는 가정이 갈수록 늘고 가족이 모여들던 난로와 저녁 식탁이 각 방의 텔레비전에 밀려나면서, 비유하자면 다들 '각자의 고치에 틀어박히면서', 곁사람이 주는 따뜻한 생기와 활기에서 힘을 얻는 이들은 점점 줄고 있었다. 그러다 마침내 도래한 인터넷은 공허를 잊거나 덜게 해주었고, 그간 너무도 자주 비어 있던 옆자리의 사람이 나무문이 아니라 모니터를 통해서이긴 해도 다시 돌아온 듯했다. 페이스북과 마이스페이스 같은 연락망은 현실과 가상, 두 세계의 가장 좋은 것을 함께 제공하는 서비스로 환영받았다. 적어도, 곁에 사람이 있기를 애타게 바라면서도 정작 사람들과 함께 있으면 불편함을 느끼고 서투르며 불운한 이들에게만은 그래 보였다.

온라인 세상에서는 그 누구도 결코 멀리 있지 않고, 그 누구든 언제든 재까닥 불러낼 수 있다. 혹시 상대가 잠들어 있더라도 메시지를 보낼 사람은 차고 넘치며, 아니면 잠깐 트위터라도 하면서 그 시간을 때우면 된다. 둘째, 굳이 어디로 향할지 장담할 수 없는 대화를 시작했다가 내키지 않는 상황을 이어가면서까지 다른 사람과 '접촉'할 필요가 없다. 대화가 탐탁지 않은 방향으로 틀어질 징후가 하나라도 보이면 그대로 '접촉'을 끊으면 된다. 그러니 위험할 것도, 변명하거나 사과하거나 거짓말할 필요도 없다. 필요한 거라곤 고통이나 위험이 결코 끼어들 수 없는, 거미집처럼 가벼운 손가락 터치뿐. 이제는 혼자임을 두려워하지 않아도 되는 동시에, 다른 사람의 요구에 노출될 위험도, 희생이나 타협을 요구받을 위험도, 다른 사람이 원한다는 이유만으로 하기 싫은 일을 해야 할 위험도 없다.

이것은 혹시 지상낙원인가? 드디어 꿈이 이루어진 것인가? 인간 상호작용에 끈질기게 따라붙는 모순, 그러니까 우리의 마음에 안정감과 활기를 불어넣는 동시에 번거롭고 무척 아슬아슬하다는 그 특성은 마침내 해소된 것일까? 이 문제에 대해서는 계속 의견이 갈린다. 그러나 누구도 부정할 수 없을 사실이 있으니, 이 모든 것에는 **치러야 할 대가**가 있다는 점이다.

-지그문트 바우만, 「고독을 잃어버린 시간」,
『고독을 잃어버린 시간』, 2020(개정판).

쉽지 않지요? 좋은 글, 쉬운 글을 쓰려면 이런저런 글들을 많이 읽어야만 합니다. 그러니 조금만 더 견디어 봅시다. 지문 (가)~(라)는 모두 현대의 문화 현상을 다루고 있습니다. 그리고 이 지문들을 분석하는 데 필요한 몇 가지 개념과 관점들은 이미 앞에서 살폈습니다. 읽기 어려운 지문들은 아니므로, 지문에 관해서는 더 설명하지 않겠습니다. 이제는 학생들이 쓴 글을 같이 읽어 보도록 합시다. 그리고 주장이 타당한지, 표현이 말끔한지 등을 따져 봅시다.

학생 글 8_1

선사시대의 동굴 벽화와 같은 단순 이미지에서부터 현대 사회의 SNS에 이르기까지 매체의 발달은 인간 사회의 현상을 매개하는데 핵심적인 역할을 수행함과 더불어 인간의 사고방식에도 큰 영향을 미쳤다. 그 결과로 야기된 사회적 변화들을 미디어 이론을 통해 비평해본다.

문단은 문장의 집합체입니다. 그런데 이 문단은 단 두 문장으로 이루어져 있습니다. 두 문장만으로는 문단이 제 기능을 하기 어렵지요. 서론은 논의의 배경, 의의, 관련 사례, 핵심 개념의 뜻, 글쓴이의 관점 등을 제시하면서 독자의 흥미를 끄는 역할을 담당합니다.

'매체의 발달은 인간 사회의 현상을 매개하는데 핵심적인 역할을 수행함과 더불어 인간의 사고방식에도 큰 영향을 미쳤다'는 표현도 고쳐야 합니다. 매체 발달의 의의를 제시하려고 한 것 같은데요, 시도는 좋습니다. 그러나 잘 읽어 보면, 주어('매체의 발달은')와 서술어('수행함')가 잘 어울리지 않아서 어색하다는 것을 알 수 있습니다. '발달'이 어떤 '역할'을 '수행'한다는 형태의 문장입니다. '매개하는데'는 '매개하는 데'로 고쳐야 합니다.

고쳐쓰기

선사시대의 동굴 벽화부터 현대의 SNS에 이르기까지, 매체는 인간 사회의 각종 현상을 매개하는 핵심적인 역할을 해왔다. 또한 인간의 사고방식에도 큰 영향을 미쳤다.

학생 글 8_2

(가)는 대체 불가능한 디지털 화폐, 'NFT'에 대한 글이다. NFT는 블록체인 기술을 이용해 디지털 자산의 고유한 원본성 및 소유권을 보증한다. 그렇다면 이것이 NFT가 진품으로써의 아우라를 지님을 의미하는가? 베냐민은 일회성, 유일성, 원본성 등 진품만이 가지는 특성을 가리켜 '아우라'라고 했다. 하지만 기술 복제 시대가 도래하면서, 원본과 복

사본의 구별이 모호해졌고 전달 매체의 발달로 진품으로써 가지는 일회성의 의미도 사라졌다. NFT는 이러한 예술의 평등 지향적 흐름에 원본성을 보장함으로써 진품으로써 가지는 가치를 강조하고 있다. 복사본과 같은 형태의 이미지이더라도 진품이라는 사실 자체만으로 NFT는 아우라를 가질 수 있다. 기존의 예술품이 가지는 아우라와 NFT가 가지는 아우라에는 명확한 본질적 차이가 존재하지만 기술복제시대에 NFT는 원본으로써 가지는 새로운 형태의 아우라를 분명히 지니고 있다.

본론을 어떻게 시작해야 할지 고민하는 학생들이 많습니다. 이 학생도 그러했던 것 같습니다. 이 단락은 '(가)는 대체 불가능한 디지털 화폐, 'NFT'에 대한 글이다'라는 문장으로 시작됩니다. 이 단락 뒤에 이어지는 문단들도 같은 구조의 문장을 첫 문장으로 선택했습니다. 문법적으로 잘못된 문장은 아닙니다. 그러나 글을 여는 첫 문장으로 선택하기에는 아쉬운, 경직된 문장입니다. '(가)는 ~글이다'라는 형식에서 좀 벗어나 봅시다. 예를 들면, '(가)는 {~을, ~에 대해, ~이라고, …} {지적한다, 비판한다, 짚는다, 설명한다, 분석한다, 소개한다, 역설한다, …}'와 같은 형태를 취할 수 있습니다.

나머지 자잘한 표현들도 다듬어야겠습니다. 이 단락에는 '진품으로써'란 표현이 세 번 쓰였습니다. 그런데 맥락을 보면 조사를 '으로서'로 바꾸어야 합니다. '으로서'와 '으로써'의 차이가 무엇인지는 앞에서 설명한 적이 있습니다. 전자(前者, 두 가지 사물이 사람을 들어 말할 때, 먼저 든 사물이나 사람. 여기서는 '으로서')는 자격, 지위, 신분 등을 나타내고 후자는 도구나 수단을 뜻합니다.

그런데 이것만으로 충분하지 않군요. '진품으로서 가지는 일회성의 의미도 사라졌다', '진품으로서 가지는 가치를 강조하고 있다', '원본으로서 가지는 새로운 형태의 아우라를', '기존의 예술품이 가지는 아우라와 NFT가 가지는 아우라에는' 등과 같은 표현들은 여전히 부자연스럽습니다. 영어에서는 '가지다(have)'를 글에서도 많이 사용하지만, 우리말에서는 그렇지 않습니다. 대체로 구어체에서 많이 쓰지요. 이 네 문장은 이렇게 바로잡을 수 있습니다. 직접 비교해 봅시다.

고쳐쓰기

▶ 진품으로서 가지는 일회성의 의미도 사라졌다.

→ 진품의 '일회성'도 사라졌다.

▶ 진품으로서 가지는 가치를 강조하고 있다.

→ 진품으로서의 가치를 강조하고 있다.

▶ 원본으로서 가지는 새로운 형태의 아우라를

→ 새로운 형태의 아우라를

▶ 기존의 예술품이 가지는 아우라와 NFT가 가지는 아우라에는

→ 기존의 아우라와 NFT가 내세우는 새로운 아우라에는

학생 글 8_3

(나)는 정신적 가치보다 몸의 정체성이 중요해진 현대 사회에 대한 글

이다. 현대와 같은 소비 사회에서 매력 자본은 단순히 외적 이미지가 아닌 자기표현의 기술이자 사회적인 기술로써 작용한다. 이에 사람들은 보드리야르가 말했듯이 자신을 가치 있는 존재로 꾸미기 위해 매력 자본에 끊임없이 투자하기 시작했다. 대표적인 예시가 성형수술이다. 사람들은 자신의 외모를 남들과 비교하며 이를 개선하기 위해 성형수술이라는 소비를 하지만 이는 어디까지나 시뮬라크르에 불과하다. 끊임없는 소비는 일종의 양성 피드백과 같이 시뮬라시옹을 가속화하고 사람들은 결국 본질을 볼 수 없게 된다. 현실을 회피하기 위해 소비를 지속하는 것보다 시뮬라크르 너머의 본질을 보는 것이 중요하다.

이 단락은 비교적 무난한 편입니다. 그래도 최대한 더 다듬을 곳을 찾아봅시다. 먼저 첫 번째 문장입니다. 첫 문장을 고치면 좋겠습니다. '(나)는 ~에 대한 글이다'와 같은 형식으로는, (나)의 주제를 구체적으로 짚어낼 수 없습니다. 화제(話題, topic, 글에 언급되는 소재, 이야깃거리)가 무엇인지만을 나타낼 수 있지요. '(나)는 정신적 가치보다 몸의 정체성이 더 중요하게 여겨지는 이유를 분석하고 있다', '(나)는 젊고 아름다운 신체에 대한 열망이 높아지고 있는 이유를 '매력 자본' 개념을 활용해 탐구하고 있다' 등으로 바꾸어 쓰면 더 좋습니다.

학생 글 8_4

(다)는 K-POP 아이돌의 성공 요인에는 기획사의 체계적인 육성시스템이 뒷받침된다고 말하고 있다. K-POP 아이돌은 점점 획일화되어가고

> 있고, 이러한 상황에서 차별화를 위해 기획사는 연습생들을 더욱 혹독하게 연습시킨다. 성공, 즉, 기획사의 더 큰 수익 창출이라는 목적을 위해 아이돌은 도구화되었다. 아도르노는 위와 같은 도구적 이성은 인간 그 자체까지 본질적 가치가 아닌 도구적 가치로 재단한다고 말했다. 인간의 도구화는 인간으로 하여금 본질을 망각한 채 자유로운 사유를 불가능하게 한다. 앞서 언급했던 K-POP 아이돌 산업에서도 마찬가지이다. 연습생들은 기획사에 의해 도구화 된 채 그들의 목적을 성취하기 위해서만 이용되고 정작 자신이 하고 있는 일의 본질은 인지하지 못하고 있다. 인간은 자신이 인지하지 못한 사이에 도구화 되어 이용되고 있고, 본질적 가치로서의 사유는 이를 막을 수 있는 방법일 것이다.

이제 본론의 세 번째 문단입니다. 아쉽게도 첫 문장이 비문입니다. '(다)는 ~의 성공요인에는 ~이 뒷받침된다고 말하고 있다'의 형태입니다. 이런 문장을 읽고 부자연스럽다고 느낄 수 있어야 합니다. 어떻게 고치면 좋을까요? '(다)는 기획사의 체계적인 육성 시스템이 지금의 K-POP 성공 신화를 낳았다고 주장한다' 정도만 되어도 자연스럽습니다. 그런데 또 다른 문제가 있습니다. (다)의 핵심과는 반대되는 내용을 담고 있기 때문입니다. (다)는 케이팝 산업의 가치나 의의에 초점을 둔 글이 아닙니다. 오히려 기획사 시스템이 낳은 여러 부작용을 강조하고 있습니다. 제시된 지문을 한 문장으로 압축해 단락의 첫머리에 내세우려면, 그 지문의 관점과 핵심을 정확히 헤아릴 줄 알아야 합니다.

'인간의 도구화는 인간으로 하여금 본질을 망각한 채 자유로운 사유를 불가능하게 한다' 와 같은 문장도 매우 부자연스럽습니다. 먼저, '인간의 도구화' 가 무언가를 불가능하게 하는 주체로 설정되어 있는 점이 눈에 띕니다. 관형격 조사 '의' 는 우리말에서 아주 생산적으로 활용되는 조사인데요, 잘못 쓰면 막연하고 추상적인 구(句, 둘 이상의 단어가 모여 절이나 문장의 일부분을 이루는 토막)를 만들어냅니다. 이럴 땐 차라리 '의' 를 삭제하거나 다른 형태로 푸는 것이 낫습니다. '개념의 창조', '미(美, 아름다움)의 숭배' 보다, '개념 창조', '아름다움에 대한 숭배' 가 더 낫습니다. '질서의 확립', '인권의 존중'(둘 다 표준국어대사전에 실려 있는 용례(用例, 쓰고 있는 예. 또는 용법의 보기))인데요, '질서 확립', '인권 존중' 이라는 표현이 더 간결하고 자연스럽습니다.

'의' 는 체언에 붙어 그 체언에 여러 의미를 부여합니다. '영수의 연필' 이라고 할 때의 '의' 는 '영수' 가 '연필' 의 소유자라는 사실을 나타내지만 '영수의 부탁' 이라고 할 때의 '의' 는 '영수' 가 '부탁' 의 주체라는 사실을 나타냅니다. '영수의 키' 에서의 '의' 는 '키' 가 영수에 관한 속성이라는 점을 나타내지요. 이처럼 '의' 는 용법이 다양해 맥락에 맞게 써야 합니다. 그래서 '누나의 사진' 이라고 하면, 맥락에 따라 '누나가 찍은 사진' 일 수도, '누나가 찍힌 사진' 일 수도, '누나가 소유한 사진' 일 수도 있는 것입니다.

'인간의 도구화는 인간으로 하여금 본질을 망각한 채 자유로운 사유를 불가능하게 한다' 라는 문장을 살피던 중이었습니다. 이 문장이 안고 있는 다른 문제는, 구조가 엉성하다는 것입니다. 이 문장은 긴 사동문(長型使動文, '~게 하다' 를 서술어로 삼은 사동문. '-게' 는 보조적 연결어미)입니다. 이 사동문의 사동주(사동문의 주체. 즉 어떤 행위를 시키는 이)는 '인간의 도구화' 입니다.

피사동주(사동문의 객체. 어떤 행위를 당하는 이)는 '인간'입니다. '시킴'의 내용은, '본질을 망각한 채 자유로운 사유를 불가능하다'입니다. 여기에 '-게 하다' 구성이 붙어서 사동문이 만들어집니다. '본질을 망각한 채 자유로운 사유를 불가능하다'라는 말, 어법에 맞는 표현인가요? 이 표현은 어떻게 바로잡아야 할까요? 이번에는 독자 여러분 스스로 해결해보기 바랍니다.

마지막 두 문장을 봅시다. '장황(張皇, 매우 길고 번거로움)'합니다. '본질적 가치로서의 사유'는 지나치게 추상적이어서, 무슨 뜻인지 짐작하기도 어렵습니다. '도구화되어(붙여 씁니다. 이때의 '-되다'는 명사 등에 붙어 피동의 뜻을 더하고 동사를 만드는 접미사입니다) 이용되고 있다'와 같은 이중 피동 표현이 반복돼 쓰인 것도 눈에 띕니다. 문장을 정확하게 구사할 줄 알면, 조금 길게 써도 괜찮습니다. 글쓰기를 연습하는 단계의 학생이라면, 더 짧고 담백하게 쓰도록 합시다. 이 두 문장은 아래와 같이 고칠 수 있습니다.

고쳐쓰기

▶ 연습생들은 기획사에 의해 도구화 된 채 그들의 목적을 성취하기 위해서만 이용되고 정작 자신이 하고 있는 일의 본질은 인지하지 못하고 있다.

→ 연습생은 기획사의 도구로 이용된다. 그러나 그들은 이러한 본질을 꿰뚫어 보지 못하고 있다.

▶ 인간은 자신이 인지하지 못한 사이에 도구화 되어 이용되고 있고, 본질적 가치로서의 사유는 이를 막을 수 있는 방법일 것이다.

→ 누구나 자신도 모르는 사이에 도구화될 수 있다. 그러나 깊이 사유할 줄 안다면, 이러한 사태를 막을 수 있을 것이다.

학생 글 8_5

(라)는 인터넷에 의해 변화된 인간관계에 대해 이야기 하고 있다. 카토는 "인간은 아무것도 하지 않을 때 가장 활동적이며, 혼자 있을 때 가장 덜 외롭다."라고 말했다. 모든 사유는 혼자만의 시간인 고독 속에서 일어나고 인간은 고독의 시간에서 자기를 돌아보며 성찰한다. 하지만 현대 사회에서 인간은 인터넷을 통해 끊임없이 소통하고 이에 따라 혼자 있는 시간이 사라져 버렸다. 그들은 고독 속에서 자기를 성찰하고 본질을 파악할 사유의 시간을 잃어버린 것이다.

매체의 발달은 우리 사회에 다양한 변화를 야기했다. 원본과 복제품의 경계가 모호해지고, 현실과 가상의 경계가 흔들리는 사회에서 본질을 바라보는 것만이 우리가 매체에 종속되지 않는 방법이 아닐까?

이 단락도 첫 문장이 문제입니다. '인터넷에 의해 변화된 인간관계'는 불필요한 피동 표현입니다. 그리고 '(라)는 ~에 대해 이야기하고 있다'와 같은 구성은 추상적이고 식상합니다. '이야기하다', '말하다'와 같은 서술어는 의미의 영역이 넓습니다. 가능하다면 이보다는 더 구체적인 어휘를 쓰는 것이 좋습니다. 그에 관해서는 바로 앞에서 자세히 짚었으니, 여기서는 생략합니다.

'혼자만의 시간인 고독 속에서', '인간은 고독의 시간에서 자기를'과 같은 표현도 비문에 해당합니다. 전자에 따르면 '혼자만의 시간'이 곧 '고독'인데요, 고독은 어떤 상태를 가리키는 말이지 특정 시간을 가리키는 말이 아닙니다. 사전에는 '세상에 홀로 떨어져 있는 듯이 매우 외롭고 쓸쓸함'

이라고 풀이되어 있습니다. 후자에는 관형격 조사 '의'가 부자연스럽게 쓰였습니다. 학생이 앞 문장에 정의 내린 바를 참조하면, '고독의 시간'은 '혼자만의 시간의 시간'이 됩니다. '고독의 시간'이라는 추상적인 표현 대신, '고독할 때'라고 바꾸면 어떨까요? 더 명료하고 간결한, 경제적인 표현이 됩니다.

마지막 단락은 이 글 전체의 논의를 매듭짓는 결론에 해당합니다. 그런데 서론과 마찬가지로 단 두 문장만이 여기에 할애되어 있습니다. 이래서는 결론이 결론의 역할을 제대로 할 수 없습니다. 기와 두 장으로 지붕을 덮을 수는 없지요. 결론이 어떤 역할을 하는가는 위에서 자세히 짚었으니, 여기에서는 그에 관해 더 말하지 않겠습니다.

이번에는 같은 논제를 더 능숙하게 다룬 학생의 글을 살펴보겠습니다. 학생들에게 '잘된 글', '모범적인 글'을 종종 제시하고는 하는데요, 부작용이 있습니다. 다수의 학생들이 제시된 글을 '정답'처럼 여기고 천편일률적인 방식으로 이를 모방해 글을 전개하고 맙니다. 심지어 어떤 학생은 열심히 자기만의 주장을 구상하여 놓고도 제시된 '잘된 글'에 맞추어 주장을 바꾸기도 합니다. 그런 글은 '죽은 글'입니다. 진짜 얼굴을 감춘, 가면을 쓰고 등장한 배우의 어설픈 독무대가 펼쳐지고 말지요. 아래의 <학생 글 9>는 여러모로 잘된 글입니다. 표현이 말끔하고 주장이 명료하게 드러납니다. 문단을 소주제문을 중심으로 긴밀하게 구성한 데다가, 논제가 요구한 여러 조건들도 잘 충족하였습니다. 그러나 이 글은 하나의 사례일 뿐, 유일무이한 정답 텍스트는 아닙니다. 이 점에 유의해서 아래의 글을 읽어 보도록 합시다.

학생 글 9

인터넷의 핵심 키워드는 '연결'이다. 원할 때마다 인터넷으로 타인과 소통하고 세상과 연결되어 있을 수 있다. 하지만 타인과 항상 연결되는데도 외로움을 느낀 적이 있을 것이다. 이는 인터넷이 요구하는 스스로와의 연결이라는 대가 때문이다. 카토는 "인간은 아무것도 하지 않을 때 가장 활동적이며, 혼자 있을 때 가장 덜 외롭다"라고 말했다. 이는 '외로움은 고독이 아니다. 고독은 혼자 있기를 요구하지만, 외로움은 다른 삶과 함께 있을 때 가장 날카롭게 그 모습을 드러낸다. 엄격히 말해 모든 사유는 고독 속에서 이루어지며, 나와 나 자신의 대화이다.'라는 말을 통해 보다 잘 이해할 수 있다. 끝없는 타인과의 상호작용으로 현대인은 고독을 누릴 수 없게 되었다. 스스로와의 대화를 나눌 수 없게 되었고 이는 스스로와의 단절로 이어졌다. 양날의 검과 같은 미디어를 어떻게 대해야 할까? 우리는 미디어를 경계해야 한다.

첫째, 미디어는 원본과 복제본의 경계를 흐리고 창작을 저해한다. 발터 베냐민은 예술이 아우라를 가지던 과거와 달리, 현재에는 기술의 복제로 예술품이 가지던 권위가 사라졌다고 말했다. 그는 이런 변화에 긍정적이었는데 누구나 예술을 접하고 비판할 수 있는 사회는 건강한 사회라고 생각했기 때문이다. (가)는 블록체인 기업인 인젝티브 프로토콜 관계자가 뱅크시의 그림 '멍청이'를 NFT로 변환한 후 불태웠다는 이야기를 전했다. 하지만 이런 현상은 긍정적이지 않다. NFT로 변환된 그림은 비싼 값을 지불해야 그림을 소유하고 관람할 수 있다. 복제본을 만들었으나 누구나 예술을 향유할 권리는 주지 않았다. 즉, 베냐민이 생각했던 예술의 권위 추락이 공평함으로 발전하지 않고 멈췄다. 원본이 파괴되고 복제본과의 경계가 흐릿해지는데 누가 원본을 창조할까? 결국 창작은 끊기고 복제를 거듭하는 예술만이 남을 것이다.

둘째, 미디어는 문화를 획일화시킨다. (다)는 케이팝 아이돌에 대해 고찰한다. 아이돌 그룹은 멤버 시스템, 아름다운 외모 등의 정해진 틀에 갇혀 서로 비슷하다. 이에 소속사는 천부적인 재능을 강조하며 아이돌 그룹을 포장했다. 하지만 내용물은 결국 비슷하기에 케이팝은 점점 획일화되었다. 이러한 일은 테오도어 아도르노의 이야기와 다를 바가 없다. 기업은 상품을 예술로 포장하여 소비자를 현혹하고 관리한다. 그는 이런 현상을 상품의 심미화라 이름 붙이며 비판했다. 소비자는 공급을 따라가고 공급자는 뻔한 콘텐츠를 제공하여 문화를 통일시킨다. 현재의 케이팝 상황도 마찬가지로 긍정적이지 않다. 케이팝은 다양성이 아닌 획일화의 길을 걷고 있다. 따라서 소비자는 아이돌 산업을 비롯한 문화 산업을 비판적으로 바라보아야 하고 공급자는 다양성을 갖춘 예술을 추구해야 한다.

셋째, 미디어는 개인이 스스로를 상품화하게 만든다. (나)는 매력 자본을 통해 이야기를 풀어냈다. 과거에는 전문성과 업무 능력을 갖춘 사람이 높이 평가받았지만, 현재에는 매력 있는 신체가 중요해졌다. 장 보드리야르는 가상의 이미지로 본질이나 실체를 포장하며 실체는 소멸한다고 말했다. 그러니까 과거에는 시뮬라크르가 원본에 기대어 존재했다면 현재에 이르러서는 시뮬라크르의 원본이 사라져 버렸다. 현재는 이미지로 포위된 세상과 다름없다. 인간마저도 소비 대상으로 격추되고 본질보다 가상의 이미지가 더 중요해졌다. 이 상황은 긍정적이지 않다. 개인이 본질보다 완벽한 가상의 이미지에 맞추어 재매개화하는 데에 집중하기 때문에 개인은 자아실현을 이룰 수 없고 사회는 인재를 얻을 수 없다.

기술이 발전함에 따라 미디어는 앞으로 삶 속으로 더욱 깊이 다가올 것이다. 자각하지 못한 사소한 부분까지 미디어가 침투할 것이고 이에 점차 익숙해지고 편리함에 빠지게 될 것이다. 하지만 미디어는 그 대가로 창작을 저해하고 문화를 획일화시키며 스스로를 상품화시키게끔 한다. 따라서 미디어를 경계하며 현명하게 미디어를 이용해야 한다.

<학생 글 8>과 비교하면 어떻습니까? 글에 대한 평가는 사람마다 다를 수 있지만, <학생 글 9>가 더 말끔하게 작성되었다는 점에는 아마 이견이 없을 듯합니다. 문장을 되도록 간결하게 작성하려고 노력한 점도 보입니다. 그러나 이 글의 가장 큰 장점은 본론 전개 방식에 있습니다. <학생 글 8>과 달리 이 글은 본론 각 문단이 주제문으로 시작됩니다. 논제에 관한 자기 생각을 먼저 분명하게 밝힌 뒤, 일관된 관점으로 관련 지문을 요약하고 분석합니다. 이렇게 글을 전개하면 논지의 흐름을 더 확실하게 드러낼 수 있고요, 읽는 이의 입장에서도 읽기가 더 수월해집니다. 논제를 꼼꼼하게 분석하고 지문을 정확하게 읽어낸 학생이어야 이렇게 자신감 넘치는 글을 쓸 수 있습니다.

몇 군데 표현은 다듬어야 합니다만, 지문 분석, 이론(관련 개념) 적용, 문제 제기, 판단 및 평가의 과정이 자연스럽고 논리적입니다. 표현이 부자연스러운 몇 군데를 골라 다듬으면 아래와 같습니다. 더 나은 표현이 없는지, 왜 이렇게 고쳤을지 등을 탐구하며 읽기 바랍니다.

고쳐쓰기

▶ (1문단) 이는 인터넷이 요구하는 스스로와의 연결이라는 대가 때문이다.

- '이는 ~하는 ~라는 ~때문이다'의 구조입니다.
- 인터넷이 '스스로와의 연결'을 대가로 요구한다는 건데요, 뜻이 모호합니다. 게다가, 글쓴이의 의도 및 지문의 내용과 반대되는 문장입니다.

→ 이는 인터넷이 '자기와의 단절'을 대가로 요구하기 때문이다.

▶ (1문단) 스스로와의 대화를 나눌 수 없게 되었고
→ 자신과 대화할 수 없게 되었고

▶ (2문단) 발터 베냐민은 예술이 아우라를 가지던 과거와 달리, 현재에는 기술의 복제로 예술품이 가지던 권위가 사라졌다고 말했다.
→ 발터 베냐민에 따르면, 과거의 예술품에는 아우라가 있었다. 그러나 기술 복제로 만들어진 현대의 예술품에는 그러한 아우라가 없다.

▶ (2문단) (가)는 블록체인 기업인 인젝티브 프로토콜 관계자가 뱅크시의 그림 '멍청이'를 NFT로 변환한 후 불태웠다는 이야기를 전했다.
→ (가)에는 어느 블록체인 기업 관계자가 뱅크시의 그림 '멍청이'를 불태우고 NFT 복제본만 남긴 사건이 소개되어 있다.

▶ (2문단) 즉, 베냐민이 생각했던 예술의 권위 추락이 공평함으로 발전하지 않고 멈췄다.
- '베냐민이 생각했던 예술의 권위 추락'이란 표현은 너무 추상적입니다. '생각하다'라는 말은 뜻이 너무 넓습니다. 그리고 관형격 조사를 잇달아 써서 '관형어 + 관형어 + 명사'의 형태가 되는 것도 피하는 것이 좋습니다. 잘못하면 뜻이 모호해집니다.
- 이 문장의 주어는 '베냐민이 생각했던 예술의 권위 추락이'이고, 서술어는 '발전하지 않고 멈췄다'입니다. 가운데 '공평함으로'는 부사어입니다. 주어와 서술어가 잘 어울리는지 살펴봅시다. 부사어와 서술어의 관계도요. 모두 잘 어울리지 못합니다. 아래의 두 문장은 이 문장을 두 가지 방식으로 다듬어 본 결과입니다. (A)와 (B)에 담긴 내용은 거의 같지만, 뉘앙스(음색, 명도, 채도, 색상, 어감 따위의 미묘한 차이)와 문장 구성 방식이 다릅니다. (A)는 원문을 더 친절하게

두 문장으로 풀어쓴 것입니다. 반면 (B)는 1문장이지만, '예술의 권위 추락', '대중의 접근성 향상'과 같은, 한자어가 중첩되어 뜻이 다소 모호한 구가 쓰였습니다. 이렇게, 문장은 여러 방식으로 다듬을 수 있습니다.

→ (A) 베냐민의 주장대로 이제 예술은 그 권위를 잃었다. 그러나 대중이 쉽게 예술을 감상할 수 있게 된 것은 아니다.

→ (B) 즉, 베냐민의 예측과 달리 예술의 권위 추락이 곧 대중의 접근성 향상으로 이어진 것은 아니다.

▶ (2문단) 결국 창작은 끊기고 복제를 거듭하는 예술만이 남을 것이다.

→ 결국 창작은 사라지고 복제만이 남을 것이다.

▶ (3문단) 소비자는 공급을 따라가고 공급자는 뻔한 콘텐츠를 제공하여 문화를 통일시킨다.

→ (A) 소비자는 생산자가 조장하는 대로 소비하고, 생산자는 틀에 박힌 콘텐츠를 양산한다. 그 결과 획일화된 문화가 만들어진다.

→ (B) 소비자는 맹목적으로 소비하고, 생산자는 획일적인 콘텐츠를 공급한다. 그러면 문화가 다양성을 잃는다.

▶ (3문단) 현재의 케이팝 상황도 마찬가지로 긍정적이지 않다.

→ 케이팝도 같은 문제를 안고 있다.

→ 케이팝 산업도 이러한 양태(樣態, 사물이 존재하는 모양이나 형편)를 보인다.

▶ (3문단) 케이팝은 다양성이 아닌 획일화의 길을 걷고 있다.

- '다양성이 아닌 획일화의 길'과 같은 표현은 스스로 걸러낼 수 있어

야 합니다. 요새 인터넷, 특히 커뮤니티 공간에서 '~이 아닌'과 같은 표현이 널리 보이는데요, 많은 학생 필자들이 이를 본받는 것 같습니다. 이 표현이 안고 있는 문제에 관해서는 뒤에서 다시 다루겠습니다.

→ 케이팝 산업 역시 (다양성을 잃고) 콘텐츠가 획일화되어 가고 있다.

▶ (4문단) (나)는 매력 자본을 통해 이야기를 풀어냈다.

→ (나)는 신체 이미지가 갈수록 중시되고 있는 세태(世態, 사람들의 일상생활, 풍습 따위에서 보이는 세상의 상태나 형편)를, '매력 자본' 개념을 소개하며 분석하고 있다.

▶ (4문단) 과거에는 전문성과 업무 능력을 갖춘 사람이 높이 평가받았지만, 현재에는 매력 있는 신체가 중요해졌다.

→ 과거에는 전문성과 업무 능력이 중요했지만, 지금은 신체의 매력도가 중요하다.

▶ (4문단) 장 보드리야르는 가상의 이미지로 본질이나 실체를 포장하며 실체는 소멸한다고 말했다.

- 이 문장은 중의적(重義的, 한 단어나 문장이 두 가지 이상의 뜻으로 해석될 수 있는 것)입니다. 서술어 '포장하다'의 주체는 누구일까요? 맥락 없이 읽으면 '장 보드리야르'인 것처럼 읽히기도 합니다.

→ 장 보드리야르는, 가상의 이미지가 본질이나 실재를 뒤덮어 마침내 실재가 소멸하게 된다고 주장하였다.

▶ (4문단) 인간마저도 소비 대상으로 격추되고

- '격추되다'는 '비행기나 비행선 따위가 총알이나 포탄 따위에 맞아

떨어지다'는 뜻을 가진 말입니다.

→ 인간마저도 소비 가능한 대상으로 격하(格下, 자격이나 등급, 지위 따위의 격이 낮아짐. 또는 그것을 낮춤)되고

▶ (4문단) 이 상황은 긍정적이지 않다.

→ (A) (삭제)

→ (B) 나쁜 상황이다.

▶ (4문단) 개인이 본질보다 완벽한 가상의 이미지에 맞추어 재매개화하는 데에 집중하기 때문에

- 무슨 뜻인지 알기 어려운 문장입니다. '재매개화'의 뜻을 모르는 독자가 읽으면 더 그러리라 생각됩니다. '재매개화'는 본래 한 미디어가 다시 다른 미디어를 매개하는 것을 의미합니다. 모든 미디어가 가지고 있는 특징이기도 합니다(갑자기 '짠'하고 나타나는 미디어는 없습니다). 학생은 이 글에서 개인(원본)이 자신의 이미지(복제본)를 생성해 미디어 공간에 노출시키는 행위까지를 포함하는 개념으로 이 용어를 썼습니다. 그러나 이러한 맥락을 이해하고 있더라도, 위의 문장은 아래처럼 고치는 것이 나아 보입니다.

→ 이제 개인은 스스로를 이미지화하고 이를 재매개하는 데 힘을 쏟는다. 자신의 본질을 깊이 성찰하려 하지 않는다. 이 때문에

▶ (5문단) 기술이 발전함에 따라 미디어는 앞으로 삶 속으로 더욱 깊이 다가올 것이다.

→ 기술이 발전할수록 미디어가 일상에 미치는 영향력도 커질 것이다.

▶ (5문단) 자각하지 못한 사소한 부분까지 미디어가 침투할 것이고 이에 점차 익숙해지고 편리함에 빠지게 될 것이다.

- 무슨 말을 하려 하는지 짐작은 됩니다. 그러나 '자각하지 못한 사소한 부분까지 미디어가 침투한다'와 같은 표현은 부자연스럽습니다.

→ 알아차리기 어려운 내밀(內密, 어떤 일이 겉으로 드러나지 아니함. 또는 그런 일)한 영역까지 미디어가 영향을 미칠 것이다. 그리고 우리는 그러한 변화를 자연스럽게 받아들이게 될 것이다. 편리하기 때문이다.

▶ (5문단) 하지만 미디어는 그 대가로 창작을 저해하고 문화를 획일화시키며 스스로를 상품화시키게끔 한다.

- '창작을 저해하다' 대신 어떤 표현을 쓰면 좋을까요?
- '스스로'가 지칭하는 말인 무엇일까요? 명료하게 인식할 수 있나요?

→

▶ (5문단) 따라서 미디어를 경계하며 현명하게 미디어를 이용해야 한다.

- '미디어를 경계하다' 대신 어떤 표현을 쓰면 좋을까요?
- 문장 전체를 다듬어 더 간결하게 표현할 수는 없을까요?

→

6.
대중문화와 예술은 어떤 관계를 맺고 있는가?

〈논제〉 대중문화와 예술은 어떤 관계를 맺고 있는가?

조건 1. 학생 본인의 콘텐츠 관련 경험(창작, 향유(소비) 등)을 성찰하며 서술할 것.

조건 2. '예술'과 '예술 아닌 것'을 구분할 수 있는지, 구분할 수 있다면 그 기준은 어떻게 설정할 수 있는지에 관해서도 언급할 것.

조건 3. 1,600자(±100자, 띄어쓰기 포함)

남의 담벼락에 함부로 스프레이를 뿌리면 재물 손괴(損壞, 어떤 물건을 망가뜨림) 혐의로 입건됩니다. 그런데 뱅크시가 그린 낙서는 고가의 예술품으로 취급받습니다. 또, 어떤 영화는 신체 노출이 너무 과해서 음란물이라는 지적을 받습니다. 반면 제작자와 배우는 엄연한 '작품'이라고 항변하지요. 우리는 주변에서 이런 일들을 쉽게 접합니다. 인공지능을 활용해 누구나 쉽게 무언가를 생산할 수 있게 된 뒤로는 더 그러합니다. 얼마 전에는 어느 웹툰 회사가 인공지능을 작업에 활용했다는 이유로 팬들의 거센 비난을 받기도 했습니다. 인공지능이 그리는 웹툰은 보지 않겠다고 말입니다. '창작'과 '창작 아닌 것', '예술'과 '예술 아닌 것'을 이들은 어떻게 나누었던 걸까요. 우리가 매일 수십 개씩 넘겨 보는 영상들은 어떠한가요? 어떤 것은 참 예술적인데, 어떤 것은 매우 상업적입니다. 그러나 구분하기 쉽지 않은 것들도 많지요.

예술과 예술 아닌 것을 구분할 수 있는지에 관한 논쟁은 역사가 깁니다. 예술과 예술 아닌 것을 구분할 수 있다면 그 기준은 무엇일까요? 이 둘을 구분할 수 있는 주체는 누구일까요? 정답이 있는 문제가 아닙니다. 그러나 우리는 이 문제를 탐구하는 과정을 통해 예술과 문화, 대중, 더 나아가 인간에 관한 이해를 높일 수 있습니다.

우리를 둘러싼 시공간과 환경이 그러하듯, 정신적 활동의 산물인 문화, 예술 영역 또한 '이것'과 '저것'의 경계를 분명하게 나누기가 어렵습니다. 우리는 아무렇지 않게 여러 행위를 연속적으로 수행합니다. 누군가 집에서 그림을 그리는 행위가 예술적 행위인지, 경제적 행위인지, 정치적 행위인지를 제삼자(일정한 일에 직접 관계가 없는 사람)가 판별하기는 참 어렵지요. 행위의 당사자도 마찬가지입니다.

우리는 무질서하게 이루어지는 연속적인 행위들을, 우리가 이해할 수 있는 영역에 가두어 나름의 논리와 질서를 부여합니다. 대다수의 인문학과 사회과학이 하는 일이 이것입니다. '이 행위는 무엇인가', '이 행위는 어떤 의미를 지니는가', '왜 이런 행위를 했는가', '이 행위가 주변에 미치는 영향은 무엇인가' 등을 탐색하지요. 당장의 밥벌이 큰 도움을 주지는 않는 일인데도 근근히 명맥을 이어가고 있습니다(인공지능 및 데이터 과학, 금융 및 투자 분야에 종사하는 사람들에게는 타인의 행위를 분석하는 일이 곧 수익으로 이어집니다).

우리가 이런 논의를 하여 본들 무슨 이익이 있느냐고 생각할 수도 있습니다. 그러나 인간을 깊이 이해하려는 노력이 모여 세상을 더 살만한 곳으로 만듭니다. 이제 대중문화와 예술 간의 관계에 대해 학생들이 어떤 주장을 펼쳤는지 함께 살펴봅시다.

학생 글 10_1

> 과거에는 대중문화라는 것은 우리의 삶 속에서 자리 잡았다. 바쁜 일상에서도 텔레비전이나 드라마 영화를 보며 사람들은 대중문화를 즐기고 행복함을 느꼈다. 오늘날에는 대중문화가 숏폼이란 매체를 통해 활발하게 전파되는 것을 알 수 있다. 인스타그램을 보면서 인플루언서부터 시작하여 학생들까지 수많은 사람이 챌린지와 관련하여 릴스를 찍거나 관찰하며 즐기는 것을 알 수 있다.

비문과 부자연스러운 표현들이 많아서 읽기가 쉽지 않습니다. 첫 문단부터 살펴보지요. 모두 네 개의 문장으로 이루어져 있습니다. 그런데 그중 세 개의 문장에 '~(라)는 것'이 붙은 구성이 되풀이되고 있습니다. 세 번째 문장과 네 번째 문장은 문장 전체의 구조마저도 유사합니다. '~는 것을 알 수 있다'의 형태로 되어 있습니다. 모든 문장의 형태가 다 달라야 하는 것도 아니고, 단어를 몇 회 이상 반복해서는 안 된다는 규정이 있는 것도 아닙니다. 그러나 한 문단 안에서 동일한 구성이나 표현이 지나치게 반복되면, 어휘력과 문장력을 의심받게 됩니다. 특히, '~라는 것'과 같은 '관형어 + 의존 명사' 구성은 꼭 필요한 정도로만 쓰는 것이 좋습니다.

첫 문장에 관해 조금 더 짚겠습니다. 주격 조사 '이'와 보조사 '는'은 서로 쓰임이 다릅니다. 주격 조사는 주어를 만들고, 보조사는 주어를 만들기도 하고 목적어나 다른 문장 성분을 만들기도 합니다. 그런데 보조사는 격조사라고 하지 않고 보조사라고 합니다. 왜냐면, 앞말에 특수한 의미를 더하기 때문입니다. '은/는'이 체언과 결합하면 그 어절은 문장의 화제(topic)나 주제(subject)가 되는 경우가 많습니다. 또는 '단독, 강조' 등의 의미가 더해지기도 하지요. 이처럼 주격 조사 '이'와 보조사 '는'은 바꾸어 쓸 수 있는 때도 있지만, 그렇지 못할 때도 많습니다. '과거에는 대중문화라는 것은'은 불필요하게 보조사 '은/는'을 두 번 연달아 썼습니다. 고쳐야 합니다.

이 문장은 뜻도 모호한데요, 대중문화가 '과거에는 우리의 삶 속에 자리잡았다'는 것이 무슨 말인지 알기가 어렵습니다. 이어지는 문장들을 읽으면, 오늘날에는 많은 사람들이 인스타그램을 하거나 릴스를 즐긴다고 대조해 놓았는데요, 이 또한 '우리의 삶 속에 자리잡은' 장면들입니다. 그래서 이 문단이 과거와 현재의 대중문화를 구분해 무엇을 얻고자 했는지, 알 수 없습니다. '굳이' 이런 막연한 대조로 글을 열었어야 했는지를 묻게 됩니다. 그래서 고쳐서 쓰기도 어렵습니다. 그러나 드러난 정보를 토대로 아래와 같이 다듬어 보았습니다.

고쳐쓰기

과거에는 텔레비전 드라마나 영화와 같은 대중매체가 대중문화를 이끌었다. 그리고 지금은 그 자리를 숏폼 플랫폼이나 인스타그램 등이 차지하고 있다. 이처럼 대중은 미디어를 통해 대중문화를 접하고 즐거움을 얻는다.

여기서 잠깐. 학생들이 근래 많이 의지하고 있는 챗지피티에게 도움을 요청해 보면 어떨까요? 챗지피티에 <학생 글 10(전체)>을 제공한 뒤, 우리가 방금 다룬 첫 문단(<학생 글 10_1>)을 형식(표현)과 내용 면으로 나누어 비평해보라고 하였습니다.

1. 형식(표현) 비평

긍정적인 점:

- 대중문화의 과거와 현재를 대비하려는 의도가 뚜렷함.
- 인스타그램, 숏폼, 릴스 등 구체적인 예시가 들어 있어 독자의 이해를 돕는다.

개선할 점:

- **문장의 어색한 구조:**
  - "과거에는 대중문화라는 것은..." → '~라는 것은'은 불필요하게 장황함. "과거의 대중문화는..."으로 간결하게 쓸 수 있음.
- **중복 표현과 반복:**
  - "~보며 사람들은 대중문화를 즐기고 행복함을 느꼈다."는 다소 평면적이며 추상적 표현임. '즐기다'와 '행복함을 느꼈다'는 의미가 유사하고 중복됨.
- **잦은 '~을 알 수 있다' 반복:**
  - 마지막 두 문장에서 모두 "~을 알 수 있다"라는 같은 표현이 반복되며 글의 리듬을 단조롭게 만든다.
- **어휘 선택의 아쉬움:**
  - "숏폼이란 매체"에서 "매체"는 너무 일반적이고 어색하다. "플랫폼", "콘텐츠 형식" 등으로 바꾸면 더 자연스럽다.

2. 내용 비평

긍정적인 점:

- 대중문화가 시대에 따라 어떻게 소비되는지를 비교하려는 구조는 유의미함.
- 독자가 쉽게 공감할 수 있는 사례(인스타그램, 릴스)를 활용한 점은 효과적임.

개선할 점:

- **과거에 대한 기술이 모호:**
    - "과거에는 대중문화가 삶 속에서 자리 잡았다"는 말은 너무 포괄적이다. '90년대에는 TV 드라마, 예능이 가족 문화로 자리잡았다'는 식의 구체적인 묘사가 필요함.
- **'현재'에 대한 설명이 비중에 비해 다소 길고 산만:**
    - 릴스를 언급하는 문장이 한 문장에 너무 많은 정보를 담고 있어 압축이 필요하다.
- **'대중문화'의 정의 또는 범주에 대한 인식이 불분명:**
    - '드라마, 영화, 릴스' 등은 구체적인 예지만, 전체 문단을 통해 '대중문화가 무엇인가'에 대한 정의는 여전히 모호하다.

종합 평가

항목	평가
형식 (표현)	★★☆☆☆ (문장 구조와 표현이 다듬어지지 않았고, 반복이 많음)
내용 (명료성)	★★★☆☆ (대조 구도는 좋으나, 과거 서술이 모호하고 현재 설명은 장황함)

고쳐쓰기_ 챗지피티

과거의 대중문화는 텔레비전 드라마나 영화를 통해 자연스럽게 우리의 삶 속에 자리 잡았다. 바쁜 일상 속에서도 사람들은 이런 매체를 통해 소소한 즐거움과 위안을 얻었다. 반면, 오늘날의 대중문화는 숏폼 콘텐츠를 중심으로 확산되고 있다. 인스타그램에서는 인플루언서뿐만 아니라 학생들까지 챌린지 영상을 제작하거나 감상하며 이를 적극적으로 소비한다.

챗지피티가 내놓은 위의 결과가 어떻습니까? 표현에 관한 몇 가지 지적 및 제언은 타당하여 보입니다. 그러나 우리가 위에서 짚은 문제는 언급하고 있지 않습니다. 애피타이저(appetizer, 식욕을 돋우기 위하여 식전에 먹는 음료나 요리)로 의도를 알 수 없는 초록 요리가 나왔는데도 '플레이팅(plating, 음식을 접시 위에 먹기 좋게 올리는 일)'의 문제만 언급하고 있는 꼴이라고 할까요.

챗지피티는 잘 쓰인 글의 전체적인 맥락이나 주제, 의도 등은 대체로 정확하게 파악합니다. 그러나 완성도가 낮은 글, 중요한 의미가 함축되어 있거나 내포되어 있는 글(명시적이지 않은 글)을 다루는 능력은 낮습니다. 여기서 '다루다'라는 말은, '요약하다, 분석하다, 비평하다, 고쳐 쓰다' 등을 포괄하고 있습니다.

자연어를 처리하는 인공신경망은 입력받은 문장(또는 단어, 어절 등의 더 작은 단위) A의 뒤에 어떤 문장이 배열되는 경우가 많은가를 학습하고, 이에 근거해 결과를 내놓습니다. '의미'가 무엇인지를 '이해'하고 결과를 내놓는 것은 아닙니다('이해란 무엇인가'라는 주제도 논쟁적입니다). 앞으로 더 기능이 개선되기는 하겠지만, 여러분, 챗지피티를 너무 믿지는 맙시다.

무슨 일이든 시작이 어렵든, 글도 마찬가지입니다. 서론을 잘 작성해야 이후의 논지 전개도 쉬워집니다. 다른 학생들은 서론을 어떻게 썼을까요? <학생 글 10_1>을 아래의 글과도 비교해 봅시다. 아래의 두 글은 같은 논제를 탐구한 두 학생의 글에서 각각 가져온 첫 문단(서론)입니다. 먼저 <학생 글 11_1>을 봅시다.

학생 글 11_1

예술이란 무엇인가. '예술'이라는 단어를 들었을 때 연상되는 이미지가 있는가. 나의 경우에는 그림, 조각상 등 실체가 있으며 흔히 미술 작품이라고 부르는 것들이 연상된다. 그러나 그렇지 않은 것도 있다. 마르셀 뒤샹의 '샘'이라는 작품을 아는가? 평범한 소변기로 보이는 이 작품은 현대 미술의 양상을 바꾸었다고 평가받으며, 예술사에서 가장 중요한 작품 중 하나로 꼽힌다. 이 작품이 전통적인 예술의 개념을 넘어서, 일상적인 사물을 새로운 시각으로 보게 한 것처럼, 대중문화와 예술도 긴밀한 관계 속에서 서로 영향을 주고 있다.

<학생 글 11_1>은 논제의 핵심 개념인 '예술'이 무엇인지를 물으며 글을 열었습니다. 논술에는 '나'와 같은 1인칭 대명사를 사용하지 않는 것이 불문율이지만, 논제에 글쓴이의 콘텐츠 생산 및 소비 경험을 활용하라는 조건이 있었으므로 일단 용인하기로 합니다. 그러나 의문문이 너무 많이 사용되었습니다. 특히, 마르셀 뒤샹의 '샘'을 아느냐고 물을 필요는 없었습니다.

내용에도 문제가 있습니다. 글쓴이는 '미술 작품 = 실체가 있는 것'이라는 통념이 있다며, 마르셀 뒤샹의 '샘'을 이와 반대되는 사례로 제시했습니다. 그런데 이 작품도 물리적 실체입니다. 제시된 사례가 주장을 뒷받침해주지 못합니다. 차라리 NFT나 가상 세계의 아이템을 제시했더라면 더 나았을 것입니다.

마지막 문장도 고쳐야 합니다. '샘'의 예술사적 의의를 설명하고 있습니다. 그러나 '전통적인 예술의 개념을 넘어서', '새로운 시각으로 보게 하다'라는 구성은 자연스럽지 못합니다. 뜻도 모호하고요. 게다가 그러한 '샘'의 의의가 '대중문화와 예술의 긴밀한 관계'와 무슨 상관이 있는지 드러내고 있지 못합니다.

학생 글 12_1

작년에 시험이 모두 끝난 학기말에 친구의 추천을 받아 '할로우 나이트'라는 게임을 플레이 하였다. 할로우 나이트는 팀 체리라는 곳에서 만든 인디게임으로, 뛰어난 퀄리티와 방대한 분량으로 게이머들에게 큰 호평을 받았다. 나 또한 플랫포머 게임을 별로 해보지 않았음에도 불구하고 부드러운 애니메이션과 매력적인 전투 시스템등에 빠져 당시에 학교에서까지 할로우 나이트를 할 정도였다. 나는 할로우 나이트를 플레이 하면서 예술적이라고 느꼈다. 할로우 나이트는 예술일까?

다른 학생의 서론 단락입니다. '할로우 나이트'라는 게임을 플레이해 본 경험을 토대로 글을 전개합니다. 게임은 영상, 음악, 서사, 텍스트 등이 함께 어우러지는 복합 양식의 콘텐츠입니다. 잘 만들어진 게임은 한 편의 영화나 소설 못지않은 감동을 안겨 주기도 합니다. 과거에는 게임을 '오락'으로 부르기도 했습니다만, 요새는 그 대우가 달라지고 있지요.

글쓴이는 '할로우 나이트'를 하며 '이건 예술이야'라고 느낀 모양입니다. 독자들이 공감할 만한 일상의 소재를 잘 발굴해 글을 열었습니다. 이 게임의 예술성을 조금 더 구체적으로 설명했더라면 좋았겠습니다. 또한 몇 군데 표현은 다듬을 필요가 있는데요, 여기서는 띄어쓰기에 대해서만 짚어 보겠습니다.

'플레이 하였다', '플레이 하면서'는 '플레이하였다', '플레이하면서'로 바꾸어야 합니다. '플레이' 뒤에 목적격 조사 '을/를'이 생략되어 있는 것으로 보면 '플레이'와 '하였다'를 띄어 써도 무방하지만, 그렇지 않다면 이 둘은 붙여야 합니다. 우리말에는 동사 '하다'도 있고, 앞말에 붙어 그 말을 동사로 만들어주는 접미사인 '-하다'도 있습니다. '-하다'는 생산성이 매우 강한 접미사입니다. '사랑하다, 독서하다, 등산하다, 체크하다, 컴플레인(불평)하다' 등 고유어, 한자어, 외래어 등에 두루 결합할 수 있습니다.

'학기말'은 '학기 말'로 띄어 써야 합니다. '말(末)'은 '어떤 기간의 끝이나 말기'를 뜻하는 의존 명사이기 때문입니다. '시스템등'도 '시스템 등'으로 띄어야 합니다. 이때의 '등(等)'은 맥락에 따라 '그 밖에도 같은 종류의 것이 더 있음', '두 개 이상의 대상을 열거한 다음에 쓰여, 대상을 그것으로만 한정함' 등을 나타냅니다.

서론은 다양한 방식으로 쓸 수 있습니다. 핵심 개념의 뜻을 정의하거나 소개하며 글을 열 수도 있고, 관련 보도나 권위자(또는 도서)의 발언을 인용하며 시작할 수도 있습니다. 가장 고전적인 방식들이지요. 글쓴이 자신의 개인적 경험을 드러내며 논의를 전개할 수도 있지만, 자칫 글의 객관성을 훼손할 수 있으므로, 신중하여야 합니다. 서론다운 서론은 읽는 이의 흥미를 유발할 뿐만 아니라, 논의의 배경이나 의의 등을 친절하게 소개합니다. 본론을 읽는 데 필요한 최소한의 배경 지식을 제공하는 것입니다.

자, 이제는 다시 처음에 살피던 <학생 글 10_1>의 뒷부분을 살펴보도록 합시다. 본론의 첫 단락입니다.

학생 글 10_2

나 자신도 인스타그램을 통해 릴스를 많이 관찰해 왔다. 이런 릴스의 챌린지 노래들은 단순히 인스타그램이라는 공간에서 한정되지는 않는다. 길을 걷다가 릴스와 관련된 BGM이 나오기도 하고 오히려 텔레비전에서 연예인들이 릴스의 챌린지를 따라 하는 모습을 볼 수도 있다. 일상 생활을 살아가면서 챌린지 노래를 흥얼거리는 나 자신의 모습을 볼 때도 있다. 이렇게 형성되는 대중문화를 소비하면서 여러 친구와 대화 주제도 생기는 장점도 있지만 때때로는 획일화된 문화만 관찰되는 것 같기도 하다. 릴스를 내려도 똑같은 음악이 흘러나와 문화적 다양성을 추구하지 못하는 것 같다. 특히 요즘 시대에 휴대전화라는 매개체로 인해 유행이 빠르게 전파되기에 더욱 쉽게 '문화 획일화'가 되어져 간다. 그렇다면 이러한 대중문화라는 예술과의 연관성은 어느 정도 있는 것일까?

'인스타그램을 통해 릴스를 많이 관찰하다', '~의 노래들은 ~에서 한정되지 않는다', '일상 생활을 살아가면서', '~를 소비하면서 ~도 생기는 장점도 있다', ''문화 획일화'가 되어져 간다', '대중문화라는 예술과의 연관성은 어느 정도 있는 것일까' 등의 비문법적 표현들이 산재(散在, 여기저기 흩어져 있음)해 있습니다. 각각의 표현들이 어떤 문제들을 안고 있는지는 여러분들의 몫으로 남겨 두겠습니다. 자기의 안목과 교정 능력을 시험해본다는 기분으로, 문제점들을 자세히 기술하여 보세요.

이 단락의 가장 큰 문제점은, 논지 전개에 꼭 필요한 내용들로 채워져 있지 않고, 신변잡기(身邊雜記, 자신의 주변에서 일어나는 여러 가지 일을 적은 수필체의 글)적이라는 것입니다. 단락의 후반부에 대중문화가 획일화되고 있는 느낌만 드러날 뿐입니다. 글쓴이 개인의 '콘텐츠 관련 경험을 성찰'하라는 논제의 요구를 무겁게 여기지 않은 결과로 보입니다. 그래서 본론의 첫 문단임에도 논의가 진전되고 있다는 느낌을 주고 있지 못합니다.

그럼에도 불구하고, 논제의 요구 사항에 최대한 부합하도록 내용과 표현을 바로잡아 본다면 아래와 같습니다.

고쳐쓰기

인스타그램의 짧은 플랫폼인 '릴스'를 통해 각종 '챌린지'가 유행하고 있다. 챌린지는 대중의 참여를 독려하는데, 이 때문에 여러 파생 콘텐츠들이 우후죽순 생겨난다. 우리가 길거리에서 쉽게 챌린지 관련 음악을 들을 수 있는 이유이다. 릴스와 챌린지는 가벼운 콘텐츠들을 대량으로 생산해 유통시킨다. 대중들은 이를 소비하며 즐거움을 얻지만, 정작 콘텐츠의 형식과 내용이 획일화되고 있다는 점은 깨닫고 있지 못하고 있다. 과거보다 유행이 퍼지는 속도가 훨씬 빨라졌다. 그리고 릴스와 챌린지는 스마트폰을 매개로, 유통기한이 매우 짧고 중독적인 콘텐츠를 유포한다. 새로운 대중문화를 만들고 있는 것이다. 이러한 대중문화 콘텐츠에도 '예술성'이 있다고 보아야 할까?

'나'라는 1인칭 표현을 사용하지 않더라도 충분히 자신의 경험을 글에 녹여 표현할 줄 알아야 합니다. 가벼운 에세이라면 '나', '저', '필자'와 같은 말을 자유로이 사용할 수 있습니다만, 이보다 무거운 학술적 에세이(논술을 포함합니다)에서는 되도록 객관적이고 중립적인 표현을 쓰는 것이 좋습니다.

학생 글 10_3

이 대답을 하기 위해선 먼저 예술이 무엇인지에 대해 생각해 보아야 한다. 예술은 우리 삶 속에서 너무나 많은 곳에 있다. 당장 고3 입시를 앞둔 우리는 이과, 문과, 예체능 셋 중 하나를 골라야한다. 예체능의 '예'가 예술의 의미이다. 내게 예술은 자유분방함, 표현이라고 생각한다. 같은 곡을 연주하여도 그 사람의 감정을 실을 수 있으며 그림을 그리더라도 다른 관점에서 표현할 수 있다 그만큼 예술은 획일화되지 않은 남들의 환경에 구애받지 않고, 자신이 표현하는 것을 표현하는 것이라 생각한다. 그러한 면에서 대중문화와 예술은 반대되는 면이 존재한다고 생각한다. 대중문화는 하나의 넓은 길을 이끄는 반면 예술은 여러 작은 갈림길을 놓은 느낌이다. 좀 더 직접적으로 말하자면 예술이 아닌 것과 예술인 것을 나누는 범위는 자유분방한 표현이라고 할 수 있는 것이다. 물론 대중문화도 응용이 되고 각 사람마다 개성을 표현할 순 있다고 생각한다. 그런 면에선 대중문화도 예술이 될 수는 있다. 각자의 개성이 들어가느냐, 표현력이 보이느냐가 예술을 결정하는 것이다. 그렇다면 대중문화의 성장과 예술의 성장이 비례할까? 반비례할까?

본론의 두 번째 단락입니다. 앞의 단락들에서 보았던 것과 같은 문제가 드러납니다. '예술은 우리 삶 속에서 너무나 많은 곳에 있다'와 같은 문장은, 비유하자면 쭉정이(껍질만 있고 속에 알맹이가 들지 아니한 곡식이나 과일 따위의 열매)와 같습니다. 무언가를 말하고 있지만 아무것도 말하고 있지 않은 것과 같으니까요. '예술이'(주어) 어딘가에 '있다(서술어)'는 막연한 구조로는 주장을 명료하게 드러내기 어렵습니다. 또한 '어딘가에'에 해당하는 부사어로 '우리 삶 속에서(목회 등의 현장에서 자주 들을 수 있는 영어 직역투의 표현입니다)', '너무나 많은 곳에'와 같은 막연한 말들을 잇달아 놓고 말았습니다.

'이과, 문과, 예체능' 등의 표현은 논의를 전개하는 데 필요하지 않습니다. 대중문화를 '넓은 길', 예술을 '좁은 길'이라고 빗댄 점은 흥미롭습니다. '예술이 아닌 것과 예술인 것을 나누는 범위'가 '자유분방한 표현'이라고 정의했는데요, 역시 기본적인 주술 호응을 충족시키지 못한 표현입니다. '범위는 표현이다'라는 문장이 자연스러운지 아닌지를 스스로 판별할 수 있어야 합니다. 이 단락은 앞 단락처럼 또 질문으로 끝을 맺고 말았는데요, 이 또한 마땅히 고쳐야 합니다. 논술은 질문에 답을 하는 글이지, 질문에 질문을 얹는 글이 아니기 때문입니다. 질문의 내용도 모호합니다. '대중문화의 성장과 예술의 성장이 비례하느냐, 반비례하느냐'라는 건데요, 뜻은 짐작이 되지만 좋은 점수를 줄 수 있는 표현은 아닙니다. '대중문화의 성장'과 '예술의 성장'이 각각 무엇을 의미하는지 구체적으로 정의되어 있지 않습니다. 그리고 '대중문화'와 '예술'을 '성장'이라는 기준을 사용해 정량적으로 비교할 수 있는지도 의문입니다. '관련 시장(market)의 성장'이라면 가능하겠지만요. 우리는 앞에서 <학생 글 10_2>를 어렵게 고쳐보았습니다. 이 단락은 여러분이 직접 고쳐 보기를 바랍니다. 남의 글을 잘 다듬을 줄 알면, 글을 보는 안목과 작문 역량도 높아집니다.

학생 글 10_4

나는 반비례한다고 생각한다. 예를 들어보자면 어떤 과제를 할 때, 그 과제가 잘 떠오르지 않으면 친구들이 한 예시를 종종 보곤 한다. 하지만 그 예시를 보면 그 과제를 할 때 그 예시와 관련된 방안밖에 떠오르지 않는다. 그런 면에서 대중문화도 "이쪽 길로 가야 해"라는 가이드를 준다고 생각한다. 문화의 방향성이 대중문화로 인해 사람들의 행위가 중독성, 자극적인 것에 몰릴 수밖에 없다고 생각한다. 그렇기 때문에 대중문화가 오히려 문화의 다양성을 낮추고, 예술의 성장을 저해한다고 생각한다. 그렇기에 대중문화를 즐기되, 너무 편향적으로 빠지진 않는지, 중독적인 사고를 가지게 되는지는 아닌지 스스로를 점검하며 자신의 감정을 표현하는 힘을 길러야 21세기에 예술을 아는 사람, 예술을 할 수 있는 사람이 될 수 있다고 생각한다.

마지막 단락입니다. 결론 단락이지요. 논제가 묻는 것에 대한 답을 결론에 제시하면 된다고 생각하는 학생들이 많습니다. 그러나 그렇지가 않습니다. 논술문이든 논문이든 글쓴이가 무엇을, 어떻게 탐구하였는지, 그리고 어떤 결과를 얻었는지는 '본론'에 제시되어야 합니다. 학술적인 글의 핵심이자 몸통이 되는 부분은 서론도 아니고 결론도 아닙니다. 바로 본론입니다.

결론은 본론의 내용을 집약하여 독자에게 각인시키는 역할을 합니다. 그런데 이 글에서는 결론에 도달해서야 논제의 물음에 답하고 있습니다. 논제에서는 대중문화와 예술의 관계를 묻고 있었지요? 그리고 예술과 예술이 아닌 것을 구분할 수 있는가에 관해서도 함께 답해야 했습니다. 앞의 단락에서 '넓은 길'과 '좁은 길'이라는 비유적 표현으로 대중문화와 예술의 관계에 관한 글쓴이의 생각이 설핏(잠깐 나타나거나 떠오르는 모양) 드러났지만, 충분하지 않았습니다. 신변잡기적인 감상이 아니라, 논제의 핵심을 파고드는 과정을 보여 주어야 했습니다.

이 마지막 단락에도 비문과 부자연스러운 표현이 많습니다. '생각한다'와 같은 불필요한 서술어가 무려 다섯 번 반복되어 쓰인 것도 문제입니다. '생각하다' 대신 어떤 표현이 더 적합한지는 앞에서 자세히 짚었습니다. 친구의 과제를 보고 나면 창의적인 생각이 잘 떠오르지 않는다는 신변잡기적 내용은 삭제하는 것이 좋겠습니다. 그리고 마지막 문장은 너무 깁니다. '자기 감정을 표현하는 힘을 길러야 한다'는 주문은 생뚱맞기까지 합니다. 이 단락을 어떻게든 고쳐보면 아래와 같습니다.

고쳐쓰기

무비판적인 대중은 예술의 성장을 가로막는다. 대중문화 콘텐츠를 기획하고 생산하는 이들은 대중성과 수익성을 중시한다. 이들은 대중 일반의 취향에 맞는 콘텐츠를 만들기도 하지만, 더 나아가 새로운 수요를 창출하기 위해 대중의 취향을 설계하기도 한다. 이 때문에 자극적이고 중독성이 강한 콘텐츠가 전례 없이 대량 생산되어 유포되고 있다. 다양성이 존중되지 않는 사회에서는 자유롭게 예술을 창작하기가 어렵다. 예술은 우리가 삶을 다양한 각도에서 고찰할 수 있도록 돕는다. 또한 인간에 대한 이해를 높이고 상상력을 자극해 대중문화 발전에도 기여한다. 대중문화의 그늘에 가려 예술이 고사하는 일이 없도록, 시민 대중의 비판적 성찰 역량을 키워야 한다.

7.
우리는 왜 누군가를 소외시키고 억압하는가?

〈논제〉 위에서 설명한 지문들(4개) 중 2개 이상을 활용하여, '소외와 억압'에 대한 자신의 견해를 밝히시오.

조건 1. 지문의 핵심을 적절히 요약하여 활용(근거 또는 비판의 대상으로 삼음)하시오.

조건 2. 논제와 관련지을 수 있는 다른 텍스트(도서, 기사문, 전문자료 등)를 1개 이상 읽고 활용하시오.

조건 3. 1,800자~2,000자 분량(띄어쓰기 포함)으로 작성하시오.

늑대, 누(gnu, 아프리카에 사는 영양의 한 종), 코끼리, 사자 같은 큰 동물부터 개미, 벌처럼 작은 동물에 이르기까지, 많은 동물들이 무리를 지어 살아갑니다. 멸치, 정어리, 돌고래 등 많은 해양 생물들도 떼를 지어 유영(遊泳, 물속에서 헤엄치며 놂)하면서 먹이를 먹고, 포식자를 피하며, 번식을 합니다.

재미있는 것은, 비교적 사회성[9]이 높다고 판단되는 동물들을 유심히 관찰하여 보면 그 안에서 반드시 '소외疏外, 어떤 무리에서 기피하여 따돌리거나 멀리함'[10]의 기제(機制, 인간의 행동에 영향을 미치는 심리의 작용이나 원리)[11]가 발견된다는 사실입니다.

한 개체가 이타심을 발휘해 다른 개체를 돕는 일도 종종 발견되지만, 그와는 반대로 허약해진 개체를 방기(放棄, 내버리고 아예 돌아보지 아니함)하거나 억압(抑壓, 자기의 뜻대로 자유로이 행동하지 못하도록 억지로 억누름)하는 경우도 자주 목격됩니다. 사자나 하이에나의 경우, 무리의 우두머리가 교체되면 이전 우두머리의 새끼들은 내쫓기거나, 방치되거나, 물려 죽습니다. 시베리아의 썰매 개들은 동료가 탈진하여 쓰러지면 잡아먹습니다. 수컷 병코돌고래 무리는 암컷을 유괴하여 학대한 뒤 짝짓기하는 사례가 보고되기도 하였습니다. 생존과 번식 본능 때문이겠지요.

그런데, 인간 사회에서도 이와 유사한 일들을 쉽게 찾아볼 수 있습니다. 나치는 수백 만의 유대인들을 학살했습니다. 유대인이 온갖 범죄를 일으키고 사회를 좀먹는, 열등하고 완악(頑惡)한(성질이 억세게 고집스럽고 사납다) 민족이라는 구실을 붙여서 말이지요. 한센병을 앓고 있는 사람들은 세계 각지에서 오랫동안 '문둥이', '저주받은 이', '신에게 죄를 지은 자'라는

9 사회생활을 하려고 하는 인간의 근본 성질. 인격, 혹은 성격 분류에 나타나는 특성의 하나로, 사회에 적응하는 개인의 소질이나 능력, 대인 관계의 원만성 따위이다.

10 철학에서는 '인간이 자기의 본질을 상실하여 비인간적 상태에 놓이는 일'이라는 뜻으로 씁니다. 사전에서는 동의어로 '자기 소외'라는 구를 제시하고도 있습니다.

11 표준국어대사전에서는 '사회성', '기제' 등의 표제어를 인간에 국한하여 설명하고 있지만, 논자의 필요에 따라 그 의미를 확장하여(또는 전문어로 재정의하여) 사용할 수 있습니다.

누명을 쓰고 박해를 받아 왔습니다. 우리나라에서도 그랬지요. 한센병 환자들을 강제로 수용소나 섬에 가둔 뒤, 후세를 남기지 못하도록 잔인한 시술을 자행하기도 했습니다. 이청준 선생의 소설, <당신들의 천국>은 이러한 사실을 바탕으로 쓰였습니다.

인도에는 아직도 카스트제도의 잔재가 남아, '불가촉천민(접촉할 수 없는 천민)' 계급의 사람들은 아직도 천대를 받으며 가난에서 벗어나질 못합니다. 여성에게 특정한 복장을 강요하거나, 여성의 사회 진출을 금지하는 나라들도 있지요. 이런 나라에서는 여성에게 얼굴을 가려야 한다거나, 전신을 가려야 한다거나, 혼자서는 외출할 수 없다는 등의 족쇄를 채웁니다. 서양 각국에서는 아직도 인종차별 문제가 미해결 과제로 남아 있습니다. 가까운 일본에는 아직도 '부라쿠민(部落民, 전근대시기의 하층민)' 차별의 적폐가 남아 있다고도 합니다.

이처럼 우리 인간 사회의 소외와 억압은 여타 동물 집단의 소외와 억압보다 훨씬 대규모로, 그리고 조직적으로 행해집니다. '어째서 그러한가(그러해야 했는가)'라는 질문을 던지지 않을 수 없습니다. 타인을 자신과 동등한 주체로 인정하지 않고, 자신의 목적을 달성하기 위한 도구(object)로 삼는 행위를 가리켜 '대상화'라고 합니다. '대상화'되는 개체나 집단은 그 지위가 낮아지고 차별을 겪게 되지요. 그리고 그런 행위를 정당화하기 위한 온갖 서사가 만들어집니다.

학생들은 소외와 억압의 문제를 다룬 지문들을 읽으며 견해를 다듬었습니다. 그대로 싣기에는 지면이 부족해 부득이 일부만 소개합니다.

(가) **지그문트 바우만** '정상(normality)'은 다수에게 유리하게 이데올로기화 과정을 거친 명칭입니다. 통계적 다수에 속한다는 사실 외에 '정상'의 뜻이 또 무엇이 있을까요? 또 통계적 소수에 속한다는 사실 말고 '비정상(abnormality)'의 뜻은요? 여기서 다수와 소수에 대해 이야기하는 이유는 정상이라는 개념이 전체 집합 중에서 '규범(norm)'을 충족하지 못하는 어떤 단위를 가정하기 때문입니다. 만일 모든 사회 단위가 100퍼센트 일치하는 특성을 지닌다면 규범이라는 개념은 거의 드러나지 않을 겁니다. 그래서 규범이나 정상 같은 개념은 '같지 않음(un-sameness)'을 전제하죠. 집합을 다수와 소수로, '대부분'과 '일부'로 쪼개는 거예요. 여기서 말하는 이데올로기화 과정은 '이다(is)' 앞에 '반드시(ought)'를 붙이는 것을 말합니다. 특정 사회 단위가 다수일 뿐 아니라 '그래야만' 하는 '올바르고 제대로 된' 집단이라면, 반대로 해당 속성을 갖지 못한 사회 단위는 '그러지 말아야' 하는 '틀리고 그릇된' 집단이 되는 셈이죠. '통계적 다수(사실의 진술)'에서 '정상(가치 판단)'으로, '통계적 소수'에서 '비정상'으로 이행하는 과정에서 숫자의 차이는 질의 차이가 됩니다. 소수가 곧 열등함을 의미하게 되어버리는 거예요. 수적 차이가 질적 차이가 되어 사람들 사이의 관계에 적용될 때, 수적인 힘의 차이는 (당연하게 여겨지고 일상적으로 실현되는) **사회 불평등**이라는 현상으로 재생됩니다. '정상 대 비정상'이라는 주제는 '다수 대 소수'의 주제를 흡수하고 수용한 형태로 **사회 질서**의 구축 및 유지에 관여하죠. 그렇기 때문에 (완전히는 아니지만 조금은 더 '정치적으로 올바른' 용어인) '비정상'과 관련된 이름인 - 소수를 열등하게 취급할 때 사용되는 - '장애'와 '불능'[12]은 '다수 대 소수'라는 더

---

12 이 대목을 읽으며 아래의 질문을 해보는 것도 좋겠습니다.
1. '장애'와 '불능', 이 두 단어의 함의와 위상은 같은가?
2. '장애'는 폐기(또는 금기시)되어야 할 차별(또는 혐오)적 용어인가?

넓은 주제의 중요한 부분이기에 궁극적으로 정치적 문제라고 생각합니다. 이 문제의 핵심은 어떻게 소수의 권리를 옹호하느냐입니다. 현재 민주주의 메커니즘 - 전체를 구속하는 결정을 내릴 권리를 가진 다수에 소수가 통합될 수밖에 없는 - 에서는 직면하고, 다루고, 명확히 해결하기가 불가능해 보이는 (그리고 특별히 해결하려는 의지도 없어 보이는) 과제죠.

-지그문트 바우만·리카르도 마체오, 『지그문트 바우만, 소비 사회와 교육을 말하다』, 2016.

(가)는 **지그문트 바우만과**의 대담집 중, '정치적 문제로서의 장애, 비정상, 소수의 문제' 챕터에서 발췌한 것입니다. 바우만은 현대 사회가 다수 친화적이며, 다수가 편리하고 안락하게 느끼도록 구조화되어 있다고 지적합니다.[13] 또한 '장애', '불능'과 같은 용어들은 소수를 열등하게 낙인찍는 이데올로기의 산물이라고도 비판합니다. 현행 민주주의의 한계로 소수의 권리가 제대로 옹호되기가 어렵다는 점을 꼬집기도 합니다. 각주에 표시해 놓은 것처럼, 보편성과 타당성의 측면에서 독자가 이의를 제기할 법도 합니다. '편견과 혐오로부터 완전히 자유로운 가치중립적 용어'라는 것이 있는지, 언어의 역할과 한계는 무엇인지 등에 관한 질문도 꼬리를 물고 이

---

3. 생명과학적, 정보철학적 관점으로 평가해 본다면 어떤 결론을 얻을 수 있을까?
4. (궁극적으로는) 어떤 상태를 일컬어 '장애'라고 하는가(하여야 하는가)? '장애'는 무엇인가? 그러한 상태로 지칭될 수 있는 대상에는 어떤 제한이 있는가?

13 그렇다면, 한정된 자원으로 어떻게 최고선(最高善)을 이룰 수 있을까요? 대안은 무엇일까요? 이런 질문을 낳는 주장이기도 합니다.

어지는군요.

그러나 (가)의 핵심에 집중하여 봅시다. 이 지문에서 바우만은, 인간을 '정상 – 비정상', '일반 – 장애' 등으로 분류하는 행위의 위험성을 강조하고 있습니다. 통계적 소수에 속한다는 사실이 곧잘 정치·사회적 불평등으로 이어진다는 사실을 역설하고 있지요. 여기에 싣진 못했습니다만, 바우만은 이어서 주제 사라마구의 소설, '눈먼 자들의 도시'를 소개합니다. 눈먼 자들이 다수인 사회에서는 거꾸로 눈뜬 자가 '비정상인', '위험인' 등의 낙인을 받는다는 거지요.

장애인에 국한하여 조금만 더 논의를 진행하겠습니다. 장애인복지법에서는 장애인을 '신체적·정신적 장애로 오랫동안 일상생활이나 사회생활에서 상당한 제약을 받는 자'라고 정의합니다. 장애인복지법은 '장애인의 복지와 사회활동 참여증진,[14] '사회통합' 등을 목적으로 삼습니다(제1장 제1조). 다른 나라는 어떨까요? 미국에는 '미국 장애인법(Americans with Disabilities)'이 있습니다. 장애인과 관련된 기본적인 사항을 규정하는 법입니다. 기타 교육이나 이동권에 관련된 법은 따로 정해져 있습니다. 일본에는 장해자 기본법(障害者基本法)이 있습니다. 그리고 신체 장애인 복지법, 지적 장애인 복지법이 따로 있지요. 우리나라에서도 장애인 기본법을 제정해 관련 법령을 체계화해 달라는 요구가 수십 년 넘게 이어지고 있지만, 아직 실현되고 있지는 못합니다.

---

14 띄어 써야 옳습니다. 두 단어가 붙어 하나의 단어가 되기도 하지만, '참여증진'은 그렇게 만들어진 말도 아니고, 전문어도 아닙니다.

(나) 150여 년 전 천민 차별을 철폐한 메이지유신 이후에도 지금까지 일본 사회의 고질적인 병폐로 남아 있는 '부라쿠민(부락민) 차별'이 최근 사회관계망서비스(SNS)와 동영상 공유사이트를 통해 다시 심화되고 있다는 지적이 나왔다.

요미우리신문은 4일 일본 법무성 자료를 인용해 부라쿠민 차별과 관련된 인터넷 콘텐츠가 지난해 기준 414건으로, 최근 10년 중 최다를 기록했다고 보도했다. 인종이나 장애, 젠더차별 등을 포함한 전체 인권침해 건수는 5년전보다 20% 감소했는데, 부라쿠민 차별은 거꾸로 가는 양상을 보인 것이다.

부라쿠민은 과거의 천민을 일컫는 것으로, 이들이 거주한 지역인 부라쿠에서 따온 말이다. 일본은 메이지유신 당시 천민들을 평민 계급으로 통합했으나, 평민들과 구분돼 있던 이들의 거주지로 인해 차별은 여전히 이어지고 있다. 부라쿠에 사는 이들의 후손이나 이곳으로 흘러든 소수자들은 결혼, 취업 등에 불이익을 받아 논란이 됐다.

특히 부라쿠민 차별은 SNS와 동영상 공유사이트를 통해 극단적 주장을 전파하는 일각의 행태와 결합하면서 더욱 악화되는 추세다. 최근 일부 유튜버들은 부라쿠로 여겨지는 지역들을 거닐며 주택이나 상점, 자동차번호 등을 촬영해 동영상 콘텐츠로 올리고 있다. 이들 영상을 본 해당 지역 주민들은 분노를 터뜨리고 있다.

일본 정부나 인권 단체들은 구글이나 유튜브, SNS에 게시된 차별적 내용의 콘텐츠들을 삭제하는 노력을 이어가고 있지만 쉽지 않은 상황이다. 법무성이 지난해 SNS 사업자들에게 부라쿠민 차별에 관한 콘텐츠의 삭제를 요청한 결과, 총 458건 중 삭제된 것은 295건(64%) 뿐이었다. 이는 삭제율이 82%인 성적 콘텐츠에 비해 낮은 수치다.

요미우리신문은 부라쿠민 차별은 일본 고유의 차별 문제이기에 해외

사업자들의 이해가 부족할 수 있다고 지적했다. 현재 다수의 SNS 사업자들이 인종, 장애, 젠더 등의 차별은 삭제 대상으로 정했지만, 외국인 입장에서 잘 모르는 부라쿠민 문제를 삭제 대상으로 규정한 사례가 드물다는 것이다. 또한 콘텐츠 삭제 요청에 아직 강제성이 없고, 사업자 스스로의 판단을 중시하는 운영 규약도 문제라고 지적했다.

부라쿠민 차별의 정의를 명확하게 규정하지 않은 정부의 문제를 지적하는 목소리도 있다. 우치다 다츠시 간사이대 교수는 "법적으로 (부라쿠민) 차별의 정의가 명확하지 않기에, 사업자가 자칫 안이하게 (특정 콘텐츠를) 삭제하면 표현의 자유를 경시한다는 비판을 받을 수 있다"며 "국가는 특정 지명을 드러내는 행위가 차별이 되는 근거를 확실히 제시하고, 이를 어기면 삭제 대상이 된다는 것을 주지시켜야 할 것"이라고 강조했다.

–박용하, '150년 전 천민차별, 아직도 이어지는 일본…
SNS·유튜브 만나 활개', 경향신문(2023.9.4.)

(나)는 일본의 부라쿠민 차별 문제를 다룬 기사문입니다. 우리나라에도 과거에 백정(소나 개, 돼지 따위를 잡는 일을 직업으로 하는 사람)을 심하게 차별했었습니다. 백정 집안의 자녀들은 백정 집안의 자녀들하고만 혼인할 수 있을 정도였지요. 이들은 1923년에야 진주 지방을 중심으로 '형평사(衡平社)'라는 단체를 조직해 평등한 대우를 공식적으로 요구할 수 있었습니다. 마땅한 요구임에도 불구하고, '반형평 운동'이 벌어졌습니다. 형평 운동에 참여한 백정들은 폭행을 당하거나, 거래가 끊어져 생계에 곤란을 겪었다고 합니다. 참고하여 둡시다.

(다) 무국적자 혹은 망명자인 난민의 등장이 주권을 부각시키고 존속시킨다는 아이러니는 국민국가를 지탱하는 주권 체제의 역설을 드러낸다. 바로 이것이 조르조 아감벤이 『호모 사케르주권 권력과 벌거벗은 생명』(1995)을 집필하며 분석한 근현대 정치철학의 주요 화두이다. 이 책을 보면 신성한 생명 즉 호모 사케르(Homo Sacer)이자 벌거벗은 생명의 대표적인 사례로 난민이 언급되는데, 오늘날의 주권 정치에서는 더 많은 존재들 어쩌면 모든 존재가 호모 사케르일 수 있다. 다소 낯선 이러한 개념들을 도입하고자 아감벤은 고대 그리스와 로마 시대로 정치철학적 계보를 거슬러 올라간다.

고대 그리스에서 생명을 양분해 바라보면서 벌거벗은 생명이라는 추상적 개념이 시작됐다. 그리스인들은 우리가 삶/생명이라는 개념으로 표현하고 있는 것을 두 가지 구분되는 용어로 말했다. 조에(zoe)는 모든 생명체·동물 인간 혹은 신에 공통된 것으로 살아 있음이라는 단순한 사실이라면 비오스(bios)는 어떤 개인이나 집단의 특유한 삶의 형태나 방식을 뜻한다(p.33). 아리스토텔레스는 단순히 산다는 사실과 정신적으로 가치 있는 삶을 서로 상반된 것으로 보았다. 그가 주장하는 가치 있는 삶, 정치적인 인간의 삶은 조에가 아니라 비오스에 해당한다. 단순한 자연 생명으로서 조에는 본래적 의미에서의 폴리스정치가 이뤄지는 공적 영역에 포함되지 않았고 재생산을 위한 삶으로서 오이코스/생존·번식을 위한 재생산 및 경제노동 활동이 이뤄지는 가정의 사적 영역에 국한되었다(p.34). 아감벤의 직접적인 언급은 없었지만 오이코스에서 생산 활동을 도맡았음에도 정치적으로 시민이 될 수 없었던 여성·어린 아이·외국인·노예 등의 삶은 비오스라 보기 어렵다. 참정권에서 배제되었던 이들은 예외적인 존재로서 폴리스 내에 거주할 수 있게 된다. 이것이 바로 벌거벗은 생명으로 주권에 배제되도록 함으로써 폴리스에 거주하는 예외적인 존재들이다. 또한 벌거벗은 생명은 비오스가 아닌 조에로서 인간의 단순한 자연 생명 그 자체를 의미하기도 한다.

고대 로마 사회에 있던 기이하고 특이한 존재인 호모 사케르(Homo Sacer)는 배제 속에서 작동하는 벌거벗은 생명이다. 호모 사케르는 직역하면 신성한 생명(인간)이라는 뜻을 가지지만, 희생물로 바치는 것은 허용되지 않으면서 그를 죽이더라도 살인죄로 처벌받지는 않는 자들을 말한다(p.156). … (중략) … 그를 살해한 자는 사면받을 수 있지만 그를 희생물로 바칠 수는 없다는 특이한 상황은 호모 사케르의 죽음이 법적 재판에 회부될 살인죄도, 희생 제의로도 정의될 수 없는 예외 상태임을 뜻한다.

-소연, <조르조 아감벤의 『호모 사케르-주권 권력과 벌거벗은 생명』(1995)을 읽고>, 생태적 지혜, 2021.01.25. https://ecosophialab.com/

조르조 아감벤이 쓴 『호모 사케르』라는 문제작이 있습니다. 근대 서구식 정치 체제가 사실은 '인간의 생명을 관리하여 권력을 획득하는 메커니즘'이라고 주장한 책입니다. 번역의 문제 때문인지는 모르겠으나, 읽기가 쉽지 않은 책입니다. 그래서 이 책을 잘 요약하여 준 어느 이의 서평을 발췌해 학생들에게 제공하였습니다.

고대 로마에는 '호모 사케르'라고 하는 독특한 존재가 있었다고 합니다. 범죄자로 판정받은 사람인데요, 성스러운 자이면서도 동시에 저주받은 자였습니다.[15] 권력에 의해 '예외 상태'에 놓인 자입니다. '존재하되 존재하

15 본래 성(聖)과 속(俗), 정(淨)과 부정(不淨)은 서로 대립하는 말이면서 동시에 불가분한 말입

지 않는 자'로 말이지요.

아감벤이 이 고대의 모호한 존재를 통해 알리고자 한 것은, 누구라도 권력에 의해 호모 사케르(벌거벗은 생명, Bare life)가 될 수 있다는 점입니다. 누가 그런 무도한 짓을 벌일까요? 바로 선거를 통해 우리가 통제하고 있다고 믿는, '주권 권력'입니다.

아감벤은 주권 권력(Sovereign)이란, 법을 만들고 예외를 선포하며 생명과 죽음에 대한 결정권을 가지고 있는 힘이라고 정의합니다. 그에 따르면 인간의 정치 체제는 고대에나 현대에나 '생명정치(생명을 통제하는 힘에 기반하는 정치)'입니다. '비오스(사회적·정치적 개체로서의 삶. 시민으로서의 삶)'의 상태를 박탈하면 '조에(생물학적 삶. 단순히 살아 있기만 한 상태로서의 삶)'적 존재가 됩니다.

주권 권력은 이런 벌거벗은 생명을 만들어내고, 또 통제합니다. 아감벤은 이것이 현대 정치의 기본 원리라고 주장했습니다. 또한, 특정 대상을 '배제'하면 역설적이게도 그 대상은 배제되었다는 사실 때문에 다시 권력에 '예속(포함)'된다고도 했습니다.

미국의 트럼프 대통령은 이 점을 잘 알고 있는 것 같습니다. 그는 당선 후 불심검문을 강화했습니다. 불법체류자들이 주로 일하는 식당이나 상가 등을 경찰과 군인이 급습해 체포합니다. 대학에 재학 중인 유학생도 서류가 미비하면 강제로 출국시킵니다. 트럼프의 정책에 반하는 글을 사회관계망에 올렸다는 이유로 쫓겨난 경우도 있었습니다. 트럼프의 든든한 후

니다.

원자였던 일론 머스크도 트럼프와 몇 차례 부딪힌 끝에 '시민권 박탈' 위협을 받고 있습니다.

공민(公民, 국가 사회의 일원으로서 그 나라 헌법에 의한 모든 권리와 의무를 가지는 자유민)으로서의 지위를 박탈당할 수 있다는 두려움은 사람들을 움츠러들게 합니다. '비오스'의 상태에서 '조에'의 상태로 떨어지기 때문입니다. 그리고 공민권을 박탈당한 사람들은 역설적이게도 더더욱 미국 사회에 종속됩니다. 독특한 관계 맺음이지요.

아감벤은 중동 지역에도 주목했습니다. 이라크, 시리아, 팔레스타인 등의 지역은 끊임없는 분쟁을 겪었습니다. 전쟁, 테러, 학살, 암살과 같은 끔찍한 일이 되풀이되고 있습니다. 특히 가자 지구의 상황이 심각합니다. 팔레스타인 사람들은 거기에 살아 있되, 살아 있지 않은 '예외 상태'에 놓여 있습니다. 지구촌에는 이런 예외 상태가 일상화된 곳이 많습니다. 왜 그들은 보통의 삶을 누리지 못하게 되었을까요? 그들만의 문제일까요? 아니면, 그러한 상태가 유지되기를 바라는 커다란 힘이 작용한 결과일까요.

시선을 돌려 우리나라에 주목하여 봅시다. 사실 대한민국도 독특한 예외 상태에 놓여 있다고 말할 수 있습니다. '휴전(休戰)'은 '교전국이 서로 합의하여, 전쟁을 얼마 동안 멈추는 일'을 뜻하는 말입니다. '종전(終戰, 전쟁이 끝남. 또는 전쟁을 끝냄)'과는 다른 임시적 조치입니다. 두 복서가 다음 라운드를 위해 잠시 코너에 앉아 쉬고 있는 형국입니다. 그런데 우리는 무려 70년 가까이 휴전 중입니다. 한반도의 주민으로서, 전쟁을 걱정하지 않고 평화롭게 살 권리가 무려 세 세대 가까운 기간 동안 유예되어 왔습니다. 이쯤 되면 의심해볼 만합니다. 남과 북만의 책임일까요?

작은 우리 공동체 안에도 '벌거벗은 생명'의 처지에 놓인 사람들이 많습니다. 배우자가 동의하지 않아(또는 연락이 닿지 않아) 출생 신고조차 되지 않은 아이들, 부모가 불법체류자라는 이유로 의료 및 교육의 사각지대에 놓인 아기들, 학교와 사회에서 경쟁에 시달린 나머지 방문을 걸어 닫은 은둔 생활자들, 그리고 대중교통조차 쉽게 이용할 수 없는 장애인들. 이처럼 지문 (다)는 우리에게 시사(示唆, 어떤 사실을 넌지시 드러내거나 간접적으로 예고함)하는 바가 많습니다.

(라) 장애 관련 영화의 홍보 텍스트는 많은 관객을 모으는 상업적 목적을 위해서 소수집단인 장애인보다는 비장애인의 시선을 중심으로 번역될 수밖에 없다. 이러한 점에서 장애 관련 영화홍보텍스트의 번역 과정은 비장애인 중심의 편향된 시선과 장애인을 배제하는 정서를 반영하여 텍스트를 재생산해낸다. 따라서, 홍보 텍스트의 번역 연구를 통해서 '비장애인 중심적 시선(ableist gaze)'이 어떻게 장애인을 재현해내고 이들을 배제하는 전략으로 작동하는지 살펴볼 필요가 있다.

영화포스터와 줄거리를 다시쓰기 하는 과정에서 나타나는 장애인의 재현양상을 살펴보기 위해서 푸코(Foucault)가 말하는 담론의 배제적 특성에 기반하여 논의해볼 수 있다. 푸코는 다른 집단을 통제하는 과정으로서 배제적 전략이 담론에 작동하고 있음을 지적한다. 배제적 절차에는 '금지,' '분할과 배척,' '진리에의 의지'의 세 가지가 있으며, 이 세 가지 과정을 통해 담론이 '통제되고,' '선별되고,' '조직되고,' '재분배'되면서 배제가 이루어진다(1970: 52). 그가 제시하는 세 가지 담론의 배제적 절차는 영화홍보텍스트의 번역 과정에서도 같은 방식으로 장애인을 재현하여 타자화시킨다.

장애인의 배제와 타자화 과정의 첫 번째로 '금지'는 말 그대로 "어떤 대상에 대한 금기, 어떤 상황에서의 관례, 말하는 주체에의 배타적 권리"(1970: 52)를 뜻한다. 따라서 영화홍보텍스트 속 장애인의 성이나 정체성에 관한 내용이 번역될 때 장애 인물의 목소리가 삭제되거나 왜곡됨으로써 그들이 자신의 장애와 성에 대해 말하는 것이 금지되는지, 만약 그렇다면 누구의 목소리로 전달되는지를 살펴보는 데 유용하다. 두 번째 '분할과 배척'은 특정 집단을 구분함으로써 권리를 뺏고 배척하는 것을 뜻한다(1970: 53). 푸코는 그의 저서 『광기의 역사』에서도 이성과 광인을 정상과 비정상으로 구분하여 광인을 배척하기 시작했음을 언급한다(1970: 53). 즉, 분리는 특정 대상을 배제하기 위한 수단이자 동시에 목적이다. 영화 줄거리나 포스터의 번역 과정에서는 이러한 '분할과 배척'이 장애인들을 어떻게 다른 비장애인 인물과 다르게 특정 지어 묘사하는지를 중심으로 번역 전략을 살펴볼 수 있게 해준다. 세 번째 '진리에의 의지'는 특정 사회나 시대에 이미 참이라고 결정지어진 참된 담론이 가진 자의성, 폭력성, 강제성을 뜻한다. 진리라고 여겨진 담론은 다양한 다른 담론의 가능성을 막는데 이러한 배타성이 곧 배제를 야기한다(1970: 54-55). 이는 영화홍보텍스트의 번역 과정에 나타나는 정상적인 신체에 대해 사람들이 오랫동안 지녀온 고정된 인식이 장애인의 몸과 정체성을 비정상으로 낙인찍고 사회로부터 배제하는 문제를 논의해볼 수 있게 한다. 요컨대, 세 가지 배제의 방식은 비장애인의 입장에서 바라보는 방식으로 장애인의 이미지를 다시쓰기 함으로써 결국 장애인은 타자화될 수밖에 없다.

> 이때 프레이밍(framing) 또한 푸코가 말하는 배제의 절차와 다름없이 장애인을 타자화하기 위한 장치로 사용될 수 있다.
>
> –신나안·정병언, 「영화홍보텍스트 번역에서 장애인의 타자화」, 『번역학 연구』 22(5), 2021.

(라)는 영화 홍보 텍스트 번역 과정에서 장애인이 어떻게 타자화(他者化)되는가를 탐색한 논문의 일부입니다. 장애인을 주인공으로 삼은 영화나 드라마가 흥행에 성공하는 경우들이 많습니다. <말아톤>(2005)에서는 배우 조승우가 달리기를 좋아하는 지적 장애인 역을 맡아 열연을 펼쳤습니다. 근래에는 <이상한 변호사 우영우>(2022)가 인기를 끌었지요. 자폐스펙트럼 장애인이지만, '천재적인 두뇌의 소유자(넷플릭스의 서술을 그대로 인용)' 입니다.

이 두 편의 작품은 천부적인 재능을 타고난 장애인의 성공담을 담고 있다는 공통점이 있습니다. 이런 부류의 외국 영화로 <포레스트 검프>(1994)가 유명하지요. 이 영화의 주인공도 달리기를 잘합니다. 그는 지적 장애인이지만 주변 사람들을 구원하지요. 이 영화는 비유와 상징으로 가득 차 있습니다. 시대의 아픔을 그려낸 수작이기도 합니다. 그러나 '지적 장애인에게는 반드시 하나 이상의 특출난 재능(집중력 등)이 있다' 라는 세간의 편견을 강화했다는 비판도 받습니다.

장애인을 내세운 대다수의 콘텐츠들은 그의 재능이 마침내 꽃을 피우는 것으로 결말을 맺습니다. 성공으로 향하는 인생 역정(歷程, 지금까지 지나온 경로)이 주된 서사를 이룹니다. (라)에 따르면, 이러한 콘텐츠들이 양산되는 것은 그 제작자들이 비장애인이기 때문입니다. 이들이 자신의 목적에 맞게 장애인을 타자화하고 프레이밍(framing, 어떤 문제나 상황, 대상을 특정한 틀 안에 가두어 평가하는 것)하기 때문에, 외출조차 어려운 장애인들의 삶은 잘 다루어지지 않게 됩니다.

(라)는 다수가 장애인 등의 소수를 어떻게 타자화하는지에 대해서도 설명하고 있습니다. '금지'는 특정 주제나 표현을 사회적으로 금기시하는 것입니다. 장애인의 성(性), 정체성, 죽음 등에 관한 공개적인 논의는 잘 이루어지지 않는 것이 현실입니다. 노인의 성과 욕구도 비슷한 대우를 받지요. '분할과 배척'도 중요한 타자화 도구입니다. '이성'과 '광기'를 분리하고, 소수를 '이단', '마녀', '오랑캐' 등으로 몰아세웁니다. 전근대 시기 우리나라에서는 '사문난적(斯文亂賊, 성리학에서, 교리를 어지럽히고 사상에 어긋나는 언행을 하는 사람을 이르는 말)'이란 딱지를 붙여 소수 당파를 숙청하고는 했습니다. 여기에 '내가 믿는 것이 유일한 진리'라는 아집까지 더해지면, 사회적 약자들이 목소리를 내기가 더 어려워집니다.

우리나라에서는 길거리에서 장애인을 만나기가 힘듭니다. 장애인 비율이 유독 낮아서가 아니라, 장애인이 사회활동을 하기가 매우 어려운 나라이기 때문에 그렇습니다. 다수의 장애인들이 외부와 단절된 채로 가정에 머물거나, 시설에서 통제를 받으며 살아갑니다. 영화 <어른이 되면>(2018), <학교 가는 길>(2021) 등은 장애인들이 겪는 이런 문제를 생생하게 다루고 있습니다. 참고하여 봅시다.

학생 글 13_1

우리는 종종, 다른 공동체에서 내가 이해할 수 없는 소외와 억압이 일어나는 것을 목격한다. 일본의 하층민 계층인 부락민과 관련된 글을 읽었다. 읽으면서 전반적으로 느낀 감정은, '그래서 왜?' 였다. 왜 과거의 신분제 같은 이미 오래전 사라져 버린 문화로 인한 소외와 억압이 일어나는지 나는 조금도 이해할 수 없었다. 왜 어떤 차별은 내가 조금도 그 배경을 이해할 수 없는 것일까? 그 이유는 외부인이 해당 공동체의 사회적, 문화적, 역사적 배경을 충분히 이해하지 못하기 때문이다. 특정 공동체 내에서 향유하는 인식에 의한 소외와 억압은 외부인에는 너무나 낯선 것이다. 우리는 외부인이 간섭하여 공동체 내의 소외와 억압을 해결하는 게 근본적으로 가능할지 의논해볼 필요가 있다. 나는 외부인이 특정 공동체의 소외와 억압을 해결하는 것은 불가능하다고 생각한다.

학생의 글입니다. 단락별로 살펴보겠습니다. 이 학생은 자신의 생각을 솔직하게 표현했습니다. 특히, '그래서 왜?' 라고 물었다는 대목이 특히 눈길을 끕니다. 여기까지만 읽으면 '이게 왜 문제가 된다는 것이지? 뭐가 어쨌다는 거야?' 라는 뜻으로 읽히기 때문입니다. 뒷부분까지 읽으면, '왜 이런 차별이 생기는 것이지?' 라는 뜻으로 이 문장을 쓴 것 같기도 한데요, 속내를 있는 그대로 밝히는 것보다 독자의 오해를 사지 않도록 찬찬히, 명료하게 서술하는 것이 더 중요합니다.

'나는 조금도 이해할 수 없었다' 라는 문장도 비슷한 문제를 안고 있습니다. 여기까지만 읽으면, '어째서 과거의 부당한 잔재가 지금까지 영향을 미치는 것인가? 그것이 어떻게 가능했나?' 라는 질문으로 읽힙니다. 그런데 그다음 문장까지 읽으면, 이 문장이 '외부인인 나는 소외와 억압에 관해 알 수 있는 것이 없다' 라는 뜻으로 쓰였음을 알게 됩니다. '나는 외부인이기 때문에, 피해자의 입장을 온전히 이해할 수는 없다' 정도의 뜻으로 쓴 문장이 아닙니다.

'외부인', '간섭' 과 같은 단어도 생각할 거리를 던져줍니다. 외부인과 내부인의 경계는 어떻게 그을 수 있을까요? 부라쿠민 문제의 내부인은 누구일까요? 차별은 피해 당사자(대체로 약자, 비주류, 소수)와 직접 가해자(대개 강자, 주류, 다수), 이 둘만의 합의나 조정으로 해결하면 되는 일일까요? 이 논제에서 다루는 '소외' 와 '억압' 은 사회적 현상입니다. 개인과 개인 간의 민·형사 사건과는 질적으로 다릅니다. '외부인' 인 국가가 공소 및 재판과 같은 사법 서비스를 제공한다는 점도 짚어야겠군요.

'간섭' 은 '직접 관계가 없는 남의 일에 부당하게 참견함' 이란 뜻을 가진 말입니다. 개인 간의 문제라면 함부로 간섭할 수 없지요. 그러나 그것이 공동체에 영향을 미치는 사회적 문제라면, 그 구성원들의 정당한 관여를 허용해야 합니다. '외부인', '간섭' 같은 개념을 글쓴이처럼 좁게 사용할 경우, 약자(직장 내 갑질 피해자, 위계[16](位階, 지위나 계층 따위의 등급)에 의한 성폭력 피해자, 사이비 종교 피해자, 학교폭력 피해자 등)는 남에게 도움의 손길을 내밀 수 없게 됩니다. 장애인들도 스스로의 힘으로 보건 및 교육, 복지 서비스를 창출해내야 하지요. '당사자성' 을 강조하려는 것은 좋았습니다. 그러나 이

16 동음이의어로 '위계(僞計, 위험한 계획이나 꾀)'가 있습니다.

런 사회는 '약육강식, 적자생존'의 사바나(사자, 코끼리 따위의 야생 서식지. 아열대의 초원)와 별반 다르지 않습니다.

'과거의 신분제 같은 이미 오래전 사라져 버린 문화로 인한'은 부자연스러운 표현입니다. '과거', '이미', '오래전'과 같은 말들은 그 의미 영역이 겹칩니다. 맥락에 맞게, '과거 신분 사회의 잔재 때문에' 정도로 바꾸어 봅시다. '향유하는 인식'은 비문입니다. '인식'은 향유(享有, 누리어 가짐)의 대상으로 적합하지 않기 때문입니다. '나는 ~생각한다'와 같은 문장 구조도 논술에는 적합하지 않습니다. '외부인이 ~하는 것은 불가능하다'라고만 적어도 충분히 뜻을 드러낼 수 있습니다.

학생 글 13_2

첫째로, 외부인이 특정 공동체의 문제를 해결하려는 시도는 그 공동체의 내부 사정을 충분히 이해하지 못한 채 개입하는 경우가 많다. 공동체의 소외와 억압 문제는 단순한 경제적 어려움이나 정치적 억압으로만 설명되지 않는다. 이는 오랜 시간에 걸쳐 형성된 사회적 계층 구조, 문화적 관습, 집단 간의 관계 등 다양한 요소들이 복합적으로 작용하는 결과이다. 외부인은 이러한 복잡한 맥락을 제대로 이해하지 못한 채 표면적인 문제만을 해결하려 하거나, 자신들의 가치관을 강요하게 된다. 예를 들어, 서구의 여러 국가들은 개발도상국이나 분쟁 지역에서 인권 문제나 정치적 억압을 이유로 개입해 왔으나, 그 결과는 종종 실패로 끝났다. 아프가니스탄에서 서구의 군사적 개입은 현지 문화와 전통을 제대로 이해하지 못한 채 서구식 민주주의와 인권 개념을 강요하려 했다. 이로 인해 아프가니스탄 내전은 더욱 격화되었고, 극단주의 세력이 성장하는 결과를 낳았다.

본론의 첫 단락입니다. 글쓴이는 본론을 이처럼 두괄식으로 작성하여 중심생각을 명료하게 드러냈습니다. 그런데 인공지능이 쓴 것 같습니다. 인공지능에게 글을 맡기면, 가치중립적인 태도와 객관적 시각을 한껏 강조합니다. 겉보기에는 세련되어 보이는데, 알맹이가 없는 경우가 많지요. '이러한', '저러한'과 같은 지시 표현, '종합적', '구조적', '전반적'과 같은 추상적 관형어가 자주 드러납니다. 대체로 문장을 길게 늘이고 의미 영역이 넓은 서술어를 사용합니다. '실리콘 냄새'의 특징입니다. 말이 나온 김에, 인공지능이 대리 작성한(그래서 결국 적발된) 원고들의 일부를 아래에 조금 소개합니다. 여러분들도 후각에 집중하여 보세요. 그러면 쉽게 알아차릴 수 있습니다.

학생 글 14

역사적으로도 외국인 노동자들은 경제적 필요에 따라 불려왔으나, 그들의 권리는 자주 간과되었다. 이들은 사회적 자원과 공공 서비스에 대한 접근에서 배제되고, 비참한 주거 환경이나 열악한 노동 조건 속에서 살아가야 했다. 이러한 현실은 외국인 노동자들이 사회의 일부로서 정당한 권리를 누리기 어려운 구조적 문제를 반영한다.

학생 글 15

우리가 사는 사회에서 소외는 주로 특정한 기준에서 벗어난 사람들을 사회의 주변부로 밀어내는 방식으로 이루어집니다. 예를 들어, 장애인, 성 소수자, 인종적 소수자, 경제적 취약 계층 등은 사회적, 경제적, 정치적 영역에서 차별을 경험할 가능성이 큽니다. 이들은 다수의 사회적 규범이나 기준을 충족하지 못하기 때문에 자연스럽게 '비정상'으로 분류되며, 이로 인해 사회적 참여와 기회에서 배제됩니다. 이러한 소외는 단지 사회적 차별에서 그치는 것이 아니라, 개인의 자아 존중감, 심리적 안정, 그리고 더 나아가서는 사회적 연대까지 약화하는 영향을 미칩니다.

다시 원래의 <학생 글 13_2>에 집중하겠습니다. 이 단락은 '오리엔탈리즘(orientalism)'을 염두에 두고 작성된 것 같습니다(만약 학생 본인의 구상이 조금이라도 들어 있다면). 오리엔탈리즘은 '동양의 정신 문화를 고양하는 관점', '동양의 언어나 문학, 종교 따위를 연구하는 학문'이라고 표준국어대사전에 풀이되어 있는데요, 인문학과 사회학에서는 '동양의 사상이나 문화, 제도 등을 타자화하는 시각이나 태도'를 통칭하는 말로 더 많이 씁니다. 서구의 열강들이 비서구 세계를 보물이 감추어진 곳, 괴수들이 사는 신비로운 곳, 탐험과 정복, 계몽이 필요한 곳, 미개한 곳으로 묘사할 때 '오리엔탈리즘적'이라고 합니다. 제국주의(우월한 군사력과 경제력으로 다른 나라나 민족을 정벌하여 대국가를 건설하려는 침략주의적 경향)적 세계관과도 관련이 있습니다.

글쓴이는 '도덕적 우월성을 내세운 외부 세력의 개입'을 대단히 경계하고 있습니다. 상대방에 대한 깊은 이해와 존중 없이, 무작정 메스를 대려고 해서는 안 된다는 것입니다. 타당한 주장입니다. 문화든 정체성이든 종교든, 모두 저마다의 맥락과 역사가 있으니까요.

그러나 '소외'와 '억압'은 인종, 연령, 나이, 문화, 종교 등과 무관한, 인간의 기본권과 관련 있는 문제입니다. 그리고 대개 모든 사회 집단은 그 '내부'에 이런 문제를 안고 있습니다. 매사를 미국의 중동 침공 처럼 무력으로 문제를 해결해서는 곤란하겠지만, 누군가는 약자와 연대해야 합니다. 억압에 신음하는 이들에게 '자력갱생(自力更生, 남에게 의지하지 아니하고 자신의 힘만으로 어려운 처지에서 벗어나 새로운 삶을 살아감. 북한과 같은 폐쇄적 사회에서 자주 강조됨(저자 주))'을 강요해서는 안 되지 않을까요.

학생 글 13_3

둘째로, 외부인의 개입은 종종 그들이 도덕적으로 우월하다는 전제를 바탕으로 이루어진다. 외부인이 특정 공동체의 문제를 해결하려 할 때, 이는 마치 그 공동체보다 외부인이 도덕적으로 더 우수하고 그들이 제시하는 해결책이 더 윤리적이라는 가정을 수반한다. 그러나 이는 매우 위험한 전제이다. 이러한 개입은 외부인의 정치적, 경제적 목적에 의해 악용될 수 있으며, 실제로 도덕적 우월성을 내세운 개입이 해당 공동체의 자주성을 침해하는 식민지적 태도로 이어질 수 있다. 권력은 종종 이해관계에 따라 특정 집단을 예외 상태로 만든다. 소외와 억압에 대한 외부인의 개입과 강자가 특정인을 예외로 놓고 억압하려는 시도는 혼동되기 너무나 쉽다.

앞에서 던진 것과 같은 질문을 던지게 하는 단락입니다. 외부인의 범위는 어디까지일까요? 복지 정책을 시행할 의무가 있는 공공기관도, 당사자성이 없는 외부인에 포함될까요? 사회적 책무나 연대 의식을 느끼고 비주류 집단 지원 사업을 벌이는 자원 봉사 단체, 시민 단체도 외부인에 해당할까요? 사회의 비주류 집단이 모여 느슨한 연합체를 구성하였다고 합시다(협동조합, 기타 비영리 단체 등). 이들은 서로의 문제에 관여할 수 없는 외부인들인가요? 공공기관, 시민단체, 협동조합과 같은 단체와 '도덕적 우월성' 사이에는 어떠한 관계가 있을까요? 이에 대해 깊이 생각하지 않으면 일방적 주장과 단언에 그칠 수밖에 없습니다.

학생 글 13_4

마지막으로, 외부인은 해당 공동체 내의 소외와 억압을 해결할 도덕적 정당성을 가지고 있지 않다. 소외와 억압 문제는 근본적으로 해당 공동체 내부에서 해결해야 한다. 외부에서 강요된 해결책은 공동체의 특수한 역사적, 문화적 맥락을 무시한 것이며, 이는 공동체의 자율성을 침해하는 행위이다. 소외된 사람들과 억압받는 집단의 권리를 보호하는 것은 그 공동체 내에서 민주적, 자발적인 과정으로 이루어져야 한다. 외부의 개입은 일시적으로 문제를 억누를 수는 있을지 모르나, 이는 진정한 해결책이 될 수 없다. 외부의 개입은 문제의 근본 원인을 파악하지 못하고 단기적인 해결책을 제시할 수 있을 뿐이다. 반면, 공동체 내부의 문제 해결 과정은 해당 사회의 고유한 맥락과 요구를 반영할 수 있으며, 이는 지속 가능하고 근본적인 변화를 이끌어낼 수 있다. 외부인은 이러한 과정을 지원하거나 촉진할 수는 있지만, 그 자체로 주도권을 가져서는 안 된다.

결론적으로, 외부인이 특정 공동체의 소외와 억압을 해소하는 것은 가능하지 않다. 외부인은 해당 공동체의 복잡한 사회적, 문화적 맥락을 충분히 이해하지 못하기 때문에 근본적인 해결책을 제시할 수 없다. 또한, 외부 개입은 외부인이 도덕적으로 우월하다는 전제하에 이루어지기 때문에 윤리적으로 문제가 있으며, 이는 악용될 수 있다. 소외와 억압은 공동체 내부에서 자주적으로 해결해야 하며, 외부인은 이를 지원하는 역할에 그쳐야 한다.

같은 주장이 변주되고 있는 단락입니다. 본론의 마지막 단락과 결론 단락이 제시되어 있습니다. 이 글의 주장이 어떤 문제를 안고 있는지는 앞에서 상세히 밝혔습니다. 생각의 가지를 다른 데로도 좀 뻗어보지요. 우리 근대사도 돌아보게 됩니다. 우리는 자력갱생의 노력(독립운동 등)과, 시류에 따른 외세의 조력(태평양 전쟁에서의 일본의 패배, 미국의 원폭 투하 등)이 맞물려 광복을 맞았습니다. 일본 제국의 무릎을 꿇린 결정타는 아쉽지만 전자가 아니라 후자에서 나왔습니다. 그리고 이후 미국이 38선을 소련에 제시하고, 그 이남에 진주합니다. 미국의 군사적 승리가 없었더라면 우리도 독립하지 못했을 것입니다. 그러나 한반도는 남과 북으로 단절되고 말았지요. 역사의 잘못된 수레바퀴를 누가 먼저 굴렸는지를 여기서 논하기는 어렵습니다. 그러나 외세의 틈바구니에 끼어 엄청난 분단 비용을 감수하고 있는 아이러니한 현실을 떠올리게 합니다.

이 글은 솔직 담백한 맛이 있습니다. 그 맛을 사람이 냈는지, 실리콘 집합체가 냈는지 알 수는 없지만 말입니다. 에둘러 주장하지 않고 핵심을 잘 드러낸 편이기도 합니다. 논제의 요구 사항을 성실하게 충족하지 않은 점은 아쉽습니다. 제시된 지문을 둘 이상 활용하라는 조건이 있었는데요, '부락민'에 대한 언급 외 다른 언급은 찾기 어렵습니다. 같은 논제를 다룬 다른 학생의 글을 한 편만 더 살펴보겠습니다.

학생 글 16_1

> 소외는 공동체의 범주가 모호하기에 발현하는 모순이고, 억압은 소외로부터 발생하는 공동체의 면역 반응이다.
>
> 생물과 무생물을 구분하는 기준은 상당히 모호한 감이 없잖아 있다. 현대에 통용되는 생물의 정의는 체온과 같은 인자의 현상 유지, 외부를 구분하는 반투과성 막의 존재, 외부와의 물질교환, 외부 자극에의 반응, 외부 환경에의 적응, 그리고 성장 가능성의 여부다. 이런 점에서 공동체는 거의 생물에 가깝게 작동한다. 질서 유지를 위한 규율이 있으며, 외부 공동체와 물질교환을 하고, 변하는 환경에 반응하고 적응하며, 그 과정이 어떻든 궁극적으로는 세력의 확장을 꾀한다.

첫 단락은 한 문장으로만 되어 있습니다. 하나의 문장으로는 단락을 구성할 수 없다는 점을 다시 강조합니다. 이 단락은 논제의 두 핵심어, '소외'와 '억압'을 독특하게 재정의하며 논제의 물음에 바로 답하고 있습니다. 논의의 필요성, 배경, 의의 등을 설명하지 않은 채 바로 뜻이 모호한 주제문을 단언적으로 내세웠지요. 좋지 못한 전개 방식입니다. 글쓴이가 하고 싶은 말은 무엇이었을까요? 조금 더 읽어 봅시다.

학생 글 16_2

공동체의 외부와 내부를 엄격히 구분하는 막이 물리적으로 존재하진 않는다. 하지만, 우리는 이미 개념적으로 이 막의 존재를 알고 있고, 일상 속에서도 자주 언급하곤 한다. 이 막의 존재를 언어적으로 드러내는 예시로 '우리'라는 단어를 꼽을 수 있다. 우리는 '우리'와 '너희'를 구분함으로써 '너희'를 배제함과 동시에 우리와 너희를 거대한 공동체로 여긴다. 거시적인 관점에서 《호모 사케르》는 이를 주권 권력에 의한 예외 상태로서 설명한다. 이처럼 '너희'를 의지에 관계없이 통제하려면 '우리'가 다수여야 한다. 다시금 공동체를 생물에 빗대 보자. 체내에 체계를 무너뜨리는, 원래 생물을 구성하던 물질과는 다른, 예를 들면 세균이나 꽃가루 같은 것이 들어오면, 면역 체계는 이를 체내에서 제거한다. 체내에는 충분히 잘 작동하는 체계가 잡혀있고, 그 체계를 구성하는 세포가 대다수를 차지하기 때문이다. 공동체 역시 마찬가지다. 만들어진 체제와 규격에 들어맞지 않는 구성원을 배제하고 예외 상태에 두는 것으로 현대 사회는 작동하고 있다고 역시 《호모 사케르》에서는 말한다.

글쓴이는 인간 사회를 거대한 생물체에 빗대어 논의를 전개하고 있습니다. 권력이 작동하는 방식을 체내의 면역 활동에 빗대었습니다. 우리의 몸은 외부의 병원체(病原體, 병의 원인이 되는 본체. 세균, 리케차, 바이러스, 원생동물, 기생충 따위의 병원 미생물이 있다)로부터 스스로를 지키기 위해 이에 대항하는 항체를 생산합니다. 글쓴이의 이런 비유 너머에는 위험한 생각이 전제되어 있습니다. 다수는 '정상, 안전, 항체, 항상성(恒常性, 생명 현상이 제대로 일어날 수 있도록 일정한 상태를 유지하는 성질. 또는 그런 현상)'의 범주에 속하는 이들이고, 소수는 '비정상, 위협, 병원체, 급격한 변화'의 범주에 속하는 이들이라는 것입니다. 지문 (가), (라)가 경계하고 있는 근대의 횡포(다수에 의한 이분법적 재단)를 정당화하고 있는 느낌마저 듭니다. '호모 사케르'에 관한 언급도 정확하지 않습니다.

학생 글 16_3

> 그렇지만 이런 억압에 의한 면역 반응이 꼭 나쁘고 철폐해야 할 사회의 악이라고 말할 수는 없다. 오히려 소외와 억압은 공동체가 유지되기 위해서는 필수적이기도 하다. 몸에 세균이 들이닥치는 걸 가만히 보고만 있다가는 감당할 수 없을 정도로 균이 증식해 결국은 죽음에 이르게 될 것이다. 공동체로서의 죽음은 곧 현 체제의 붕괴다. 이를 막기 위해 면역 반응은 반드시 작동해야 한다. 그 대표적인 예시로 강력범죄자에 대한 징역 등의 자유형이 있다. 범죄자를 사회에서 배제함과 동시에 그 노동력만은 사회가 받아내고, 이후 사회에 돌아갈 수 있도록 교화함으로써 공동체에 예속하는 것이 현대 사회에 있어서 자유형의 존재 가치다. 하지만, 세상에는 교화할 수 없는 악인 역시 존재하기에 자유형을 통해 모두를 사회로 돌려보내도 좋은 상태로 만들 수 없음을 윤영석 변호사는 제기한다(「교도소를 위한 변론」, 월간교정, 2023.1). 결국 우리는 질서 유지를 위해 소외와 억압이 필연적임을 받아들일 수밖에 없다.

'소수 = 병원체(세균 등)'라는 논리의 비약이 이어지고 있는 단락입니다. 세상을 다수와 소수 간의 갈등 구조로 설명하려는 시도는 좋습니다. 헤겔, 마르크스와 같은 철학자들도 세상을 변증법(辨證法, 모순 또는 대립을 근본 원리로 하여 사물의 운동을 설명하려는 논리. 인식이나 사물은 정(正)·반(反)·합(合) 삼단계를 거쳐 전개된다고 한다)적으로 설명하려고 했습니다. 동양에서는 음양(陰陽)의 대립과 조화로 세상사를 풀이하려 했지요. 문제는, '무산자(無産者)', '반', '음'의 자리에 놓인 이들을 '병원체'로 규정하려고 했다는 것입니다.

이 단락의 끝부분에서는 '소외'와 '억압'의 문제가 체포와 구속, 징역의 문제로 잘못 치환되어 있습니다. 관련 자료를 애써 인용해놓기도 하였으나 설득력은 없습니다. 논제는 '왜 누군가는 교화(教化, 가르치고 이끌어서 좋은 방향으로 나아가게 함)'되지 않는 것인가'를 묻고 있지 않기 때문입니다. 비주류에 속하는 인간들이 겪는 소외와 억압의 문제를 '면역'과 '교정'의 문제로 바라보고 있으니 논지가 타당하게 전개될 리가 없는 것입니다.

또한 우리는 억압과 단순한 불편함을 구분할 필요가 있다. 조희연 기자는 전장연 시위로 인해 대중교통 이용에 지장이 생긴 시민이 느낄 조바심을 장애인은 매일 느낀다는 주장을 펼치며, 장애인의 이동권을 보장할 필요가 있다 말한다. 그러나 이는 이때의 시위로 피해를 본 시민과 장애인의 결정적인 차이점인 상황의 돌발성을 간과한 발언이라 여겨진다. 보통 시민들이 자신이 늘 이용하던 대중교통에서 시위가 일어날 것을 대비하고 움직이지 않는다. 반면 장애인은 스스로 이동이 불편함을 인지하고 있기에 이에 대비할 수 있다는 것이다. 장애로 인해 이동이 불편해지는 점이 있는 것은 있는 것이 맞으나, 공동체가 이를 모두 받아주기에는 사회적 자원이 턱없이 부족할뿐더러, 그런 방안이 나온다고 한

들 결국은 장애가 없는 사람들의 이동권 역시 향상되기에 장애인의 상대적인 이동 편의성은 자연히 떨어질 수밖에는 없다. 시민의 불편함을 제거하는 것은 공익의 관점에서 이로운 일이지만, 그것이 소외를 걷어내고 억압을 끊어낸다는 의미는 아니지 않는가.

우리가 추구해야 하는 방향은 '알레르기'를 제거하는 것이다. 이를 위해서는 필요한 억압과 불필요한 억압, 과도한 억압과 각자의 불편함을 구분하는 통찰이 필요할 것이다.

가장 논쟁적인 대목입니다. 전국장애인철폐연대의 지하철 탑승 시위를 언급하고 있습니다. 첫 문장을 보면, 장애인 이동권 문제를 '단순 불편'의 범주에 넣고 싶었던 것 같기도 합니다.

글쓴이는 '장애인은 스스로 이동이 불편함을 인지하고 있기에 이에 대비할 수 있다'라고도 주장합니다. 시위로 불편함을 겪었을 시민들의 입장을 강조하려 한 것으로 이해됩니다. 그러나 가용한 수단들이 여럿일 때, 그리고 그중 하나를 능동적으로 선택할 수 있을 때라야 '대비'라는 말을 쓸 수 있습니다. 장애인을 위한 이동 대책이 수립되어 있지 않다면, 장애인이 무엇을 어떻게 대비할 수 있는지 의문입니다.

이 문단은 논제에서도 좀 벗어나 있습니다. 글쓴이는 '전장연이 예측 불가능한(돌발적인) 방식으로 집회를 진행해 보통의 시민들에게 불편을 안겼다'라고 역설하고 있습니다. 그런데 이 주장이 논제('소외'와 '억압'의 문제를 탐구하라)와 어떤 관련이 있는 것인지 모르겠습니다. 통념과 달리, 전장연 소속 장애인(비주류)들이 역으로 시민(주류)들을 소외시키고 억압했다는 주장일까요?

누군가가 어떤 불편이나 고통을 오랫동안 감수해 왔다는 사실을 근거로, '사회적 자원이 부족하니, 앞으로도 참아달라'라고 주장하는 것은 무책임한 일입니다. 지극히 주류 편의적인 사고이지요, 바로 이러한 상황을 가리켜 아감벤은 '예외의 영속화(일상화)'라고 했습니다.

이동석(2018)에 따르면, 장애인 이동권 보장 교통수단은 아래와 같이 넷으로 구분됩니다.[17] 장애인만을 위한 표적 수단을 마련할 수도 있지만, 장애인과 비장애인이 모두 이용할 수 있는 보편적 수단을 마련하는 것도 좋은 해결책이 됩니다. 저상버스와 같은 보편적 수단과, 장애인 콜택시와 같은 특별교통수단을 지역 사정에 맞게 혼용하는 방법을 생각해 볼 수 있습니다.

	선별주의 기반 정책 - 특별교통수단 보급률 높음(B)		
보편주의 기반 정책 - 저상버스 보급률 낮음(a)	**장애인 표적화 모형 (aB)**	**사회통합 모형 (AB)**	보편주의 기반 정책 - 저상버스 보급률 높음(A)
	미발달 모형 (ab)	**보편정책 우선 모형 (Ab)**	
	선별주의 기반 정책 - 특별교통수단 보급률 낮음(b)		

박창석(2021)은 '인간은 교통약자로 태어나 교통약자인 장애인으로서

17 이동석, 「장애인 이동권 보장을 위한 17개 시도별 교통수단정책 분석: "보편주의 하에서의 표적화"를 중심으로」, 『입법과 정책』 10(3), 2018, 327-349쪽.

삶을 마감한다. 이동은 원활한 사회활동을 위한 개인의 고유기능'[18]이라고 강조합니다. 그리고 보건복지부(2024)에 따르면, 260만 장애 인구 중 65세 이상 노인의 비율은 54.3%입니다. 그리고 후천적 원인(질병, 사고 등)에 의한 장애인이 전체 장애인의 88.1%를 차지합니다.[19] 장애인 이동권을 확보하는 일은 곧 우리 모두의 이동권을 확보하는 일인 것입니다.

'장애로 인해 이동이 불편해지는 점이 있는 것은 맞으나 ~할뿐더러 ~다고 한들 ~결국은 ~되기에 ~은 ~수밖에는 없다'와 같은 장황하고 복잡한 문장도 보입니다. 여러 문장으로 간결하게 나누어 적을 필요가 있습니다.

마지막 단락을 봅시다. 여기에 글쓴이의 핵심 생각이 다시 드러나는군요. 비주류, 소수자, 장애인을 가리켜 '알레르기'라고 칭하고 있습니다. '필요한 억압', '(단순한) 불편함'과 같은 단어를 반복하고 있는 점도 눈에 띕니다. 책을 더 많이 읽어야 하는 학생입니다. 세상 경험도 더 두루 쌓아야 하고요. 개인주의와 능력주의의 틀에 갇혀 있지는 않은지 스스로를 성찰할 필요가 있습니다.

---

18 박창석, 「기본권으로서의 장애인의 이동권」, 『법학논총』 38(4), 2021, 77-110쪽.

19 보건복지부 홈페이지, '2023년 장애인 실태조사 결과 발표(2023.4.30.)'

8.
우리는 왜 이야기를 하고 싶어하는가?

〈논제〉 인간과 서사의 관계에 관해 자신의 견해를 밝히시오.

조건 1. 서사적 욕망을 충족했던(또는 충족을 위해 노력했던) 사례를 하나 이상 제시하시오.

조건 2. 서사물이 공동체에 미치는 영향에 관해서도 언급하시오.

인간은 이야기를 만들어 즐기는 동물입니다. 사자와 말의 울음소리에 어떤 정보가 담겨 있는지 정확히 알 수는 없습니다. 사자와 말이 아니면 알 수 없는 그들만의 감정이나, 세계에 관한 어떤 인식이 있을 수는 있습니다. 그러나 거기에 정교한 서사가 들어 있지는 않으리라 봅니다. 표준국어대사전에서는 서사를 '사실을 있는 그대로 적음'이라고 풀이합니다. 그러나 보통은 상상에 기반한 이야기까지를 포괄하는 말로 쓰입니다. 어떤 사건의 진행 과정을 기술하는 장르라고 해둡시다. 영어로는 'narrative'라고 합니다.

문자 이전 시대에는 입에서 입으로 이야기가 전해졌습니다. 문자 발명 이후에도, 오랜 기간 이야기는 대체로 입에서 입으로 전해졌습니다. 대다수의 서민들은 문자를 익혀 쓸 여유가 없었거든요. 사냥하는 과정에서 겪었던 일, 전쟁에서의 무용담(武勇談, 싸움에서 용감하게 활약하여 공을 세운 이야기), 세상이 생겨나게 된 과정, 국가나 부족 집단을 세운 영웅의 일대기(一代記, 어느 한 사람의 일생에 관한 내용을 적은 기록), 재주가 뛰어났던 누군가의 비극, 시시콜콜한 재담(才談, 익살과 재치를 부리며 재미있게 이야기함. 또는 그런 말) 등이 가가호호(家家户户, 한 집 한 집마다) 전해졌습니다.

문자가 계층과 관계없이 널리 쓰이게 된 근대 이후부터는 서사가 더 정교하게 발전합니다. 우리나라에서는 병자호란 이후 이른바 '대소설의 시대'가 열리지요. 여러 장르의 한문 및 국문 소설이 대거 창작·유통·향유됩니다. 조선 후기 르네상스 시대를 열었다고 평가받는 정조(正祖, 조선 제22대 왕, 재위 1776~1800) 임금은 문예에 관해서 만큼은 아주 보수적이어서, 소설의 유통을 금지하기도 했습니다. 정조는 옛 유교 경전의 문체를 본받아야 한다고 믿었지요. 문체가 소설과 유사하다는 이유로 박해를 받은 이들도 있었습니다. 벼슬길이 평생 막힌 이(이옥(李鈺, 1760~1815)이 대표적)도 있었고, 반성문 제출을 요구받은 이도 있었습니다(연암 박지원). 그럼에도 불구하고 정조는 소설의 인기를 막을 수 없었습니다.

뉴미디어 시대에도 이야기는 살아남았습니다. 종이책의 형태를 띠지 않을 뿐, 우리는 매일 이야기를 접합니다. 스마트폰, 패드, 컴퓨터를 통해 접하는 각종 드라마, 영화, 다큐멘터리, 예능, 뉴스, 웹툰, 웹소설 등이 모두 조선 시대 방각본(조선 후기에, 민간의 출판업자가 출판한 책. 주로 목판으로 만듦) 소설의 손자들입니다. 앞의 논제에서 살펴보았던 것처럼, 상품을 더 많이 팔 목적으로 온갖 이야기를 덧붙이기도 합니다. 어떤 광고 영상은 영화 못지않은 감동을 주지요. 이를 가리켜 '스토리텔링'이라고 합니다. 서사를 덧붙이지 않은 콘텐츠를 찾는 것이 더 어려운 시대입니다.

우리는 왜 이야기를 지어서 널리 퍼트릴까요? 인간과 이야기는 어떠한 관계를 맺고 있는 것일까요? 아래의 지문들은 이에 관한 통찰을 담고 있습니다. 하나씩 살펴봅시다.

(가) 서사적 욕망은 서사적 존재인 인간의 근원적인 욕망이라 할 수 있다. 우리는 어릴 적부터 이야기를 좋아하고 이야기를 상상하며 이야기를 듣고 싶어 한다. 이야기는 그 자체로도 우리에게 즐거움을 주지만, 이야기에 대한 우리의 욕망은 기본적으로 '알고자 하는 욕망'과 결부돼 있다. 그다음에는 어떤 일이 벌어질 것인지, 그래서 결국 어떻게 될 것인지, 비밀은 무엇이고 범인은 누구인지, 이 모든 일의 궁극적 의미는 무엇인지 등에 대한 호기심 어린 갈망이 서사의 움직임을 추동한다. (중략)

서사는 이렇듯 우리의 알고자 하는 욕망을 반영하며, 우리에게 세상을 이해하고 질서화할 수 있는 논리를 제공해준다. 그런데 여기서 기억해두어야 할 것은 서사적 논리가 이해의 가능성을 열어주는 동시에 오해와 왜곡의 가능성으로 작용하기도 한다는 점이다. 서사적 논리로 세상을 이해하려는 우리의 시도는 종종 매끄러운 이야기로 설명되지 않는 복잡한 진실을 단순화할 우려가 있다. 나아가 불가해한 혼돈을 조리 있

> 게 정리하여 불안을 진정시키고자 하는 우리의 욕망은 서사적 논리 안으로 포섭되지 않는 미묘한 감정의 흐름이나 '말이 되지 않는' 진실을 억압하고 배제하는 결과를 낳을 수도 있다.
>
> 사랑과 이별의 이야기가 그 단적인 예일 것이다. 마음을 다해 사랑한 만큼 영원하리라고 믿었던 관계가 깨어지면 두 사람이 함께 쓴 사랑 이야기도 잔인하게 부서져버린다. 그런 서사적 잔해(narrative wreckage)를 딛고 계속 살아나가기 위해서는 불가해한 이별을 납득할 만하게 만들어 줄 이야기가 필요하다. 간혹 어떤 사람들은 '그렇게 사랑했던 우리가 왜 헤어지게 되었나?'라는 질문에 답하는 이별 이야기를 구성하는 데 사랑했던 기간보다 더 긴 시간을 소비하기도 한다. 하지만 두 사람이 헤어진 이유나 이별의 '진실'은 서사적으로 일목요연하게 설명되지 않는 것일 수 있고, 그런 진실을 어떻게든 서사적 논리에 끼워 맞추고자 하는 우리의 욕망은 상대방에게, 어쩌면 자기 자신에게도 일종의 폭력이 될지 모른다.
>
> 우리는 서사적 논리에 따라 세상을 이해하고 불안정한 존재의 안정감을 구한다. 그런데 바로 그 서사적 논리가 도리어 오해와 왜곡을 불러올 수 있다는 사실은 서사적 존재인 인간의 딜레마라 할 것이다. 이야기를 만들지 않으면 살아갈 수 없는 우리에게는 서사의 이 같은 한계와 서사적 욕망의 아이러니에 대한 반성적 자의식이 반드시 필요할 것이다.
>
> -박진, 「서사적 주체, 서사적 정체성의 물음들」,
> 『이야기의 끈, 서사적 사고』, 2021.

『이야기의 끈, 서사적 사고』는 인간과 서사의 관계를 깊이 탐구하고 있는 책입니다. 철학, 미디어, 문학 등 각계의 전문가들이 다양한 관점에서 서사의 본질을 논합니다. '내러티브 총서'라는 야심 찬 타이틀이 붙은 책이기도 합니다. 서사, 콘텐츠, 미디어 분야에 관심이 있다면 일독을 권합니다. (가)는 그중 일부를 발췌한 지문입니다.

우리는 서사를 통해 자신과 남을 이해하려는 욕망을 품고 있습니다. 사실, 우리의 삶은 하나의 주제로 관통될 수 없는 무질서한 사건의 연속체입니다. 각자의 하루를 잠깐씩만 되돌아볼까요. 아침에 눈을 떠서 밤에 잠들 때까지, 우리는 무정형(無定型, 일정한 틀이 없음)한 하루를 보냅니다. 학생이라면 대체로 학교의 일과를 소화한다는 공통점이 있겠지요. 학업이든 가사든 골머리를 앓게 하는 당면 문제도 있을 겁니다. 그러나 우리의 내면에는 온갖 종류의 생각과 감정이 명멸(明滅, 나타났다 사라졌다 함)을 반복합니다.

(가)는 무정형의 혼돈 상태에 가까운 삶을 이해하는 데 서사가 중요한 도구로 쓰인다고 설명합니다. 별 관련이 없어 보이는 사건1과 사건2를 '원인', '결과'의 관계로 묶고 사태를 이해하려고 시도합니다. 이렇게 일련의 사건들에 서사적 질서를 부여하면, 통일성과 연속성을 지닌 서사(이야기)가 됩니다. 그리고 이렇게 만들어진 서사는 우리에게 안정감을 주지요. 어쩌면 우리 인간은 '아, 그래서 그랬던 거구나!'라는 해석을 추구하는 유일한 동물인지도 모르겠습니다.

그런데 이러한 서사적 욕망은 거꾸로 상대를 내 멋대로 재단하도록 추동하기도 합니다. 친구가 이해하기 어려운 행동을 하면 우리는 그동안 일어났던 일들을 서사적으로 연결하면서 '말이 되게' 설명해보려고 애를 씁니다. 운이 좋아서 그것이 진실과 통한다면, 친구와의 관계를 잘 유지할 수 있겠지만, 그렇지 않아서 그것이 진실과 무관한 나만의 망상에 그치는 것이었다면, 친구와의 관계는 잘 유지되기 어렵습니다. 서사적 욕망은 복잡한 진실을 나의 입맛대로 단순화하고 재단하는 데 쓰이기도 합니다. 더 나아가서는 남의 서사를 억압하거나 배제하려는 욕망으로 변주되기도 합니다.

일본의 군함도나 사도 광산에 관한 한일 갈등이 좋은 사례가 됩니다. 군함도는 규슈 앞바다에 있는 작은 섬입니다. 많은 조선인들에 강제로 징용되어 혹독한 환경에서 석탄을 캐다가 목숨을 잃었습니다. 사도 광산도 그러한 곳입니다. 그런데 일본은 이 두 곳을 세계문화유산에 등재시켰습니다. 일본의 근대화 및 산업화 과정을 잘 보여주는 상징적인 곳이라는 점을 내세웠지요. 일본은 이 두 곳에 조선인 강제 노동에 관한 사실도 함께 알린다는 조건으로 우리나라의 동의를 구했습니다. 그러나 이 약속은 지금까지도 제대로 이행되고 있지 않습니다. 가해자의 이익과 관점에 부합하는 서사만을 내세우고, 피해자의 고통에 관한 서사는 은폐(隱蔽, 덮어 감추거나 가리어 숨김)되어 있는 것입니다. 이런 사례는 국내외에서 널리 발견할 수 있습니다.

관련 배경 지식을 조금 더 쌓아 봅시다. 서사는 시간의 흐름에 따라 진행됩니다. 그런데 과거에는 중국의 황제가 이 시간에 이름을 붙였습니다. 중국보다 힘이 약했던 주변 나라들은 이를 사용해야만 했습니다. 예를 들어 명나라를 건국한 주원장은 자신이 즉위한 1368년을 '홍무(洪武)' 원년(임금이 즉위한 해)으로 선포했지요. 조선도 이에 따라 '홍무 13년', '홍무 20년'과 같이 시간에 이름을 매겨야 했습니다. 이를 '연호(年號, 임금이 즉위한 해에 붙이던 칭호)'라고 합니다.

그러나 늘 그랬던 것은 아닙니다. 고구려는 자기만의 연호를 사용했습니다. 신라도 법흥왕 23년(536년)부터 독자적인 연호를 썼다고 합니다. 고려도 외세로부터 독립적이었을 때는 자기만의 연호를 사용했지요. 시간에 원하는 대로 이름을 붙일 수 없다면, 자기의 서사를 주도적으로 완성할 수도 없게 됩니다. 남의 통제를 받게 되지요. 옛사람들은 이를 분명하게 알고 있었습니다.

지금도 우리는 연호를 씁니다. '서력(西曆, 예수 그리스도가 태어난 해를 기원으로 하는 책력)', '서기(西紀, 서력기원의 준말)' 등이 현대의 연호입니다. 서구와 기독교의 힘이 세다는 방증입니다. 근래에는 중립성을 강화한 'CE(Common Era)'를 쓰기도 합니다만, 명칭만 다를 뿐 예수의 탄생을 기점으로 삼아 해를 계산하기 때문에 실질적인 차이는 없습니다.

(나) 이순신 장군이 죽음을 목전에 두고 보여 준 '탁월한 말과 행위'를 떠올려 보자. 이런 행위를 통해 인간은 자신이 누구인지를 유일무이한 차이를 통해 보여주며, 이를 기억하는 시인과 역사가와 폴리스(공동체)를 통해 불멸의 명예를 획득한다. 이것은 가족적이지도 사회적이지도 않은 차원, 바로 (행위를 통한) '정치적(political)' 차원이다. 아렌트의 말을 직접 들어보자.

> 유일하고 일회적인 '누구임(who)'이라는 것이 행위와 말(speech)'을 통해 사후에 표출될 수 있는 유일한 매체가 바로 이야기이다. 어떤 사람이 누구였고 누구인지는 오직 그의 전기(biography)를 알 경우에만 가능하다. 소크라테스가 한 줄의 글도, 한 편의 작품도 남기지 않아서 우리가 그에 대해 플라톤과 아리스토텔레스에 대해서보다도

> 알지 못한다 할지라도, 우리는 소크라테스가 누구인지 잘 안다. 왜냐하면 우리는 그의 이야기(story)를 알기 때문이다. 우리가 아리스토텔레스의 견해나 학설을 잘 알지만, 우리는 그가 누구인지보다는 소크라테스가 누구인지 더 잘 아는 것이다.

비록 아렌트가 서사적 주체성이나 서사적 정체성 개념을 명시적으로 주장한 바는 없지만, 그녀가 나의 무엇임과 나의 누구임을 구분하고, 말과 행위를 통한 행위자의 변별적 차이의 가능성을 이야기로써 구현하여 자신만의 탁월함을 입증했다는 점에서 서사적(이야기적) 자아론의 맨 처음에 그녀를 위치시킬 충분한 철학적 이유가 있는 것이다. 부연하자면 그녀가 주장하는 행위와 이야기 사이의 핵심적 관련성은 다음과 같이 정리된다. 행위와 말이 남긴 산물이자 결과물인 시인과 역사가의 이야기는 행위 주체(agent)의 누구임을 잘 드러내지만, 이 행위자가 그 이야기의 생산자이거나 저자일 수는 없다. 행위의 당사자이면서 행위에 대한 이야기의 저자일 수 있는 가능성은 드물기 때문이다. 따라서 한 인간의 행위는 온전히 이야기꾼(storyteller)에게만 그 전모를 드러내는 것이다. 행위에 참여한 행위자 자신보다는 모든 것을 잘 아는 시인이나 역사가의 회고에서만 그가 완전히 드러나는 것이다.

지금까지의 논의를 바탕으로 볼 때 우리는 아렌트를 서사적 자아론 혹은 서사적 정체성론의 초기 얼개를 구축한 철학자로 충분히 위치시킬 수 있을 것이다. 여기서 우리가 강조하고 싶은 것은(물론 이후에 살펴볼 철학자들도 마찬가지지만) 아렌트가 서사의 윤리적 힘이나 역량을 인지하고 있었다는 점이다. 아렌트에게 인간은 사멸성, 즉 죽을 수밖에 없음을 실존적 특성으로 갖는다. 인간은 죽을 운명의 존재다. 하지만 동물과 달리 인간은 오직 생식을 통해서만 자신의 불멸적 삶을 보장받는 그런 종의 구성원이 아니다. 인간은 자신의 각자성을 드러내는 말과 행위를 함으로써 생물학적으로 사라진 후에도 지워지지 않을 흔적을 남긴다. 즉 인간은 이야기를 통해 불멸성을 획득할 수 있다. 불멸의 업적이 남기는 명예를 선(good)으로 여기는 탁월한 존재가 바로 인간이라는 것이다.

-윤성우, 「서사적 주체, 서사적 정체성의 물음들」,

『이야기의 끈, 서사적 사고』, 2021.

(나)는 한나 아렌트(1906~1975)의 논의를 인용하며 이야기의 힘을 설명합니다. (나)에 따르면, 인간의 정체성(누구임)은 이야기를 통해 가장 잘 드러납니다. 이야기 속 행위 주체로 남은 이는 불멸성을 얻지요. 아렌트는 소크라테스와 아리스토텔레스를 대조하며 자신의 주장을 강화합니다. 소크라테스는 한 줄의 글도 남기지 않았습니다. 아리스토텔레스는 고전 논리학과 철학의 기반이 되는 저서를 많이 남겼지요. 그런데 우리는 아리스토텔레스의 견해나 학설에 관해서는 잘 알고 있지만, '그래서 그가 누구냐' 라고 물으면 잘 말하지 못합니다. 반면 소크라테스는 그의 사상과 일상, 대화, 행위 등을 기록해 둔 후학(後學, 학문에서의 후배)들에 의해 '이야기 속 행위자' 로 되살아났습니다.

세계의 4대 성인으로 추앙받는 예수, 석가모니, 무하마드, 공자도 그렇습니다. 이 넷 모두 생전에 글을 남기지 않았습니다. 예수는 『신약 성경』을 쓰지 않았고, 석가모니는 불경을 쓰지 않았습니다. 무하마드는 『쿠란』을 쓰지 않았고, 공자는 『논어』를 쓰지 않았지요. 이 책들은 모두 그들의 말과 행동을 듣고 지켜보았던 제자들이 썼습니다. 제자들은 스승의 가르침을

암송한 뒤 구전(口傳, 말로 전하여 내려옴. 또는 말로 전함)했습니다. 그러다 서로의 기억이 잘 맞지 않으면 모여서 이를 보정했지요. 우리는 각고의 노력을 기울여 스승의 언행과 사상을 문자로 남긴 이들에 대해서는 잘 알지 못합니다. 그들이 되살린 이야기 속 스승들을 훨씬 더 잘 알지요. 이런 관점에서 (가)를 이해하면, 이야기의 힘을 새삼 느낄 수 있습니다.

(가)에서 다루고 있지 않지만, 한나 아렌트에 관해 조금만 더 소개하겠습니다. 아렌트는 홀로코스트에서 살아남은 유대인 철학자였습니다. 아마 '악의 평범성(진부함)'과 같은 말은 들어 보았으리라 생각합니다. 『전체주의의 기원』, 『인간의 조건』, 『예루살렘의 아이히만』 등이 그의 대표작입니다. 그는 『인간의 조건』에서 인간의 활동(번역본에 따라서는 '행위'라고도 합니다)적 삶(bios praktikos, vita activa)을 '노동(labor)', '작업(work)', '행위(action)'의 세 요소로 나누었습니다. 다 비슷비슷한 말들 같지요? 그러나 이 셋의 성격은 전혀 다릅니다. 이 개념들이 무엇인지를 알면, 지금 우리가 애를 쓰고 있는 일(작문, 독서, 비평 등)의 본질을 이해하는 데 도움이 됩니다. 짧게 압축하여 소개해보겠습니다. 개념들이 낯설고 추상적이어서 읽기가 너무 어렵다면, 바로 지문 (나)로 넘어가도 '무관'합니다.

인간이 실존하기 위해서는 먼저, '하나의 생명으로 살아 있어야' 합니다.[20] 노동은 이 조건에 대응하는 것으로, 인간의 기본적인 동물적 욕구를 충족하기 위한 필수적 활동입니다. 노동은 세계[21]를 가지지 못합니다. 어떠

---

20 한나 아렌트, 『인간의 조건』, 한길사, 2021, 35-36쪽.

21 있는 그대로의 자연을 가리키는 말이 아니라, 인간의 인위적인 생활 공간을 말합니다. 후술되는 '작업'에 의해 만들어지고 유지되는, 인간만이 만들어 낼 수 있는 공동의 공간입니

한 생산물도 가지지 못하고, 지속적인 것도 남기지 못하는 반복적이고 소모적인 운동[22]입니다. 작업은 '생성과 소멸을 거듭하는 자연의 필연성으로부터 벗어난 영속적인 자신의 세계'[23]를 만드는 행위입니다. 언젠가는 소모될 수밖에 없지만, 적절한 방식으로 사용하면 얼마간은 유지되는 도구를 만드는 행위이기도 합니다. 그리고 이러한 도구를 활용해 개체의 삶을 뛰어넘는 '인공세계'를 만들고 유지합니다.

기술자본주의가 고도화된(그리고 보편화된) 현대의 많은 노동자들은 작업을 통해 생계를 유지합니다. 노동이 작업으로 대체되면서 이른바 '피로사회', '성과사회'가 도래하기도 하지요. 인간은 지속적인 생산 활동을 통해 인간 세계의 영속성이 공고화될 것으로 기대합니다. 예로 자본주의, 민주주의, 무역 질서, 각종 담론 규칙, 각종 기반 시설 등이 유지되도록 힘을 쏟습니다. 그러나 아렌트는 '사물화된 세계 내에서 인간은 오로지 사물들과 관계를 맺고, 그럼으로써 인간은 인격적으로 고립된 자기세계를 형성'[24] 한다고 지적합니다. 역설적이지요.

서부 영화 오픈 레인지(Open range, 2003)를 보면, 마을의 갱단과 결전을 치르기 전 주인공이 잡화점에 들어가서 가장 비싼 초콜릿을 내오라고 합니다. 점원은 신이 나서 초콜릿의 맛에 관해 이리저리 설명합니다. 그러

다. 자연에 폭력을 가해 이를 사물화한 결과물입니다.

22 백승준, 「호모 파베르의 지구소외와 세계소외: 한나 아렌트의 『인간의 조건』을 중심으로」, 『철학논집』 76, 2024, 172쪽.

23 한나 아렌트, 위의 책, 같은 쪽.

24 박병준, 「한나 아렌트의 인간관: 『인간의 조건』에 대한 철학적 인간학적 탐구」, 『철학논집』 38, 2014, 24쪽.

자 주인공이 말하죠. '근데 너, 이거 먹어는 봤냐?' 라고요. 그리고 점원에게 초콜릿을 줍니다. 점원은 가게(또는 회사, 또는 유통망) 유지를 위해 서부의 외딴 마을에서 열심히 일했던 것으로 보입니다. 그러나 정작 그 자신은 초콜릿 맛을 보지 못했죠. 아렌트는 이러한 파국을 '노동하는 동물의 승리'라 부르며 비판했습니다.

반면 '행위'는 가장 인간다운 활동으로 자유로운 공적 영역 안에서 서로의 인격을 드러내는 일입니다. 아렌트는 '말과 행위를 통해 이 세계를 공유할 수 있는 다른 사람들이 있는 것'을 중요한 인간의 실존 조건으로 내세웠습니다. '(만들어진) 세계'가 인간과 자연의 사이를 매개해 인간을 자연의 맹목적인 질서와 무자비함으로부터 보호한다면, 말과 글은 복수의 인간들이 '자신의 고유한 인격적 정체성'을 드러내며 공공의 영역을 형성할 수 있게 해주는, 거의 유일한 도구입니다. 행위는 자연의 물질(노동)이나 인공적 사물의 매개(작업) 없이 복수의 인간들(human plurality) 사이에서 직접적으로 이뤄지는 유일한 활동[25]입니다. 서로가 각자의 개성과 정체성을 드러내는 일은 '행위'에 귀속되지요. 창작 활동을 통해 자신의 정서를 토로하는 일, 사회적 이슈에 관해 조사하고 자신의 견해를 논술문으로 쓰는 일, 이야기를 지어서 남에게 들려주는 일들은 모두 '행위'에 해당합니다. 아렌트는 말과 글을 활용해 자신의 정체성을 드러내는 일의 가치를 제대로 이해하고 있었던 것입니다.

---

25 윤성우, 「서사적 주체론: 아렌트, 리쾨르, 매킨타이어, 테일러를 중심으로」, 『이야기의 끈』, 이학사, 2022, 132-133쪽.

그러나 앞의 <논제 4>, <논제 6>에서 살펴보았던 것처럼, 인간의 욕망 및 정체성과 맞닿아 있는 서사가 이제는 상품처럼 양산되고 유통됩니다. 그래서 많은 논자들은 '서사의 위기', '서사의 종말'이 도래했다는 경고를 발신하고 있습니다. 우리가 서사물이라고 믿고 있는 많은 작품들(영화, 드라마, 웹툰, 웹소설, 각종 영상 등) 중의 상당수가 사실은 '기획된 정보 상품'에 불과하다는 지적입니다. 앞에서 읽었던 아도르노의 주장도 떠오르는 대목입니다.

대중적이라고 하여서 색안경을 끼고 무조건 폄하할 수는 없습니다. 삶에 관한 통찰을 담은 웹툰이나 웹소설도 있습니다. 그러나 대중의 욕구와 유행에 따라 붕어빵 찍듯 만들어지는 콘텐츠들이 많은 것도 사실입니다. 어떤 서사물이 좋은 서사물인지 아닌지를 객관적인 잣대를 들어 평가할 수는 없습니다. 사람마다 그 기준은 다를 수밖에 없으니까요. 콘텐츠를 감상하고 수용하는 사람의 주관(또는 감성)은 충분히 존중되어야 합니다. 하지만 강물처럼 쏟아지는 서사물을 무비판적으로 수용하고 있지는 않은지, 각자 돌아볼 필요는 있겠습니다. 이제는 학생들의 글을 살펴봅시다.

학생 글 17_1

아침을 먹으며 나누는 잡담부터, 소설책의 이야기까지 사람들은 수많은 이야기를 소비한다. 시간을 보내기 위해서, 새로운 지식을 얻기 위해서, 원하는 세계를 보기 위해서, 다른 사람에 대해 알고 싶어서. 사람들이 이야기를 원하는 이유는 다양하지만, 결국 새로운 정보를 얻기 위해서이다. 이를 뒤집어 말하면, 사람은 무언가를 알아내고 알리기 위해 이야기를 만든다.

첫 단락입니다. 사람들이 서사를 창작하고 소비하는 이유를 밝히고 있습니다. '수많은 이야기를 소비한다'와 같은 표현은 너무 막연합니다. '~잡담부터, ~의 이야기까지, ~이야기를 소비한다'라는 문장의 형태도 부자연스럽고요. 더 정확하고 간결한 형태가 되도록 고쳐야 합니다.

두 번째 문장을 봅시다. 이 문장의 전반부에는 사람들이 서사를 소비하는 이유가 제시되어 있습니다. '여가 선용', (세계 및 타인에 관한) '지식 획득' 등이 제시되어 있네요. '원하는 세계를 보기 위해서'라는 말은 무슨 뜻인지 알기가 어렵습니다.

두 번째 문장의 후반부와 마지막 문장에도 문제가 있습니다. 앞에서 제시한 '여가 선용'을 갑자기 논의의 범주에서 제외하면서, 단락을 맺고 있기 때문입니다. 식당에 들어선 손님에게 A, B, C 세 가지의 메뉴를 보여준 뒤, 갑자기 '우리 식당에서는 B만 제공합니다'라고 단언하는 것과 비슷합니다. 조금 더 치밀하게 논의를 전개하고 맺어야 합니다.

학생 글 17_2

자신의 믿음을 전파해 다른 사람들을 끌어들이며 종교를 만들거나, 이상을 퍼뜨려 사상가가 되기도 하고, 자신만의 공간을 확장해 판타지 소설을 쓰기도 한다. 이러한 이야기는 저자의 내면을 반영하기 때문에 저자의 자아와 다름없다. 그중에서도 자아와 가장 유사한 것은 인생일 것이다. 인간은 삶을 살며 많은 사건을 겪고, 이를 하나의 이야기로 엮어 나간다. 이 과정에서 그 사람의 생각과 감정, 행동에 대한 이유가 포함되어 있어, 결과적으로 그 사람을 설명하게 된다. 지나간 일을 돌이켜보며 '이런 일을 해야만 했다', '그때 이렇게 했어야 하는데 후회된다'는 생각은 과거의 행동을 설명하면서 동시에 자신을 합리화하는 방식이기도 하다.

두 번째 단락입니다. 역시 첫 문장부터 바로잡아야 합니다. 연결어미 '-거나'가 붙은 선행절을 독립된 문장으로 풀어 쓰면, '자신의 믿음을 전파해 다른 사람들을 끌어들이며 종교를 만든다'가 됩니다. 부자연스럽습니다. 믿음을 전파하는 일과 다른 사람을 끌어들이는 일, 종교를 만드는 일, 이 세 가지 행위를 굳이 길게 늘어놓을 필요는 없어 보입니다.

두 번째 문장 속 '이러한 이야기'가 무엇을 뜻하는지도 분명하지가 않습니다. 맥락상 바로 앞에 언급된 '세 가지 행위'를 가리키는 것 같은데, '행위'와 '이야기'는 범주가 다른 개념입니다. 안타깝게도 이와 같은 개념 범주의 불일치, 논리적 비약 등과 같은 문제가 이 단락의 곳곳에서 확인됩니다. '행위'가 '이야기'가 되었다가 갑자기 '자아'가 됩니다. 그리고 다시 '인생'으로 치환되지요. '이 과정에서 ~가 포함되어 있어 ~을 설명하게 된다'와 같은 비문을 거쳐, '결과적으로 ~는 생각은 ~을 합리화하는 방식이기도 하다'라는 난데없는 문장으로 단락을 맺습니다. 무슨 말을 하려고 한 것인지 알 수 없는 단락이 되고 말았습니다.

학생 글 17_3

자아는 스스로를 합리화하는 것이며, 이는 서사가 타인에게 알려지는 이유이기도 하다. 자아는 주위 환경의 영향을 받아 형성되며, 주위에 스스로를 드러내고 인정받으면서 완성되어 간다. 그리고 이러한 방식이 바로 서사의 전달이다. 새로운 서사를 얻고 흡수해 변화하며, 다시 알리고 인정받는 과정 자체가 자아의 구성이며, 사람이 끊임없이 서사를 추구하는 이유이다.

사람이 서사를 끊임없이 원하는 이유는 단순히 생존을 위해서이다. 예를 들어, 맹수의 서식지, 물과 식량의 위치 등 여러 정보를 많이 가지고 있으면 생존에 유리했고, 자연스럽게 정보를 수집하는 방향으로 진화했다. 그러나 직접 정보를 얻는 것에는 한계가 있었기에, 사람들은 다른 사람과 이야기를 나누며 정보를 교류했고, 이를 통해 자아를 형성하고 살아가게 되었다. 신에 대한 믿음을 공유하면서 인간은 한계를 뛰어넘어 거대한 공동체를 이루었고, 신정일치 사회로 발전해 나아갔다. 결국, 얼마나 많은 사람이 내 이야기를 믿고 공유하느냐가 세력의 힘이었기 때문에 그들은 신화를 만들어 널리 퍼뜨렸다. 우리가 잘 알고 있는 단군 신화도 곰 무리와 호랑이 무리의 화합으로 해석될 수 있으며, 삼국의 건국 신화 역시 초대 왕을 특별하게 추앙한다. 이와 유사하게, 유럽에서는 영국의 아서 왕 전설이나 그리스 로마 신화와 같은 이야기들이 존재했다.

세 번째 단락입니다. '자아는 스스로를 합리화하는 것', '이는 서사가 타인에게 알려지는 이유'와 같은 표현들은 초고 단계에서 교정되었어야 합니다. 독자의 입장에서 자기 글을 검토할 줄 알아야 합니다. 자아는 '자기 자신에 대한 의식이나 관념'으로 풀이되어 있습니다. 글쓴이는 바로 앞 문단에서 자기의 관점과 주장을 알기 쉽게, 상세히 드러냈다고 믿은 것 같습니다. 그러니 자아를 가리켜 '스스로를 합리화하는 것'이라고 정의했겠지

요. 보다 독자의 입장에서 글을 씁시다.

'이러한 방식이 바로 서사의 전달', '~과정 자체가 자아의 구성이며 ~서사를 추구하는 이유이다'와 같은 문장도 뼈대부터 잘못 이루어져 있습니다. 자기 관점에 너무 몰입한 나머지 막연하고 추상적인 말들이 질서 없이 나열되고 말았습니다.

네 번째 단락은 더 큰 문제를 안고 있습니다. 바로 앞의 문단에서 글쓴이는 인간의 서사적 욕망을 자아 형성 및 인정 욕구와 관련지었습니다. 그런데 갑자기 논의를 비틀어, 인간이 서사적 욕망을 품는 이유를 생존과 결부시킵니다. '단순히'라는 부사어를 동원해가면서 말이지요. 인간이 정보를 획득하고 교류하는 과정, 자아를 형성하는 과정, 신앙을 공유하며 공동체를 형성하는 과정 등을 인과관계로 엮어, 서사적 욕망을 생존을 위한 도구라고 주장합니다.

유발 하라리가 『사피엔스』에서 강조했던 것처럼, 실재하지 않는 것을 상상하고 남과 공유할 수 있는 우리 종의 독특한 능력이 우리의 생존을 도왔을 수 있습니다. 그러나 이를 근거로 '상상은 생존의 도구일 뿐'이라고 못 박을 수는 없지요. 마찬가지입니다. 이야기 욕구가 공동체 형성 및 인간의 생존에 도움을 주었을 것이라는 전제는 충분히 개연성(절대적으로 확실하지 않으나 아마 그럴 것이라고 생각되는 성질)이 있습니다. 그러나 이를 바탕으로 '고로, 서사적 욕망은 단순히 생존을 위한 것이다'라는 명제를 도출할 수는 없습니다. 결과와 원인, 개연성과 필연성(사물의 관련이나 일의 결과가 반드시 그렇게 될 수밖에 없는 성질)을 뒤섞으면 안 되기 때문이지요.

학생 글 17_4

> 20세기에 들어, 인간 사회는 종교적 신념에서 벗어나 새로운 사상으로 중심축을 옮겼다. 공산주의, 민주주의, 파시즘 같은 이념들이 등장하며 서로 다른 가치와 이상을 제시했고, 이를 통해 각자는 자신이 속한 서사를 정의하고자 했다. 공산주의는 평등을, 민주주의는 자유를, 파시즘은 강력한 국가를 이상으로 삼았다. 이 사상들은 각기 다른 방식으로 개인과 사회를 바라보며 국가 간 대립을 불러일으켰고, 이러한 갈등은 제2차 세계대전과 냉전의 배경이 되었다.

다섯 번째 단락입니다. 이 단락의 내용은 논제의 요구 사항과 별 관련이 없어 보이는 정보로 채워져 있습니다. 글의 각 단락은 글 전체의 주장을 어떻게든 뒷받침해야 합니다. 그런데 이 단락은 글 전체의 주장을 효과적으로 뒷받침하고 있지도 않습니다.

글쓴이는 전근대 시기에 종교가 수행했던 역할(공동체 형성)을 20세기에는 '새로운 사상'이 대신했다고 주장합니다. 그리고 제2차 세계대전과 냉전을 그 사례로 들었습니다. 그런데 제2차 세계대전과 냉전은 많은 사람들을 죽음의 구렁텅이로 떠밀었습니다. 제2차 세계대전 기간 동안 소련에서만 2천만이 넘는 군인과 민간인이 죽었다고 합니다. 베트남 전쟁에서는 300만 가까운 사람들이 죽었다고 합니다. 이러한 사례들이 앞 문단의 소주제문, '사람이 서사를 끊임없이 원하는 이유는 단순히 생존을 위해서이다'를 어떻게 뒷받침하고 있는지 알 수 없습니다. 이야기가 집단 간의 생존 경쟁뿐만 아니라 개체 간의 생존 경쟁의 도구로도 쓰였다는 것을 강조하고 싶었던 걸까요?

학생 글 17_5

사상의 충돌은 단순한 이념 싸움을 넘어서 개인이 속할 서사와 삶의 방식을 선택하는 문제로 확대되었다. 세계대전과 냉전을 거치며 사람들은 자신이 속한 사상의 서사에 따라 소속감을 느끼고, 이를 통해 자아를 정의해 나갔다.

결국, 인간은 서사를 통해 자신의 자아를 형성하고, 이를 타인과 공유하며 인정받기를 원한다. 이야기와 서사는 단순히 정보 전달의 수단을 넘어, 개인과 사회를 연결하고 서로의 존재를 확인하는 중요한 매개체가 된다. 신화와 종교, 사상과 이념이 서로 얽히고 갈등하며 발전해 온 것은 곧 인간이 소속과 자아를 찾기 위해 끊임없이 서사를 필요로 한다는 증거이다. 현재 우리는 다양한 서사 속에서 스스로의 위치를 정의하고, 나아갈 방향을 모색한다. 이렇게 시대와 함께 변화하는 이야기를 통해 인간은 끝없이 자아를 발견하고 성장하며, 또 다른 서사를 창조해 간다.

드디어 마지막 두 단락입니다. 인공지능이 쓴 것 같은 문체로 쓰였습니다. '사상의 충돌은'(주어)과 '~는 문제로 확대되었다'(서술부)는 잘 어울리지 않습니다. 계속 강조하지만, 주어는 그에 어울리는 서술어와 함께 쓰여야 합니다. 그리고 되도록 뜻이 구체적으로 잘 드러나는 어휘를 주어나 목적어 등으로 내세워야 합니다.

마지막 결론 단락은 실리콘 냄새가 가장 강하게 풍기는 단락입니다. 인공지능이 내놓은 하십시오체의 텍스트를 조금 수정해 놓은 것 같습니다. 논제에는 서사적 욕망을 충족하기 위해 글쓴이 개인이 어떤 노력을 했는지를 함께 언급하라는 요구가 있었는데요, 결론까지 자세히 읽었습니다만 이 글 전체의 어디에도 이에 해당하는 단락이 없습니다. 글쓴이 개인의 부주의 때문이거나, 인공지능의 한계(인공지능은 무언가를 경험하는 주체가 될 수 없으므로) 때문이겠지요.

글은 글쓴이의 정체성을 드러냅니다. 글을 쓰면서 자기가 누구인지를 더 잘 깨닫게 되기도 하지요. 생각을 바꿔 먹는 계기가 되기도 합니다. 그런데 이 모든 과실(果實)은 '내가 직접' 글을 썼을 때에만 거둘 수 있습니다. 자신의 정체성과 밀접하게 맞닿아 있는 중요한 행위를, 타인이나 도구에 위탁하는 사람의 인격은 높게 평가받기 어렵습니다.

아래의 <학생 글 18>은 논제의 요구 사항을 대체로 충실하게 이해하고 있습니다. 다듬을 곳이 전혀 없는 것은 아닙니다. '인간과 서사의 관계'에 관한 중심생각을 담은 문장이 명시적으로 드러나지 않습니다. 결론에 그 단서가 되는 문장들이 보이는데, 막연하고 추상적인 느낌을 줍니다. 그러나 <학생 글 17>에 비하면, 스스로의 힘으로 인간과 서사의 문제를 깊이 고민한 것 같습니다. 음악, 영상 등의 구체적인 사례를 제시해가며 논제를 전개한 점도 좋습니다. 직접 읽어보며 두 글을 비교해 보기 바랍니다.

학생 글 18

J.K.롤링의 『해리 포터』 시리즈는 역사상 가장 인기 있는 소설 중 하나이다. 그러나 대중적으로 받는 인정과는 달리, 작품이 가지는 문학적 가치에 대한 논란은 꾸준히 이어져 왔다. J.R.R.톨킨의 '레젠다리움' 등 다른 걸작들과 비교했을 때, 『해리 포터』의 세계관은 짜임새가 부족할 뿐만 아니라, 줄거리의 개연성과 주제 의식이 떨어진다는 비판 역시 존재한다. 그런데도 『해리 포터』 시리즈가 세계적으로 높이 평가받고 흥행한 이유는 무엇일까?

나는 그 이유가 '서사'에 있다고 생각한다. 주인공 무리뿐만 아니라 조력자나 빌런의 역할을 하는 크고 작은 인물이 각자의 뚜렷한 서사를 가지고 있어 독자가 이야기에 쉽게 몰입할 수 있다. 이러한 개별적인 서사가 뒷받침되었기에 주인공의 성장과 선악의 대립이 긴 분량의 소설 속에서도 흔들리지 않고 전달될 수 있었다.

서사라는 단어로 대표되는 '인간이 중심이 되는 이야기'의 중요성은 문학에 국한되지 않는다. 많은 예술가는 작품에 본인의 서사를 담아내려고 한다. 특히 음악 계열에서 이러한 성향이 두드러지게 나타나는데, 명반이라고 평가받는 앨범 중 자전적인 이야기를 다루는 콘셉트 앨범의 비중이 꽤 높다는 사실이 이를 뒷받침한다. 대표적인 콘셉트 앨범으로는 힙합 역사상 최고의 앨범 중 하나로 손꼽히는 켄드릭 라마(Kendrick Lamar)의 정규 3집 『To Pimp a Butterfly』(2015)가 있다. 켄드릭 라마는 이 앨범에서 랩 음악이 줄 수 있는 청각적 쾌감에 소홀하지 않으면서 흑인이 미국에서 받는 차별과 핍박, 그리고 그 속에서 본인이 느낀 감정과 사상을 가사 안에 녹여내어 찬사를 받았다. 특히 흑인을 비하하는 단어로 알려진 'N-word'에 대한 본인의 입장을 풀어낸 곡 "i"는 켄드릭 본인의 가치관을 진솔하게 표현한 명곡으로 알려져 있다. 국내에서는 이센스의 『The Anecdote』(2015)가 앨범 속 서사를 바탕으로 청자의 공감을 끌어낸 대표적인 작품이다. 과거부터 현재까지 본인이 겪은 사건들과 그 속에서 본인이 느낀 감정을 섬세하게 묘사하는 방식을 통해 흡입력과 설득력을 동시에 갖추는 데에 성공했다는 평가를 받았다.

현대에는 예술을 통해 개인의 서사적 욕망이 소비되고 충족되는 한편, 공동체 역시도 서사물에 크게 영향을 받는다. 2010년대를 강타한 『응답하라』 시리즈는 '복고'라는 소재를 서사에 적극적으로 투입하여 상업적인 성공을 거둔 대표적인 사례이다. 촌스러운 머리와 패션, 그리고 삐삐와 연탄과 같은 시대를 상징하는 소품으로 문화를 재현하여 1997년, 1994년, 1988년을 직접 경험한 세대의 공감을 불러일으켰다. 정겨운 사투리와 개성 넘치는 캐릭터들이 펼치는 이야기는 시청자들에게 친근감을 느끼게 하고, 드라마를 보는 내내 익숙한 과거의 따뜻함을 다시 느끼도록 한다. 『응답하라』 시리즈는 이러한 방식으로 20대 중반 이상 시청자층을 공략함과 동시에, 부모 세대와 자식 세대 사이에 벌어진 시간이라는 간격을 잇는 다리의 역할을 하기도 했다. 자식 세대가 부모 세대가 자라온 환경을 미디어를 통해 생생하게 접할 수 있는 환경을 조성하면서 자연스러운 이해와 화합을 유도한 것이다. 이러한 효과들은 서사를 가진 드라마를 중심으로 묶이면서 극대화될 수 있었다.

문화·예술 분야 전반에 걸쳐 서사의 존재는 이야기를 더 풍요롭게 만들고, 사람들의 공감을 불러일으킨다. 이는 농사와 사냥의 풍요를 기원하던 선사시대의 동굴 벽화에서 온라인 세계에서 자신을 독창적으로 표현하는 과정이 강조되는 SNS와 인터넷 시대에 이르기까지 이어져 온 인류의 본성이며, 앞으로도 계속될 것이다. 따라서 타인의 서사를 이해하고, 나만의 서사를 구축하는 것은 새로운 사연과 새로운 아이디어가 경쟁력이 되는 미래에 대응하기 위한 첫걸음이다.

9.
부모는 자녀의 장애 형질을 선택할 수 있는가?

〈논제〉 제시된 지문들을 읽고, '현안문제'에 관한 자신의 견해를 밝히시오.

조건 1. 둘 이상의 지문을 '선택'하고, 그 지문들이 다루는 '현안문제'가 무엇인지를 스스로 찾을 것.

조건 2. 선택한 지문에 대한 '분석(아래 기준표 참고)'에는 하나의 문단만 할애하고, 분석 등을 토대로 자신의 견해를 짜임새 있게 밝히는 데 주력할 것.

※ 인공지능은 정보탐색용으로만 활용할 것. 인공지능의 문체와 유사한 경우 표절한 경우에 준하여 처리될 수 있음. 나무위키 등 인터넷 자료를 함부로 표절하지 말 것.

(가) 2001년 미국에서 한 청각장애인 커플이 자신들처럼 소리를 듣지 못하는 아이를 낳기로 결심한다. 이들은 레즈비언이었으므로 출산을 위

해 청각장애인(농인)의 정자를 기증받기로 했다. 여러 가지 노력 끝에 5대째 청각장애를 가지고 태어난 남성에게 정자를 기증받는 데 성공한다. 확실한 청각장애인 유전자를 찾기 위해 분투한 셈이다. 그런 다음 무사히 임신을 했고, 청각장애를 가진 아들 고뱅을 낳았다.[26]

이 사실이 알려지자 각지에서 비난이 쏟아졌다. 장애를 고의적으로 물려주어서는 안 된다는 이유였다. 이에 대해 그 커플은 청각장애는 부끄러운 것이 아니며, 소리를 듣지 못하는 것은 장애가 아니라 '차이'일 뿐이라고 주장하며 반문했다.

"어떤 사람들은 '맙소사, 아이한테 장애를 갖게 하다니 그러면 안 되는 거였어요'라고 말합니다. 하지만 말이죠, 흑인들이 어려운 삶을 산다고 해서 흑인 아이를 원하는 사람들이 흑인에게 정자를 기증받으면 안 되나요?"

많은 커플들이 자녀의 인종이나 국적, 신체 조건을 고려해 파트너를 선택한다. 수화언어를 주 언어로 하는 농인(청각장애인)[27]으로서는 자기 아이도 수화언어를 사용하는 농인이라면 더 깊은 정서적 교감을 나눌 수 있을 테고, 이는 아이의 성장에 도움이 될지도 모른다. 그럼에도 많은

---

26 이 커플의 이야기는 생명윤리학계에서는 대단히 유명한 사례다. 마이클 샌델, 『완벽에 대한 반론』(심선욱·이수경 옮김, 와이즈베리, 2016)의 첫 장에도 이 이야기가 소개되어 있다(원 주석을 그대로 옮김).

27 농인과 청각장애인은 사실상 동일한 뜻으로 사용되어 왔지만, 엄밀하게 말한다면 의미상 차이가 있다. '농인(聾人)'은 수화언어를 주로 제1의 언어로 사용하며, 수화언어에 기초한 문화적, 언어적 정체성을 향유하는 사람들을 일컫는다(이들의 문화를 '농문화'라고 지칭한다). 반면 청각장애인은 농인은 물론 청력에 손실이 있으나 수화언어는 사용하지 않는 사람, 수화언어를 일부 사용하더라도 그에 기초한 문화적 정체성은 거의 갖지 않는 사람까지 포함하지만, 청력 기능의 손실이라는 생물학적, 사회적 제한에 보다 초점을 두는 표현이다. 영어에서는 농인과 농문화를 지칭할 때는 대문자 'D'를 써서 'Deaf'라고 표현하며, 청각장애인을 지칭하는 맥락에서는 'the deaf'라고 구별하여 쓴다. (원 주석을 그대로 옮김)

이들이 양육에 일부 유리한 점이 있더라도 결국 청각장애는 아이가 살아가는 데 커다란 제약이며, 그로 인해 아이는 다양한 경험을 누리지 못하리라 생각한다. 청각장애는 피부색이나 키, 언어를 선택하는 것과는 본질적으로 다르다는 것이다. 어떤 이들은 청각장애든 피부색이든 성별이든, 인간이 과학기술을 이용해 생명의 탄생 과정에 개입하는 일 자체를 반대할 수도 있다.[28] 그러나 최신 생명공학기술을 사용하지 않더라도 우리는 이미 자녀와 관련한 여러 조건을 선택하고 있다. 자녀를 낳고 양육할 생각이 있는 사람이라면 결혼 상대방이나 성적 파트너의 키, 피부색, 지능, 외모 등을 알게 모르게 따지고 있을 것이다. 그저 이와 같은 선택 행위가 생명공학기술의 급격한 발전으로 더 정교해졌을 뿐이다. 그렇다면 더 큰 키의 자녀를 원하는 것처럼 청각장애를 가진 아이를 원할 수도 있지 않을까? (중략)

청력은 어두운 곳에서도 상대방과 의사소통을 하는 수단이 되고, 아름다운 음악과 새소리, 파도소리를 포착하는 인간의 매우 중요한 능력이다. 대다수의 사람이 청력에 의존해 살아가는 사회에서 청각장애는 자연히 타인과의 상호작용을 제한할 수밖에 없다.

그럼에도 불구하고 분명한 사실이 있다. 청력을 사용하지 못하고 수어와 시각에 의지하는 삶의 존재 방식이 언제나 '결핍'은 아니라는 점이다. 청각장애를 가진 삶이 더 위대하다거나 더 가치 있다거나, 불편한 점은 거의 없다는 과장된 이야기를 할 생각은 없다. 다만 소리 언어로 의사소통을 하며 자의식을 전개하는 사람들이 소리를 듣지 못하는 아이의

---

28 마이클 샌델은 생명공학기술의 발전이 인간 출생의 '우연성'을 통제하여, 우리가 공동체에 대해 느끼는 책임을 감소시킬 것이라고 우려한다. 우리 모두가 부모의 재력에 따라 디자인된 아이로 태어난다면, 어떤 조건을 가지고 출생할지 알 수 없었던 사람들이 서로에 대해 일정한 책임을 부담하며 살아가던 공동체 정신은 허약해질 것이기 때문이다(마이클 샌델, 앞의 책). (원 주석을 그대로 옮김)

> 삶에 대해 이러쿵저러쿵 단정적으로 말하는 것은 다양하고 복잡한 인간의 존재 방식과 언어적 풍성함을 간과하는 일임을 말하고 싶다. 청각장애를 가진 아이를 선택한 커플은 과연 고백에게 잘못을 저지른 것일까?
>
> -김원영, 『실격당한 자들을 위한 변론』, 2022.

(가)의 저자는 골형성부전증으로 인해 휠체어를 타는 장애인입니다. 변호사, 뮤지컬 배우, 무용수로 활동하고 있습니다. 그는 장애가 무엇인지, 우리 사회가 장애를 어떻게 인식하고 있는지를 깊이 파헤칩니다. 그의 필치는 '솔직, 담백, 친절, 명료', 이 여덟 글자로 압축할 수 있습니다. 비주류적 존재 양상을 '실격'으로 여기는 주류적 사고의 작동 원리를 알기 쉽게 설명하고 있습니다.

이 책의 가장 큰 미덕은, 주류 예상 독자의 관점과 수준을 헤아려가며 논지를 차분히 전개해나간다는 점입니다. 비주류(장애인, 소수)의 처지, 정체성, 관계 등에 관한 주류(통상의 비장애인, 다수)의 통념이나 편견을 '시원하게' 논박하는 데 초점을 맞추고 있지 않습니다. 상대를 적으로 규정하고, 어째서 비난받아 마땅한지를 '선고'하는 것 같은 글들이 요즘 많습니다. 그러나 이런 시원한(?) 칼부림과 정의로운(!) 무사의 포효 뒤에는 대개 적막만이 남습니다. 반면 이 책은 독자 친화적입니다. 그래서 '독자 대중의 생각과 행동에 변화를 준다'라는 글쓰기 본연의 목표를 충실히 달성하고 있습니다. 자기 표현 욕구와 일부의 대리 만족 욕구에 함몰된 '사이다' 스타일의 저작물이 유행하는 요즘, 좋은 귀감이 됩니다.

(가)는 레즈비언 청각장애인 커플이 청각장애인의 정자를 활용해 그들과 같은 장애를 지닌 아이, '고뱅'을 출산한 사건을 다룹니다. 자녀에게 일부러 장애 형질을 부여한 것이지요. 자신들과 같은 생의 감각을 자녀가 공유했으면 싶은 마음에 벌인 일이었다고 합니다. 이 사건은 우리에게 많은 질문을 던집니다. 여러분의 생각보다 무척이나 많은, 그리고 중요한 질문들이지요. 자유 연상하듯 늘어놓으면 아래와 같습니다.

장애는 선택될 수 있는 요소인가? 부모와의 동질감이 자녀가 겪게 될 불편보다 더 중요한가? 자녀가 겪게 될 불편은 부모의 탓인가, 아니면 사회의 탓인가? 장애는 삶의 다양한 양태 중의 하나인가, 극복되어야 할 무엇인가? 장애가 살아가는 데 '장애'가 되는 한, 공동체는 그 문제를 해결해야 할 무한 책임을 지는가? 장애 없는 세상이 가능한가? '장애'와 '장애 아님' 사이의 경계는 무엇인가? 경쟁에서 도태되어 노숙하는 사람, 노후 준비가 덜 되어 살아가는 데 막대한 어려움을 느끼고 있는 사람도 '장애'를 겪고 있는 것인가? 부모에게는 자녀가 최대한의 인지 역량과 감각을 타고 나도록 하여야 할 적극적 또는 소극적 의무가 있는가? 자녀의 형질을 인위적으로 선택했다는 사실 자체에는 아무런 문제가 없는가? 시험관에서 수정된 배아의 장애 여부를 검사하는 일, 특정 장애를 지닌 배아를 폐기하는 일은 이 사건과 어떤 관련이 있는가? 이런 질문을 스스로에게, 진지하게 던져보는 것, 이것이 (가)의 의도가 아니었을까 합니다. 인간의 본질과 맞닿아 있는 질문의 답은 남이 제공해줄 수 없습니다. 스스로 구해야 하지요.

(나) 미국 최초의 정자은행인 정자선별수집보관소는 상업적인 기업이 아니었다. 1980년 이곳을 설립한 로버트 그레이엄은 우생학적 박애주의자로, 세계의 배아 형질(germ plasm)을 개선하고 열등 인류(retrograde humans)가 등장하는 데 맞서겠노라고 했다. 그의 계획은 노벨상을 수상한 과학자들의 정자를 수집해서 정자 공여자를 찾는 여성들에게 공급하겠다는 것이었다. 그리하여 아주 영리한 아이들을 낳게 하고 싶었다. 그런데 노벨상 수상자들에게 이 해괴망측한 사업을 위해 정자를 달라고 설득하기 어려워서 전도유망한 젊은 과학자들의 정자를 받기로 했다. 이 정자은행은 1999년에 문을 닫았다.

이와 대조적으로 캘리포니아 크리요뱅크는 세계적으로 앞서 가는 정자은행이며 영리회사다. 우생학적인 미션은 없었다. 이 회사의 공동 창업자인 카피 로스먼 박사는 그레이엄의 우생학을 경멸했다. 그런데 크리요뱅크가 정자 공여자 모집에 부과한 기준은 그레이엄의 기준 못지않았다. 크리요뱅크는 두 군데 있었는데, 매사추세츠주 케임브리지의 하버드와 MIT 사이에 있었고, 캘리포니아주 팰러앨토에서는 스탠퍼드 근처에 있었다. 대학 신문에 월 900달러까지 지급하겠다고 정자 구입 광고를 실었는데, 지원자 가운데 3퍼센트 미만이 적격자 판정을 받았다.

크리요뱅크의 마케팅 자료에는 정자의 출처를 명품처럼 띄우고 있다. 카탈로그를 통해 공여자의 신체적인 특징에 대한 정보를 제공하고, 공여자가 속한 인종과 대학 전공도 밝혔다. 추가 비용을 부담하면 공여자의 기질과 성격 유형을 검사한 결과까지 받아볼 수 있다. 로스먼에 따르면 자사의 이상적인 정자 공여자는 대학을 졸업한 자로, 180센티미터가 넘는 키에 갈색 눈, 금발이며 보조개가 있다고 한다. 회사가 이런 특징을 퍼뜨리고자 해서가 아니라, 고객이 이런 조건을 원해서라고 단서를 달았다. "고객이 고등학교 중퇴한 사람의 정자를 원한다면 우리는 그런 사람의 정자를 제공할 것입니다."

정자의 마케팅에 누구나 반대하지는 않을 것이다. 그러나 노벨상 수상자 정자은행의 우생학적인 면에 반감을 느끼는 사람은 아무리 소비자 지향이라고 한들 크리요뱅크에도 다르지 않을 것이다. 문제는 이것이다. 우생학적인 목적으로 아이를 디자인하는 것과 시장의 요구에 부응해서 아이를 디자인하는 것이 도덕적으로 다르다면 그 차이는 무엇인가? 인류의 배아 형질을 개선하기 위한 목표로 하든, 소비자의 선호에 맞추려고 하든 아이를 일부러 계획해서 디자인하는 제품으로 만드는 한 우생학적이기는 마찬가지다.

-마이클 샌델, 『생명의 윤리를 말하다』, 2010.

(나)는 『정의란 무엇인가』로 우리나라에서 특히 이름을 알린 마이클 샌델 교수의 또 다른 저서에서 발췌한 글입니다. 최초의 정자은행은 비영리기관이었다고 합니다. 그런데 그 설립자가 '우생학적' 사고를 지니고 있었다고 하네요. 우생학이란, '유전 법칙을 응용해서 인간 종족의 개선을 연구하는 학문'으로 풀이되어 있습니다. '1883년에 영국의 유전학자 골턴이 제창하였다'는 설명도 붙어 있습니다. 언뜻 들으면 세상을 진보시킬 획기적인 학문인 것처럼도 들립니다만, 실상은 그렇지가 않습니다. 사람을 '우등한 종'과 '열등한 종'으로 구분할 수 있고, 후자에 속하는 사람은 후손을 남기지 못하게 해야 한다는 생각을 전제하고 있기 때문입니다. 상대를 나와 동등한 주체가 아니라, 통제 및 관리의 대상으로 삼는다는 문제가 있습니다.

어떤 사람이 우등한 사람이고, 어떤 사람이 열등한 사람일까요? 무엇을 그 기준으로 삼아야 할까요? 만년(晩年, 나이가 들어 늙어 가는 시기)의 재산을 기준으로 삼으면 공평하다고 할지도 모르겠습니다. 삶의 가치를 평가하는 '유일한 척도'가 있고, 그것이 '돈'이라고 믿는다면 말이지요. 돈 말고, '명예'는 어떤가요? 그가 평생 받은 사회적 관계망에서의 '좋아요' 개수나 구독자의 수를 따져 명예를 수치화할 수 있다는 주장도 곧 나오지 않을까 싶습니다.

골턴의 우생학적 주장을 현실에서 강력하게 밀어붙인 사람이 있습니다. 2차 세계대전을 일으킨 전범(戰犯, 전쟁 범죄인), 아돌프 히틀러입니다. 그는 아리아인이 세계에서 가장 우수하다고 믿었습니다. 고대 게르만 신화 속의 영웅인 지크프리트를 이상적인 인간으로 삼았습니다. 순수한 아리아인이라면 근육질의 몸, 금발, 푸른 눈, 하얀 피부를 가져야 했지요. 순수한 혈통을 '더럽히는' 장애인, 정신질환자, 혼혈, 동성애자, 외국인(특히 유대인과 슬라브인)은 사회에서 격리되었습니다. 온 독일 사회가 편집증(체계가 서고 조직화된 이유를 가진 망상을 계속 고집하는 정신병)을 앓았지요.

히틀러가 벌인 끔찍한 일을 공공연하게 지지할 사람은 없을 것입니다. 그러나 (나)에 따르면, 정자수집선별보관소, 크리요뱅크 같은 정자은행도 우생학적이었습니다. 히틀러가 '배제'의 방식으로 우생학적 욕망을 실현하고자 했다면, (나)의 정자은행들은 '선택'의 방식으로 각자의 욕망을 실현하고자 했습니다. '더 똑똑하고 더 잘생긴 아이' 또는 '우리 부부의 취향에 맞는 아이'를 인위적으로 '디자인'하고 싶다는 욕구는 건전한 욕구일까요? 게임 캐릭터를 생성하듯, 학력, 재산, 인종, 체형 등의 요소에 값을 매기고, 수요자가 입맛대로 자녀를 '커스터마이징(customizing, 주문 제작)' 할 수 있게 된 사회를 상상하여 봅시다. 우리는 어떤 문제를 맞닥뜨리게 될까요? 히틀러의 '순수 아리아인'에 대한 집착과, 원하는 대로 형질(形質, 동식물의 모양, 크기, 성질 따위의 고유한 특징. 유전하는 것과 유전하지 않는 것이 있음)을 설계하려는 욕구 사이에는 어떤 차이가 있는 것일까요? 깊이 생각하여 볼 문제입니다.

학생 글 20_1

과학 기술의 발전으로 인공적인 정자와 난자의 선택이 가능해졌다. 정자를 기증받아 공급하는 정자은행까지 생겨났다. 세계 정자은행 시장은 2023년 약 52억 달러 규모로, 2030년까지 약 66억 달러에 이를 것으로 전망된다. 관련 기술도 빠르게 발전하고 있다. 이처럼 정자은행은 많은 관심을 받으며 급속도로 성장 중이다. 부모가 자녀의 유전형질을 직접 고를 수 있다는 점은 정자은행의 성장 이유 중 하나이다. 그러나 이는 도덕적 문제를 불러온다. 부모가 자녀의 유전적 특성을 설계할 수 있는가 하는 점이다. 이 문제는 관련 기술의 발전과 함께 주목받고 있다. 그렇다면, 부모가 자녀의 유전적 특성을 설계하는 것은 옳을까?

어느 학생이 쓴 글의 첫 단락입니다. 서론이지요. 구체적인 통계를 활용해가며 글을 열었습니다. 글쓴이는 (가), (나)에서 '부모가 자녀의 유전적 특성을 설계하는 것은 옳은 일인가'를 현안문제(글에서 다루고 있는 문제)로 추출해 내었습니다. 출제자의 의도와 꼭 부합하지는 않지만, 두 지문을 통해 충분히 뽑아낼 수 있는 화제입니다.

두어 군데의 표현은 다듬는 것이 좋아 보입니다. '그러나 이는 도덕적 문제를 불러온다'가 그 첫 번째입니다. 비문은 아닙니다. '불러오다'는 '불러서 오게 하다'라는 기본 의미 말고도, '어떤 행동이나 감정 또는 상태를 일어나게 하다'라는 확장된 의미로도 쓰이는 말이기 때문입니다. 사전에는 '재해를', '기대를', '서글픔(을)' 등의 목적어를 '불러오다'와 함께 쓰이고 있습니다. '문제를'도 목적어가 될 수 있습니다. 그러나 '문제를 부르는 사람', '문제를 부를 사건'과 같은 형태로 바꾸어 보면 어딘가 어색합니다. '일으키다', '야기하다'와 같은 서술어를 붙여보면 어떨까요? '문제를 일으키다, 문제를 일으키는 사람'이 더 자연스럽다고 느껴지지 않는지요.

마지막 문장도 살펴봅시다. '~는 것은 옳을까?'의 형태입니다. 이 또한 비문이라고 단정하기는 어려운 표현입니다. 그러나 '~는 것은 옳은가?'와 비교하여 보면, 이쪽이 더 자연스럽습니다. 사전의 풀이를 보면 그 이유를 짐작할 수 있는데요, '-을까'는 '어떤 일에 대한 물음이나 추측을 나타내는 종결어미'로, '-은가'는 '현재의 사실에 대한 물음을 나타내는 종결어미'입니다. 전자에는 '추측'이, 후자에는 '사실'이 강조되어 있습니다. 서술어를 한 어절 더 늘려서, '옳은 일(행위)인가'라고 해도 자연스럽습니다.

이렇게도 해볼까요? 서술어 '옳을까'는 그대로 두고, 주어를 이루는 조사만을 바꾸어 보는 겁니다. '~것은 옳을까?'와 '~것이 옳을까?'를 비교해 보면, 전자보다 후자가 더 자연스럽습니다. 전자에는 보조사 '은'이 붙어 주어를 이룹니다. 보조사 '은/는'은, 이미 잘 알려진 사실에 붙는 경우가 많습니다. 반면 주격 조사 '이'는 그것이 붙은 말이 새로 알려지는 정보라는 점을 드러냅니다. 예를 들어, 누군가 이런 질문을 했다고 합시다. "여기에 있던 빵, 누가 먹었어?" 라고요. "영희가 먹었어." 라고 하면 자연스럽지만, "영희는 먹었어." 라고 하면 부자연스럽습니다. 글도 일종의 대화입니다. 그래서 추측(미루어 생각하여 헤아림 / '미래의 일'에 대한 상상이나 … 판단을 표현하는 일(' '는 저자))의 의미자질이 있는 '-을까'는 주격 조사 '이'와 어울릴 때 더 자연스러운 것입니다. 비문인지 아닌지를 가릴 수 있는 기본 수준을 넘어서게 되면, 어감(語感, 말소리나 말투의 차이에 따른 느낌과 맛)에도 관심을 기울여야 합니다.

학생 글 20_2

김원영의 『실격당한 자들을 위한 변론』과 마이클 샌델의 『생명의 윤리를 말하다』는 자녀의 유전적 특성을 설계하는 것을 논한다. 김원영은 농인 동성 부부의 농인 아동 선택 사건을 다룬다. 청각 장애가 있는 아들을 낳은 커플의 행동이 잘못되었다 단정할 수 없다 주장한다. 그는 수어와 시각에 의지하는 청각 장애인의 삶은 결핍이 아니라 설명한다. 마이클 샌델은 자녀의 유전적 특성을 계획해 선택하는 것은 목적과 상관없이 우생학적임을 지적한다. 여기서 목적은 우생학적인 목적, 시장의 요구에 부응하기 위한 목적 두 가지로 나뉜다. 그는 후자에서 소비자 선택의 자유로 우생학적 우려를 잠재우지 못한다 설명한다. 우생학적인 이유로 설립한 정자은행 정자선별수집보관소와 시장의 요구에 부응하기 위해 설립한 정자은행 크리요뱅크를 예시로 들었다. 그는 두 은행 모두 특정 조건에 부합하는 소수의 정자만을 제공하므로 우생학적인 면에서 같다고 분석한다. 따라서 유전적 특성을 설계하는 것은 옳지 않다 주장한다.

제시된 지문을 활용할 때에는 그 지문의 기호만 인용하여도 됩니다. 굳이 해당 텍스트의 제목이나, 그 출전을 상세히 밝혀 적지 않아도 됩니다. 더하여, 저자의 성명을 주어로 삼아 지문의 내용을 설명하지 않아도 됩니다.

첫 문장부터 들여다보겠습니다. '~(도서명)는 ~의 유전적 특성을 설계하는 것을 논한다'의 형태입니다. 뜻이 불분명하고 부자연스러운 문장입니다. 이 두 텍스트는 자녀의 유전적 특성을 선택하는 일이 윤리적으로 타당한지, 그러한 행위의 근저에는 어떤 욕망이 자리 잡고 있는지 등을 분석하고 있습니다. '유전적 특성을 설계하는 방법'을 논하고 있지 않습니다. 따라서 이 문장은 지문의 요지에 맞추어 고쳐야 합니다.

이어지는 두 문장을 봅시다. '~을 낳은 ~의 ~이 잘못되었다 단정할 수 없다 주장한다', '그는 ~은 ~이 아니라 설명한다'의 두 문장을 말합니다. 다른 사람의 말을 인용하는 방식에는 두 가지가 있습니다. 쓰여진 그대로를 가져다 쓰는 직접 인용이 있고, 인용자의 관점에 맞추어 다듬어 쓰는 간접 인용이 있습니다. 직접 인용절은 큰따옴표(" ") 안에 넣은 뒤, 직접 인용의 조사 '라고'를 붙여 만듭니다. '대영이는 "그게 나랑 무슨 상관입니까"라고 말했다'가 그 예가 됩니다. 반면 간접 인용절은 인용 부호 없이 간접 인용의 조사 '고'를 붙여 만듭니다. '대영이가 그게 자기랑 무슨 상관이냐고 말했다'가 그 예입니다. 이에 맞게, 위의 두 문장도 간접 인용의 조사 '고'를 사용해 고쳐야 합니다. 첫 번째 문장은 '~의 행동을 잘못된 것으로 단정할 수 없다고 주장한다' 정도로 고치면 좋겠습니다. 두 번째 문장은 '~이 아니라고 설명한다'의 형태가 되어야 합니다. 이 두 문장 말고도 간접 인용의 조사를 적절하게 쓰지 못해 어색한 문장이 있는데요, 같은 설명이니 생략하겠습니다.

이 단락의 네 번째와 다섯 번째 문장 사이에는 '반면, 그리고, 그러나, 또한' 등의 부사어를 삽입하는 것이 좋습니다. 네 번째 문장은 지문 (가)를 다섯 번째 문장은 지문 (나)를 다루고 있기 때문입니다. 화제를 전환(轉換, 다른 방향이나 상태로 바뀌거나 바꿈)할 때에는 맥락에 맞는 부사어를 적절히 사용할 필요가 있습니다. 이 단락은 고칠 곳이 많습니다. 아래처럼 고쳐 쓰는 것이 좋겠습니다.

고쳐쓰기

지문 (가), (나)는 자녀의 유전적 특성을 선택하는 일이 윤리적으로 온당한 일인지를 묻는다. (가)는 농인 동성 부부가 농인의 정자를 얻어 농인 자녀를 낳은 사건을 분석하고 있다. 그리고 이들 부부의 행동을 잘못된 것으로 단정할 수 없다고 주장한다. 사람들이 외모, 인종 등의 조건을 따져 파트너를 고르듯, 이들 부부도 원하는 조건에 맞는 정자를 골랐을 뿐이라는 것이다. 또한 수어와 시각에 의지하는 청각 장애인의 삶을 '결핍된 삶'으로 규정할 수 없다는 믿음도 드러내고 있다. 반면 (나)는 공여자의 신체적 특성을 따져 원하는 정자를 얻는 행위도 우생학적이라고 비판한다. 원하는 정자를 '쇼핑'하는 일은 언뜻 개인의 자유로운 소비 행위인 것처럼 보이지만, 결국 자녀의 형질을 인위적으로 조작하는 행위이기 때문이다. (나)는 정자 선택의 동기가 무엇이든, 그것이 '인위적'이라는 데 방점을 찍고 있다.

학생 글 20_3

자녀의 유전적 특성을 설계하는 것은 우생학적 문제 외에도 다양한 문제를 일으킨다. 첫째, 과학 기술의 사용 목적에 어긋난다. 사람은 배우자의 외모, 지능 등 유전적 특성을 고려해 결혼해왔다. 과학 기술이 발전하기 전부터 자녀의 조건을 간접적으로 선택한 것이다. 이는 각자의 가치관에 따른 선택이다. 이러한 선택은 개인의 자유에 해당하므로 정당하다. 그러나 과학 기술로 자녀의 성질을 설계하는 것은 차이가 있다. 세계 보건 기구는 과학 기술의 사용 목적이 공익에 부합하고 윤리적으로 정당화될 수 있어야 한다고 밝혔다. 자녀의 성질을 설계하는 것은 과학 기술을 개인의 선호나 사회적 미적 기준을 만족하게 하는 도구로 사용한다. 따라서 과학 기술의 사용 목적에 어긋난다.

이 단락에서부터 글쓴이의 주장이 본격적으로 드러나기 시작합니다. 자녀의 유전적 특성을 선택하는 일이 어떤 문제를 안고 있는지를 '첫째', '둘째', '셋째'의 방식으로 나열하고 있습니다. 이 단락에서는 자녀의 유전적 특성을 설계하는 일이 '과학 기술의 사용(?) 목적'에 어긋난다고 주장하고 있습니다. 그리고 세계 보건 기구의 발표(자세한 출처도 밝히면 좋습니다)도 인용하였습니다. 그 뒤의 주장이 문제인데요, 글쓴이는 '과학 기술을 개인의 선호나 사회적 미적 기준(?)을 만족하게 하는(?) 도구'로 사용하면 안 된다고 역설합니다(표현이 간결하지 못해 뜻이 모호한 점은 일단 논외로 하겠습니다).

그러나 우리는 과학 기술을 활용해 개인적 선호를 충족하고는 합니다.

게임 캐릭터를 원하는 모양대로 꾸미고, 사진이나 영상을 편집해 원하는 콘텐츠를 만듭니다. 또는, 자기의 콧대를 조금 높이거나 광대뼈를 깎아 원하는 자기 신체 이미지를 얻습니다. 요새는 어린이들을 대상으로 성장 호르몬 주사를 맞히는 부모들도 많습니다. 성인을 대상으로 하는 먹는 비만 치료제도 인기를 끌고 있습니다. 이와 같은 일들이 때로는 사회적 문제를 일으키기도 합니다. 하지만 과학 기술을 활용해 사적 욕구를 충족해서는 안 된다는 글쓴이의 주장은 설득력이 떨어집니다. 과학 기술은 진리 탐구의 방편이기도 하지만, 삶의 질을 개선하는 도구이기도 하기 때문입니다.

둘째, 인간의 존엄성을 훼손한다. 자녀의 성질을 설계하는 것은 부모가 자녀를 자신만의 이상적인 기준에 맞추려는 행위이다. 이는 다른 인간을 설계 가능한 존재로 바라보는 것과 같다. 이러한 시각은 인간을 독립적 존재가 아닌, 특정 개인의 선호에 따라 조정될 수 있는 도구로 취급하게 한다. 따라서 인간을 개별적이고 고유한 존재로 존중하지 못한다. 즉 인간의 존엄성을 해친다.

셋째, 개인의 자율성을 침해한다. 부모가 자녀의 특성을 설계하면 자녀의 특성이 부모의 의도에 의해 정해진다. 따라서 자녀는 자기 삶의 방향과 자율성이 부모에 의해 제한된 상태로 삶을 시작할 수도 있다. 농인 동성 부부의 농인 아동 선택 출산 사건이 그 예시이다. 이 사건에서 김원영과 같이 청각 장애가 좋은 특성인가 아닌가에 대해 논하기 전 짚어야 할 사실이 있다. 자녀가 청각 장애를 비롯해 특정 성질이 있을지 없을지는 부모가 선택할 수 없다는 점이다. 부모가 자녀의 성질을 설계해 자녀의 자율성을 침해해서는 안 된다.

두 번째와 세 번째 근거를 들고 있는 단락들입니다. 앞의 단락에 비해서는 설득력 있는 내용으로 채워져 있습니다. 자녀를 주체가 아닌 객체로 다루면 자녀의 존엄성이 지켜지지 않겠지요. 개인의 자율성을 침해한다고도 했습니다. 부모가 부여한 형질은 후천적으로 바꾸기가 어렵다는 점을 생각하면, 납득할 만한 주장입니다. 그러나 성적 파트너의 인종, 키, 지능 등을 선택하는 것과 정자 공여자의 신체 특징을 고려하는 것 사이의 근본적 차이에 관한 구체적인 논증이 없어서 아쉽습니다. 전자를 받아들일 수 있는 '자연적인 선택'으로, 후자를 배척해야 할 '인위적인 선택'으로 구분해야 한다면 그 기준은 무엇일까요?

또한 글쓴이는 이 단락에서 특정 형질을 부모가 선택할 수는 없는 노릇이라고도 했습니다. 그런데 이에 관한 구체적인 논증이 뒤따르고 있지 않습니다. 이미 누군가는 머리 크기, 얼굴 윤곽, 콧대의 높이, 상반신과 하반신의 비율 등을 배우자 선택의 중요한 기준으로 삼습니다. 또 누군가는 고혈압·고지혈증·뇌혈관 질환·간염 등의 가족력을 심각하게 따지지요. 원하는 형질 획득을 위해 그 형질을 갖고 있어 보이는 이를 파트너로 '선택'(적극)하거나, 또는 우려되는 형질을 갖고 있어 보이는 이를 '배제'(소극)합니다. 이처럼 우리는 외모 및 신체에 관해 선호하는 상(像, 눈에 보이거나 마음에 그려지는 사물의 형체)을 가지고 있습니다. 그리고 그러한 상을 자녀에게서도 확인하고 싶어 하지요. 그 선택(또는 배제)이 얼마나 효율적인지는 개인마다 다르겠지만, 우리는 자녀의 형질에 개입하여 온 것이 사실입니다. 이 단락 또한 주장은 명료하나, 주장을 뒷받침하는 과정은 잘 드러나지 않습니다.

마지막으로, '자녀가 청각 장애를 비롯해 특정 성질이 있을지 없을지는'과 같은 표현은 부자연스럽습니다. '자녀가'라는 주어와 '~이 있을지 없을지'라는 서술절(서술어 노릇을 하는 절(안긴 문장))은 잘 어울리지 않습니다. '성질'이라는 단어도 맥락에 어울리지 않습니다. 성질은 '사람이 지닌 마음의 본바탕', '사물이나 현상이 가지고 있는 고유의 특성' 등의 뜻을 가진 낱말입니다. '성질이 못되다', '화학적 성질' 등과 같이 쓰이지요. '성질' 대신에, 이미 앞에서 많이 사용한 '형질'이 더 적합합니다. 자녀의 '성질'을 설계한다고는 잘 말하지 않습니다. 다른 학생의 글을 하나 더 살펴보겠습니다.

학생 글 21_1

현대 사회는 기술이 발전하면서 경쟁 중심의 사회 구조, 개인주의와 자율성 등에 의해 사상 또한 변화하였다. 이로 인해 요즘은 타인에 대한 존중보다 개인의 이익만 중요시되는 경향이 강해지고 있다. 장애인이 받는 부당한 대우가 피해 예시이다. 정부에서 장애인을 위한 시설이 지속적으로 설치되고 있지만 여전히 장애인 혼자의 힘으로는 세상을 살아가기 어렵다. 장애인 또한 인간이며 인간의 존엄성을 가지고 있지만 천대받으며 도태되는 것이 현대 사회의 현실이다. 이러한 현실은 출생 후 만이 아닌 출생 전부터 영향을 미친다. 임신된 아기의 장애 여부를 통해 출산 여부를 결정하며 장애인 아기의 존엄성 부정과 태아의 생명권을 인정하지 않는 경우도 존재한다. 아무도 장애를 가진 아이를 가지기를 원하지 않지만 이는 장애인의 존엄성 훼손으로 이어질 수 있다. 우리는 장애인의 생명과 존엄성을 존중에 대해 생각해 볼 필요가 있다.

사실 이 학생은 위의 (가), (나)가 아니라, 다른 지문을 읽고 글을 썼습니다. 그러나 지문의 출전(出典, 인용한 글의 출처가 되는 서적)과 '장애', '생명' 등의 본질을 다루고 있다는 점은 같습니다. 어느 장애인이 자신을 태어나게 했으니 그 손해를 배상하라며 산부인과 의사에게 소송을 낸 일이 있었습니다. '장애인으로서의 삶 = 손해'라는 것이지요. 학생은 이에 관한 김원영 작가의 설명과 분석을 하나의 지문으로 삼았습니다. 그리고 '인간은 배아의 단계를 거치지만, 그렇다고 해서 배아를 인간으로 단정할 수는 없다'는 주장을 담은 샌델 교수의 지문을 또 하나의 지문으로 삼았습니다. 해당 지문을 자세히 싣지는 않습니다.

첫 단락부터 봅시다. 논의의 배경을 독자에게 충실히 전달하고자 노력한 것으로 보입니다. 그런데 부자연스러운 표현이 많습니다. 하나씩 짚어봅시다. 첫 문장입니다. '현대 사회'를 첫 문장의 주어로 삼고 있습니다. 반드시 그래야 하는 것은 아니지만, '현대', '현대 사회', '우리 사회'와 같은 명사(구)는 글의 첫머리에 놓지 않는 것이 좋습니다. 왜냐하면, 이 글과 같이 '하나 마나 한', '뜬구름 잡는 것 같은' 추상적인 진술에 그치는 경우가 많기 때문입니다.

이 단락의 첫 문장은 '현대 사회는'을 주어로 삼고 '사상 또한 변화하였다'를 서술어(부)로 삼고 있습니다. 그 안에 '기술이 발전하면서 ~A, B 등에 의해'라는 복잡한 구조의 문장이 안겨 있는 형태입니다. '경쟁 중심의 사회 구조', '개인주의', '자율성' 등이 '사상(?)'을 변화시킨 요인으로 지목되고 있는데요, 구체적인 맥락 없이 추상적인 개념어들이 나열되어 있다 보니 무슨 말을 하려는지 알기가 어렵습니다. '현대사회는 ~사상 또한 변화하였다'라는 구조도 부자연스럽지요.

세 번째 문장도 고쳐야 합니다. '~한 대우가'가 주어이고, '피해 예시이다'가 서술어입니다. 자연스럽지가 않지요. 그 다음 문장도 마찬가지입니다. '정부에서 ~시설이 ~설치되고 있지만'을 봅시다. 여기의 '에서'는 단체를 나타내는 명사 뒤에 붙어 앞말이 주어임을 나타내는 주격 조사입니다. '학교에서 놀았다'의 '에서'는 부사격 조사이지만, '학교에서 아이들을 귀가시켰다'의 '에서'는 주격 조사입니다. 따라서 '정부에서'는 주어입니다. 그런데 이 주어와 호응하는 서술어가 없습니다. '설치되고 있다'는 그 앞의 '시설이'를 주어로 삼는 피동 표현이므로, '학교에서'와 호응하지 않습니다. '정부가 장애인을 위한 시설을 지속적으로 설치하고 있지만'과 같이, 서술어를 능동 표현으로 바꾸면 훨씬 자연스러워집니다.

'장애인 아기의 존엄성 부정과 태아의 생명권을 인정하지 않는 경우도 존재한다'라는 문장도 썩 자연스럽지가 않습니다. 'A와 B가 존재한다'라는 형태의 문장인데요, A에 해당하는 '존엄성 부정'은 '존재한다'라는 서술어와 어울리지 않는 말입니다. B에 해당하는 말은 '태아의 생명권을 인정하지 않는 경우'인데요, 역시 서술어와 잘 어울리지 않습니다. '~는 경우가 존재한다'와 같은 서술은 나무위키나 인터넷 커뮤니티에서 자주 볼 수 있는 어형(語形, 말의 형태)입니다. 더 쉽고 간결하게 문장을 고쳐야 합니다.

덧붙이자면, 학생들의 글에서 '존재하다'가 서술어로 과잉 사용되는 경우를 많이 봅니다. '존엄성 부정이 존재한다', '생명권을 인정하지 않는 경우가 존재한다' 대신, '존엄성이 부정당하는 일이 있다', '생명권을 인정하지 않기도 한다'와 같은 표현을 쓰면 낫습니다. '존재하다'는 '현실에 실재

(實在)하다'라는 뜻을 가지고 있습니다. '있다'는 '사람, 동물, 물체 따위가 실제로 존재하는 상태이다' 등의 뜻을 가지고 있지요(의미 양상이 훨씬 다양한, 다의어입니다).

이 두 단어는 대체로 같은 뜻을 가지고 있지만, '존재하다'의 대상으로 어울리는 말들은 대개 추상적인 개념어들입니다. '신이 존재한다', '가능성이 존재한다', '모순이 존재한다' 등이 그러합니다. 반면 대상이 구체적인 경우에는 '있다'가 어울립니다. '저기 학생이 있다', '내 지갑에는 만 원이 있다', '찌개 안에 소고기가 있다', '증거가 있다'처럼 말이지요. 이 예문들의 '있다'는 '존재하다'로 대체하기 어렵습니다.

그리고, 어떤 사안을 나열할 때에는 앞부분과 뒷부분의 문장 형식을 동일하게 맞추는 것이 좋습니다. '장애인 아기의 존엄성을 부정하고, 태아의 생명권을 박탈하기도 한다'라고 고치면, '명사구로 된 목적어(~의 ~을) + 서술어'의 일관된 형태가 안정감을 줍니다. 이번에는 본론의 마지막 단락과 결론 단락을 살펴봅시다.

학생 글 21_2

또, '실격당한 자들을 위한 변론'에서 장애인 아기를 낳는 것은 엄청난 손해이지만 양육 자체가 손해가 될 수 있다고 말하였다. 하지만 양육 자체의 목적은 손해를 보더라도 대를 잇는 후손을 만들기 위함이다. 이는 연어의 출산까지의 여정, 펭귄의 알 보호 과정 등을 보면 알 수 있다. 하지만 후손이 되려면 부모의 유전자를 전달받아야 하며 번식 능력이 있어야 하고 인간은 사회적 동물이기에 사회적 능력도 있어야 한다. 하지만 현대 사회에서 대부분의 장애인은 도태되어 사회적 기능을 상실한다.

장애인 아기의 출산은 출산 본래의 목적에 부합하지 않으며 장애인 아기 또한 정상적으로 살아갈 수 없기에 장애인 출산을 할 이유가 없다고 조심스럽게 생각한다.

본인은 출산 본래의 목적과 자손의 삶의 관점으로 바라보았지만 그렇다고 장애인이 가치가 없다고 생각하지는 않는다. 다만, 자손이 장애를 가지고 불행하게 살아가기를 원하는지는 부모가 판단해야 하는 몫이며 이에 대한 책임 또한 부모가 져야 할 것이다.

사실적 독해(텍스트의 명시적 정보를 정확하게 이해하는 것)가 이루어지지 않았다는 점을 보여 주는 대목들이 있지만, 넘어가겠습니다. 다른 (더 큰) 문제들이 많기 때문입니다. 글쓴이는 양육(아이를 보살펴서 자라게 함)은 '대를 잇는 후손을 만들기 위'한 행위라고 정의하고 있습니다. 가문 의식이 강했던 조선 시대라면 모르겠으나, 현대에도 통용되는 풀이라고 보기 어렵습니다. 손자나 손녀를 보려고, 또는 자신의 유전자를 영구히 남기려고 아이를 기르는 사람은 많지 않습니다. 그다음 부분도 문제가 됩니다. 누군가의 후손이 되려면 번식 능력과 사회적 능력이 있어야 한다고 주장합니다. 그런데 장애인은 '도태'되는 존재이기 때문에, 후손이 되기 위한 조건을 충족할 수 없다는 것입니다. 따라서 뱃속의 아기가 장애인이라면, 굳이 출산할 필요가 없다는 생각을 '조심스럽게' 밝히고 있습니다.

우리는 좋든 싫든 이 세상에 던져집니다. 하늘 같은 데에서 이리저리 살피다가 원하는 부모를 점지하고 태어나지는 않지요. 이 때문에 존 롤스 같은 철학자들은 탄생의 무작위성('운'이라고도 할 수 있겠습니다)을 근거로 삼아 강화된 정의론을 내세우기도 했습니다. 우리는 번식을 위해서 태어난 도구일까요? 그러하다면 후천적으로 생식 능력을 잃은 사람들(난임 부부 등)은 인생의 본래적 목적을 상실한 '실패자'들인 것일까요? 여러모로 문제의 소지가 많은, 그리고 타당성을 획득하기 어려운 주장으로 점철된 단락입니다. 이런 주장은 '조심스럽게'라는 부사어를 내세워 설득력을 얻을 수 있는 수준의 명제가 되지 못합니다.

마지막 단락을 봅시다. '본인은'과 같은 1인칭 표현은 논술에 쓸 필요가 없습니다. '본인'은 '나', '저'에 비해 스스로를 높인다는 느낌도 주므로 더더욱 쓸 이유가 없는 표현입니다. 이 단락의 말미에는 '장애 = 불행한 삶'이라는 단정과, 부모에 대한 경고성 당부가 드러납니다. 장애에 관한 깊이 있는 고민이 드러나지 않아 매우 아쉬운 글입니다.

10.
인간의 모든 행위를 생물학적으로 환원하여 설명할 수 있는가?

〈논제〉 제시된 지문들을 읽고, '현안문제'에 관한 자신의 견해를 밝히시오.

조건 1. 둘 이상의 지문을 '선택'하고, 그 지문들이 다루는 '현안문제'가 무엇인지를 스스로 찾을 것.

조건 2. 선택한 지문에 대한 '분석(아래 기준표 참고)'에는 하나의 문단만 할애하고, 분석 등을 토대로 자신의 견해를 짜임새 있게 밝히는 데 주력할 것.

※ 인공지능은 정보탐색용으로만 활용할 것. 인공지능의 문체와 유사한 경우 표절한 경우에 준하여 처리될 수 있음. 나무위키 등 인터넷 자료를 함부로 표절하지 말 것.

(가) 그럼에도 불구하고 한 가지 난제가 여전히 남아 있다. 만일 마음이 물리 법칙들에 묶여 있다면 그리고 마음이 서예처럼 해독될 수 있다

면 자유 의지는 어떻게 존재할 수 있는가? 여기서 나는 자유 의지의 일상적인 의미, 즉 다른 이들과 세계의 다른 부분들로부터 자유롭게 자신의 생각과 행동을 결정하는 능력에 대해 말하려는 게 아니다. 대신 자신의 몸과 마음의 물리학·화학적 상태가 부과하는 제약들로부터 어떻게 자유로울 수 있는지를 묻고 있는 것이다. 자연주의적 관점에서 보면 자유 의지란 의식적 마음을 구성하는 시나리오들 간의 경쟁에서 비롯된 결과일 뿐이다. 우세한 시나리오들은 감정 회로들을 환기시킴으로써 공상이 일어나는 동안에 그 회로들이 가장 효과적으로 개입할 수 있도록 해준다. 그 시나리오들은 마음 전반을 활기차게 만들고 집중시키며 몸이 특정한 행동을 할 수 있도록 안내한다. 자아는 그런 선택을 하는 듯이 보이는 존재자이다. 하지만 자아란 무엇인가?

자아는 뇌로부터 독립된 존재자가 아니며 말로 표현할 수 없을 만큼 그렇게 기묘한 것도 아니다. 오히려 시나리오들의 극 중 주인공이다. 자아는 존재해야 할 뿐만 아니라 중심 무대에서 활동해야만 한다. 왜냐하면 감각들은 몸속에 위치해 있고 그 몸은 모든 의식적 행동들의 통치를 표상하도록 마음을 창조하기 때문이다. 따라서 자아와 몸은 분리될 수 없도록 융합되어 있다. 자아를 시나리오와 독립적으로 창조된 무엇으로 보는 것은 환상일 뿐이다. 자아는 몸을 떠나서는 존재할 수 없으며 몸도 자아 없이는 오랫동안 생존하기 힘들다. 몸과 자아의 연합은 너무 강해서 물질적 대응물이 없이 영혼만이 천국이나 지옥에 가 있다고 상상하는 것은 거의 불가능하다. 우리가 배워 왔듯이 심지어 예수와 마리아까지도 몸을 가지고 천국으로 올라갔다. 물론 천상의 속성을 가지기는 했지만 어쨌든 몸은 몸이었다. 만일 자연주의적인 마음 이론이 모든 경험적 증거들이 보여 주듯이 정말 옳다면, 그리고 전통 신학에서 말하는 영혼 같은 것도 실제로 존재한다면 신학은 해결되어야 할 새로운 신비를 갖게 될 것이다. 비물질적인 영혼이 마음으로부터 독립해서 존재하지만

> 몸에서는 분리될 수 없다는 신비를 도대체 어떻게 풀 것인가?
>
> 끊임없이 변화하는 드라마의 주인공인 자아는 자신의 행동들을 완벽하게 조종하지는 못한다. 자아는 의식적인 순수 이성적인 선택만으로 의사 결정을 하지 않기 때문이다. 의사 결정을 위한 많은 계산들은 무의식적으로 일어난다. 꼭두각시 자아를 춤추게 할 수 있는 끈이 존재한다. 예컨대 신경 회로와 분자적 과정은 의식적 사고 밖에 존재한다. 그것들은 어떤 기억들을 합병하고 다른 것들을 삭제하고 연결과 유추를 한쪽으로 치우치게 만들며 이어서 일어나는 감정적 반응을 조절하는 신경 호르몬의 영향력을 강화한다. 커튼이 걷히고 연극이 시작되기 전에 무대 장치는 이미 부분적으로 마련되었고 대본들도 많이 씌어진 상태이다.
>
> -에드워드 윌슨, 『통섭』, 2010, 219-220쪽.

근래 과학 프로그램들이 인기를 끌고 있습니다. 교육방송(EBS)에서는 <취미는 과학>이라는 프로그램을 제작해 내보내고 있는데요, 가수 데프콘, 과학 커뮤니케이터 '항성', 그리고 각 분야의 교수들이 출연해 어려운 과학 개념을 쉽고 재미있게 풀어냅니다. 유튜브에도 이와 비슷한 콘텐츠들이 많습니다. 스스로를 '과학 커뮤니케이터'라고 소개하는 창작자들이 늘어나고 있는 것도 주목됩니다. 이들은 복잡하고 어려운 현상을 그보다 쉽고 간단한 개념과 원리를 활용해 규칙성 있게(과학적으로) 설명하여 냅니다. 과학 콘텐츠들이 인기를 끄는 것도 그러한 명쾌한 설명이 주는 만족 때문이겠지요.

세상 모든 것은 과학적 원리의 지배를 받습니다. 어떤 물질이든 그것을 구성하고 있는 더 작은 물질이 무엇인지를 찾아내면 그 본성을 쉽게 이해할 수 있습니다. 큰 물질을 구성하는 작은 물질 간의 상호작용 규칙을 이해하면 더 완벽하게 설명할 수 있지요. 이 규칙은 수학, 물리학, 화학, 생명과학 등의 언어로 되어 있습니다. 조금 더 외연을 넓히면, 경제학, 심리학, 언어학 등에도 '과학'이란 말이 붙습니다. 연구 방식이 충분히 객관적이고 검증 가능하다면, 그 연구 대상이 인간이나 사회라 할지라도 과학이라고 부를 수 있다는 견해이지요. '자연과학', '사회과학', '인문과학', '응용과학' 등의 명칭이 이렇게 만들어졌습니다.

'과학이란 무엇인가'를 논하는 일은 우리의 수준과 주제를 넘어서므로, 거기까지 살피지는 못합니다. 그러나 현대의 거의 모든 학문들은 '과학적 방법론'을 추구한다고 내세웁니다. 연구의 필요성과 연구 방법에 관해 합의를 이루고, 이를 바탕으로 서로의 연구 결과물을 공유하지요. '학계'가 만들어지는 과정이 그렇습니다. 그러나 아직도, 과학의 언어만으로는 충분히 그 양상을 설명할 수 없다고 주장되는 영역이 있습니다. 재미있게도 바로 우리 자신, '인간'입니다.

앞서, 인간을 연구하는 학문을 가리켜 '인문과학'이라 한다고도 하였습니다만 모두가 여기에 동의하는 것은 아닙니다. 또한 인문과학이란 이름의 범주 설정에는 동의하면서도, 인간은 자연과 다른 방식으로 탐구되어야 한다고 믿는 연구자들도 많습니다. 인간의 활동은 양적인 측정과 계산, 추정만으로는 온전히 설명될 수 없다고 믿는 것이지요. 인간을 구성하고 있는 세포의 기능과 작동 방식을 이해하면 우리의 마음이나 정신에 관한 이해도 자연히 높아집니다. 뇌과학은 우리가 잘 알지 못했던 정신의 작동 방식을 상당 부분 밝혀냈습니다. 그럼에도 불구하고, 과학의 언어만으로는 인간 활동, 특히 정신이나 마음이라고 불리는 대상의 특성을 충분히 규명할 수 없다고 보는 견해들이 여전히 있습니다. '부분의 합 = 전체'라는 양적 공식으로는 인간의 마음이나 정신을 온전하게 설명할 수 없다는 것이지요. 이러한 관점의 차이가 이번 논제의 배경입니다.

(가)의 저자, 에드워드 윌슨은 사회생물학을 창시한 인물입니다. 인간의 모든 활동을 자연과학의 언어로 더 쉽게('환원(還元, 잡다한 사물이나 현상을 어떤 근본적인 것으로 바꿈. 또는 그런 일)하여'), 그리고 객관적으로 풀이할 수 있다고 믿는 과학자입니다. 그래서 '인문학', '사회학' 등의 비자연과학 분야가 자연과학 분야의 성과를 수용하고 그 연구 방식을 본받아야 한다고 강하게 주장하여 왔습니다. 그래야만 모든 학문들이 분과(각 전문 과목이나 업무에 따라 나눔)주의의 편협한 시각에서 벗어나, 일관된 방식('과학적 방식')을 공유하는 '통섭(統攝, consilience, 전체를 도맡아 다스림)'이 실현될 수 있다고 역설했습니다. 심지어 예술, 종교와 같은 분야도 생물학의 언어로 설명해낼 수 있다고 주장합니다.

이제 지문에 집중하여 봅시다. (가)는 그동안 형이상학적(形而上學, 초경험적인 것을 대상으로 하는 학문을, 형이하 또는 경험적 대상의 학문인 자연과학에 상대하여 이르는 말) 대상으로 여겨왔던 '자아', '마음', '자유 의지' 등도 자연과학의 힘으로 충분히 분석할 수 있다고 주장합니다. 이러한 '자연주의적 관점'에 따르면, 우리가 '자유 의지'라고 믿는 것의 실체는 사실 몸과 마음의 물리·화학적 상태가 빚어낸 어떤 산물입니다. 우리는 그 내막을 자세히 알지 못한 채, 우리에게 자유 의지가 있으며, 이를 집행하는 주체인 '자아'

가 있다고 믿는다는 것입니다. 예수, 마리아 등의 기독교 신앙 속 인물들을 예로 들어가면서까지 물질로부터 자유로운 비물질적 실체(마음, 영혼 등)가 존재하지 않는다고 강조합니다. 우리의 자아는 물질적 토대(신경 회로와 분자적 과정)라는 무대 위에서 각본(다른 각본과의 경쟁에서 살아남은 우세한 '시나리오')대로 움직이는 배역일 뿐이라는 것이지요. 진화생물학적 주장이 일관되게 드러나는 텍스트입니다.

(나) 사회생물학의 환원주의 문제를 비판적으로 사고하기 위한 워밍업으로 우선 하나의 사고 실험을 살펴보자. 걸출한 화가 한 사람과 역시 걸출한 그림 보수 기술자 한 사람이 있다. 화가의 이름을 램브란트라 치자. 그리고 그의 그림이 예술적 측면에서 걸출하다는 점에서는 화가나 그림 애호가들에게 일말의 의혹도 없다 치자. 화가의 그림은 박물관 전시실에 전시되어 많은 사람들의 사랑을 받아왔다. 그런데 어느 날 화가의 그림이 도난을 당했다가 얼마 후 그림의 일부가 훼손되어 되돌아왔다. 화폭 상의 유화물감이 여기저기 훼손되어 있는 상태였다. 박물관은 즉시 그림을 보수할 기술자를 물색했고 한 사람을 찾아냈다. 그 사람은 그간 여러 유명화가들의 그림들을 유지 보수하는 일을 담당해 왔던 인물로 그림을 유지·보수하는 일에 있어 타의 추종을 불허하는 뛰어난 전문가다. 다만 특이하게도 그는 예술적 안목 같은 것은 전혀 갖고 있지 않다. 그는 오직 그림을 보수하고 유지하는 기술만 가지고 있을 뿐이다. 해당 그림과 관련된 자료들을 입수하면 그는 자신이 가지고 있는 온갖 기술을 동원하여 해당 그림을 감쪽같이 원상태로 복원해 놓는다. 그가 사용하는 기술은 주로 화폭 속 그림의 물리화학적 성질만을 고려하여 그

림을 보수하는 것이다. 그에게 그림은 단순히 여러 화합물질들의 정밀한 구도와 배치, 밀도 등일 뿐이었다. 그는 해당 박물관에 램브란트의 그림과 관련한 자료들을 요청하여 그림 보수 작업에 들어갔고 그리고 해당 그림을 그 누구도 의심할 수 없는 수준에서 완벽하게 재현해 냈다. 그 누구도 보수된 그림이 이전의 원본 그림과 차이가 있다고 불평하는 일은 없었다.

자, 이제 일련의 질문이 줄을 잇는다: 램브란트의 그림은 문화인가 자연인가? 램브란트 그림의 예술적 측면은 물리화학적 시각으로 환원될 수 있는가? 즉 예술적 시각은 단지 물리화학적 구조와 물질들의 화학적 성질에 불과한 것인가? 예술가의 그림을 완벽하게 보수해 낼 수 있는 보수전문가가 예술작품을 진정 이해하고 있다고도 말할 수 있을 것인가? 화가의 시선과 그림 보수전문가의 시선에는 아무런 차이가 없는가? 램브란트의 그림은 왜 예술작품일 수 있었는가? 즉 예술작품이 예술작품일 수 있는 것은 어디서 유래하는가? 대상에 대한 미적 판단의 기준 없이 어떤 것이 예술작품일 수 있는가? 예술작품과 그렇지 않은 대상을 구분하는 것은 미적 판단에 사용되는 기준에 의하지 않는가? 보수전문가가 예술작품을 완벽하게 재현할 수 있을 때, 그는 미적 기준도 함께 재현할 수 있는가? 보수 전문가가 미적 시각을 갖추고 있지 않은데도 그는 예술작품을 스스로 창조해 낼 수 있는가? 등등.

이제 질문에 대해 포괄적인 답을 제시해 보자. 보수전문가가 그림을 재현하더라도 그는 예술작품에 대한 판단기준을 자신이 보수한 그림에다가 재현할 수 없다. 즉 예술이냐 아니냐의 기준은 물질적 속성에 재현될 수 없다. 그것이 단지 물질적 속성으로 번역될 수 없는 성질의 것이기 때문이다. 그러한 기준은 사물을 특정의 것으로 규정하는 과정에 논리적으로 선행하기에 그렇기도 하지만, 다른 무엇보다도 그것이 그림 자체가 아닌 그것을 판단하는 인간의 내면에 존재하기 때문이다. 즉 어떤 것을 예술작품이냐 아니냐라고 판단할 때 그러한 판단 이전에 판단의 기준이 서야하고 그리고 그때 사용되는 판단 기준은 그림 자체로부터 얻어지는 것이 아니라 판단자/감상자의 마음으로부터 유래하며, 그리고 그것은 화폭의 물질적 구조 및 재질로 번역될 수 없다. 그림물감의 물질적 구조나 속성 자체는 예술적 시각과는 아무런 상관이 없다. 혹은 물리적 시각에서는 예술과 비예술을 구분할 수 없다. 어떤 사물이 어느 순간 예술작품이 될 수 있는 것은 물리적 시각과는 전혀 다른 시각, 즉 미학적 시각이 도입될 때이고 그리고 이러한 시각이 도입되었다고 해서 대상 자체에 어떤 변화가 오는 것도 아니다. 짧게 말해, 문화는 자연으로 환원될 수 없다.

-이기흥, 「사회생물학의 환원주의 비판: 마음 작용의 양상을 중심으로」, 『대동철학』 59, 2012, 61-86쪽.

(나)는 (가)의 견해에 매우 비판적입니다. 원문을 찾아 읽으면, '이러한 환원주의 기획은 일명 통섭이라는 학문적/이론적 색채로 위장되어 있지만, 본질에 있어서는 … 인간 및 사회, 문화적 현상들을 유기체의 생물학적 작용인 생존과 번식 현상으로 축소하는 기획'이고, '생물학주의적 세계관은 사회문화적으로 전파'하는 '인종주의적 잣대'를 내포하고 있다고도 지적합니다. 진화론이 정치적으로 오용되어 우생학, 인종차별 등을 정당화하는 데 쓰였던 과거가 없진 않지요.

이러한 관점에서 (나)를 읽으면 핵심을 쉽게 이해할 수 있습니다. (나)는 주장을 관철하기 위해 사고 실험을 진행합니다. 그림을 창작하는 행위와, 훼손된 그림을 기계적으로 보수하는 행위를 비교해 보자는 것이지요. 램브란트가 자신의 구상을 캔버스에 구체화하는 행위는 분명 창작에 해당하는 문화적 행위입니다. 그런데 훼손된 그림을 오로지 '기술적 안목'만을 활용하여 원본처럼 복원해 낸 기술자의 행위는 창작이라 부르기 어렵습니다. 원래의 상태로 되돌리는 행위는 창발(創發, 남이 모르거나 하지 아니한 것을 처음으로 또는 새롭게 밝혀내거나 이루는 일)적이지 않기 때문입니다. 그 과정에서 새로운 기술이나 지식을 익혀 세상에 알렸다면(특허 출원 등), 그 행위에 국한해서 만큼은 창발적이라 할 수 있겠습니다.

(나)에 따르면, 이 보수전문가가 아무리 물리·화학적으로 정교하게 원본을 다시 재현했다 하더라도, 그 행위는 예술에 속하지 않습니다. (나)는 이를 근거로, 예술적 속성은 물질적 속성과는 무관한, 비물질적 영역에 속하는 가치라고 주장합니다. 그림 그 자체의 물질적 특성이 아니라, 그 물질을 대하는 감상자의 내면 안에 예술과 비예술을 가르는 기준이 있다는 것입니다. 그래서 미적 취향이나 감수성, 미학적 판단 등이 필연적으로 요구되는 행위, 요컨대 문화와 같은 것들은 자연과 구분된다고 결론짓고 있습니다.

사실 (나)와 같은 비유는 정보과학 분야에서 먼저 제기된 적이 있습니다. 인공지능이 무엇인지, 인공지능과 인공지능 아닌 것 간의 경계는 어디에 있는지를 치열하게 논했던 시기의 산물이지요. '중국인의 방' 사고 실험으로 널리 알려져 있습니다. 커다란 방이 하나 있다고 가정합시다. 이 방은 딱 두 군데만 빼고 완벽하게 밀폐되어 있습니다. 한 군데는 외부에서 자료를 전달받는 '입력창'이고, 다른 한 군데는 완성된 자료를 외부로 넘기는 '출력창' 입니다. 방 안에는 여러 사람이 갇혀 있고, 이들에게는 외부에서 입력되는 문장을 중국어로 변환할 수 있는 매뉴얼 책자가 제공됩니다. '이 기호는 저 기호로 바꾸라' 와 같은 안내문으로 채워진 책자입니다. 그래서 이들은 자신들이 '중국어를 번역하고 있다' 는 사실을 알지 못합니다. 중국어에 대해 무지할 뿐만 아니라, 매뉴얼 어디에도 그런 정보가 들어 있지를 않습니다. 단지 매뉴얼에 따라 작업을 연쇄적으로 수행하다 보면, 끝에 가서는 중국어가 출력될 뿐이지요. 자, 이제 외부의 누군가가 영어로 된 문장을 이 방 안에 집어넣습니다. 그러자 방 안에 갇힌 사람들이 매뉴얼대로, 기계적으로 각자의 역할을 수행해 다음 사람에게 넘깁니다. 그리고 그 결과 중국어 문장이 완성됩니다.

외부에서 보면, '저 방 안에는 중국어를 이해하는 사람이 있다' 고 생각할 법합니다. 그러나 막상 그 안의 아무도 중국어를 이해하고 있지 못합니다. 집단으로 확대하여 볼까요? '저 방 안의 사람들은 중국어를 이해하는 집단이다' 라고 말할 수 있는지 말입니다. 이 사고 실험은 '이해' 가 무엇인지를 규명하기 위해 고안되었습니다. (나)와 소재는 다르지만, 결국 형이상학적 행위로 여겨지는 '이해' 를 형이하학적 행위의 집합으로 환원하여 다룰 수 있는지를 묻는다는 점은 같습니다. 우리는 물질로 이루어져 있습니다. 물질로 이루어진 존재가 벌이는 모든 행위는 다시 물질로 환원될 수 있어야 하는 것일까요? 깊이 생각하여 볼 만한 문제입니다.

학생 글 22_1

생물체의 이타심을 설명하려는 시도는 끊임없이 존재했다. 예컨대 이타적 행동은 집단의 번성에 유리하기 때문에 발달하였고 사회적 학습으로 이어진다는 주장이 있다. 그러나 이는 비이타적 집단의 존재성을 설명하지 못한다. 그에 반해 이타심은 유전자 발현의 특성일 뿐이며, 주변 환경에 따라 '이타적 유전자'와 '비이타적 유전자'의 생물 집단 내의 비율이 유동적으로 변화할 수 있다는 자연선택에 기반한 주장은 이를 설명할 수 있었다. 이타심은 유전자의 다양한 생존 전략중 하나이다. 집단 내 개체가 각자의 생존 전략으로 얻는 이익의 총량이 최대가 될 때가 가장 안정한 진화적 전략의 비율이라고 설명하였다. 인문학과 생물학을 토대로 발전한 이 두 가설을 양립할 수 없는 것으로 바라보기 때문에 생물체의 행동을 사회적 학습 또는 자연선택 매커니즘 둘 중 하나로 극단지어 생각하는 현상이 나타났다.

어느 학생이 쓴 글의 첫 단락입니다. 첫 문장을 보겠습니다. '~는 시도는 끊임없이 존재했다'의 형태입니다. 앞에서 우리는 '존재하다'를 잘못 사용하면 문장이 부자연스러워진다는 점을 확인했습니다. 뜻이 추상적인 어휘와는 잘 어울리는 편이지만, 뜻이 구체적이거나 실체가 분명한 어휘와는 잘 어울리지 않는다는 점도 확인했었습니다. '추상'과 '구체'의 경계가 분명하게 나뉘어 있는 것은 아닙니다. 그러나 '시도가 끊임없이 존재했다'와 같은 문장은 부자연스럽습니다. '시도가 이어져 왔다', '노력이 계속(진행)되어 왔다'와 같은 형태가 더 자연스럽습니다.

두 번째 문장도 어색합니다. 이타적 행동이 집단 내에서 어떻게 확산·

유지되어 왔는가를 설명하려고 한 것 같습니다. 그러나 '이타적 행동은' 이라는 주어 하나가 '집단의 번성에 유리하다', '발달하였다', '사회적 학습으로 이어진다' 등의 세 서술부와 관계를 맺고 있습니다. 간결하지 못한 구조이지요. 그리고 주-술 호응도 잘 이루어지고 있지 않습니다. 특히 '사회적 학습' 이 무엇인지를 알 수 없습니다. 바람직한 것으로 여겨지는 행위를 후세에게 조직적으로 가르치는 일을 말하는 것인지, 교육학 용어인 '사회적 학습(social learning, 타인의 행동을 보고 모방하며 배우는 것. 인간은 보상이나 벌이 직접 주어지지 않아도 타인과 환경 간의 상호작용을 관찰하며 스스로 학습하는 주체라는 점을 강조하는 학설)' 을 말하는 것인지 알 수 없습니다. 이렇게 고쳐 보면 어떨까요? '예컨대, 이타적 행위가 집단의 번성을 돕기 때문에, 그것이 세대를 걸쳐 전승되었다는 설명이 있다'. '이타적 행위를 진화론적 관점으로 설명하기도 한다. 이타심이 집단의 생존율을 높이기 때문에, 집단 내에서 이타심을 가르쳐 왔다는 것이다'.

이번에는 네 번째 문장을 봅시다. 글쓴이는 '사회적 학습' 가설과 달리, '자연선택에 기반한 주장' 이 더 타당하다고 주장합니다. 이타심이 유전자에 근거를 두고 있으며, 환경에 더 잘 적응하는 유전자가 살아남는다는 진화론적 관점을 채택하고 있지요. 의문인 것은, '글쓴이가 앞에서 소개한 사회적 학습 가설' 또한 진화론적 시각을 보인다는 것입니다. 이 둘 사이에는 어떤 근본적인 차이가 있다는 것일까요?

이 의문은 이 단락의 마지막 문장에도 적용할 수 있습니다. '사회적 학습' 가설과 '자연선택' 가설을 가리켜 '인문학과 생물학을 토대로 발전한 이 두 가설' 이라 분류하고 있습니다. 그런데 앞에서 글쓴이는 '사회적 학습' 가설을 설명하면서 진화론적 전제를 달았습니다. '집단의 번성에 유리한 행위'가 대를 걸쳐 학습된다는 것이지요. 글쓴이가 더 자세히 설명하진 않았습니다만, 학습에 적극적인 개체가 그렇지 않은 개체에 비해 더 많은 후손을 남겼을 테니 결국 적자생존의 진화론적 결론으로 귀결되고 마는 것이 아닌가 합니다. 사회적 학습 가설을 자연선택 이론과는 대비되는 '인문학적 가설'로 내세우고 싶었다면 좀 다른 접근 방식을 취했어야 합니다. 집단의 생존이나 이익과 무관하지만 '옳은 것', '가치 있는 것'으로 여겨지는 '고귀한' 행위들이 때때로 이타적인 결과를 낳았고, 이를 모방의 대상으로 삼았다고 말입니다. 고차원적인 정신 활동이나 이데올로기에 의해 특정 행위가 장려되었을 때, '인문학적 가설'이라고 부를 수 있지 않을까요?

또한, 확실하지는 않으나 글쓴이는 제시된 지문 외 무언가 다른 자료를 참고한 것 같습니다. 따로 조사한 모종의 텍스트를 압축해 활용하려 한 흔적이 있습니다. 거기에 글쓴이의 배경 지식이 더해진 것으로 보입니다. 다른 자료를 인용한 경우, 그 출처를 분명하게 밝힐 필요가 있습니다.

학생 글 22_2

'이기적 유전자'에서는 꿀벌이 동족을 위해 희생하는 행동을 '용맹함', '희생정신' 등으로 표현하지 않고 '유전자의 보존을 최대화하는 행동'으로 해석한다. 꿀벌의 유전적 근연관계가 자신이 직접 낳은 자식보다 여왕벌이 낳은 자매가 더 가깝다는 점을 이유로 꼽았다. 그러나 이러한 관점만으로는 쌍둥이가 서로를 향해 무한한 이타심을 발휘할 수 없음을 설명할 수 없다. 저자는 '유전적으로 다를 가능성이 미약하게나마 있다'라고 서술했지만, 이에 따르면 완벽한 복제 인간을 만들고 자기 자신을 폐기한다고 하더라도 아무런 거부 반응이 없어야만 한다. 따라서 우리의 정신, 즉 자아는 '유전자'에 소속되어 있는 것이 아닌 '몸'에 기반하여 있음을 알 수 있다.

두 번째 단락입니다. 이 단락에서 글쓴이는 '이기적 유전자'의 주장을 반박하며 논지를 전개합니다. 동일한 유전자를 지닌 다른 개체를 보호하기 위해 자기를 희생하는 것이 곧 이타성이라는 '이기적 유전자'의 주장에 맹점이 있다는 것이지요. 글쓴이는 쌍둥이와 복제 인간의 예를 간단히 들며 자기의 주장을 뒷받침하고 있습니다. 그리고 이를 바탕으로 자아가 유전자가 아니라 몸에 기반하여 성립한다는 결론을 내립니다. 그런데 결론 도출 과정이 충분하지 않습니다.

쌍둥이에게 서로를 구속(拘束, 행동이나 의사의 자유를 제한하거나 속박함)할 만큼의 강한 이타심이 없다는 사실이 자아의 근원과 어떠한 관련이 있는지 모르겠습니다. 인간과 꿀벌의 행동을 같은 선상에 놓고 비교하는 것이 적절한지도 의문입니다. 또한, 복제 인간이 '폐기'될 때를 상상하여 봅시다. 원본 인간이라야만 감정적 거부 반응을 보일 수 있는 걸까요? 그 과정을 집행하거나 관찰하는 이들도 비애나 분노, 연민 등의 감정을 충분히 느낄 수 있습니다. 그런데 이 단락은 누구나 느낄 수 있는 이런 인도주의적 감정의 문제를 근거로 삼아 '고로, 자아는 유전자가 아니라 신체에 기반한다'라고 주장합니다. 이 둘이 어떻게 직결된다는 것인지 알 수 없습니다.

사실 이 단락이 안고 있는 가장 큰 문제는 논제에서 벗어나 있다는 것입니다. 이어지는 단락들도 마찬가지 문제를 안고 있습니다. 논제에서는 (가), (나)가 다루고 있는 현안문제를 분석하고, 그에 관한 견해를 밝히라고 하였습니다. 우리는 앞에서 (가), (나)가 생물학적 환원주의의 문제를 다루고 있음을 확인했습니다. 그런데 이 단락은 이에 관해 언급하고 있지 않습니다. 대신 '자아는 어디에서 유래하는가'의 문제를 다루고 있습니다. 만약 이 단락이, '비물질적 실체로 여겨온 자아도 사실은 물질 활동의 산물이며, 따라서 생물학적인 언어로 환원하여 설명할 수 있다. 고로 (가)의 주장이 더 타당하다'라고 논지를 전개했다면 논제와의 관련성이 조금은 확보되었을 것입니다.

마지막 문장에 관해서도 언급하고 싶습니다. 이 표현은 첫째, 대조되고 있는 두 사태를 동일한 형식으로 연결하고 있지 않아서 부자연스럽습니다. 앞부분에서 '소속'을 문제 삼았다면, 뒷부분에서도 '소속'을 문제 삼는 것이 자연스럽습니다. 그런데 여기서는 '기반'을 언급하고 있지요. 둘째, '아닌'을 잘못 사용하고 있습니다. 근래 학생들의 글에서 '존재하다'가 과잉 오용되고 있다고 주장했는데요(통계를 갖고 있지는 않으니, 아직은 '주장'에 그칩니다). 그에 못지않게 '아닌'도 자주 오용됩니다. 대개 이런 경우, '아니라'의 형태로 교체하면 자연스러운 표현이 됩니다. '아닌'은 형용사 '아니다'의 어간 '아니-'에, 관형사형 어미 '-ㄴ'이 결합한 형태입니다. 이렇게 만들어진 관형어, '~(이/가) 아닌'은 뒤에 오는 어떤 체언을 꾸며야만 합니다.

마지막 문장의 커다란 관형절(관형어의 구실을 하는 안긴문장), '자아는 ~에 소속되어 있는 것이 아닌'은 뒤에 오는 어떤 체언을 꾸민다고 보아야 할까요? '몸'일까요? 그렇게 볼 수 없습니다. 글쓴이가 의도한 것은, '자아는 유전자에 소속되어 있다'와 '자아는 몸에 기반하여 있다', 이 두 명제를 대조하는 것이기 때문입니다. 이처럼 동격의 사실을 늘어놓고 대조하고자 하는 경우에는 '아니라'가 더 자연스럽습니다. 예를 들어 보겠습니다. '다음 중, 세모가 아닌 물체를 찾으시오'와 같은 문장에서는 '아닌'이 자연스럽습니다. '세모가 아니다'에 '-ㄴ'이 결합한 관형절, '세모가 아닌'이 뒤에 오는 '물체'를 자연스럽게 수식(꾸밈)하고 있으니까요. 그러나 '너는 학생이 아닌 노동자다'라고 하면 고개를 갸우뚱하게 됩니다. 노동자는 노동자인데, '학생이 아닌' 노동자라는 뜻인지, 아니면 학생이 아니라 노동자라는 것인지 불분명하기 때문입니다. 뜻이 불분명해지는데, 길이까지 길어지면 부자연스러운 표현이 되거나 비문이 될 수밖에 없습니다.

'아니라'는 '아니다'의 어간 '아니-'에 연결어미 '-라'가 붙어서 만들어집니다. 이때의 '-라'는 '-라6'으로 표준국어대사전에 등재되어 있습니다. 풀이에 따르면, '이다', '아니다'의 어간에 붙어 까닭이나 근거 따위를 나타내기도 하고('제가 바보라 그렇습니다'), '아니다'의 어간 뒤에 붙어 앞 절의 내용이 뒤 절의 내용과 대조적임을 나타냅니다. 이 후자의 풀이에 따라, <학생 글 22_2>의 마지막 문장은 다음과 같이 고치는 것이 좋겠습니다. '따라서 자아는 '유전자'에 기반하는 것이 아니라 '신체'에 기반하고 있는 것이다.'

학생 글 22_3

> 정신과 몸은 분리할 수 없으며 어느 하나도 다른 하나 없이 존재할 수 없다. 자아는 몸으로부터 비롯되기 때문에 몸의 변화와 자아의 변화는

하나이다. 가벼운 머리 모양 변화부터 신체 결손까지 정도의 차이는 있지만 '마치 내가 아닌 것 같은' 기분을 느끼게 한다. 만약 성형수술을 통해 얼굴을 바꾸고는 교만해져 다른 이들의 외모를 폄하한다면, 주변인들은 이를 '사람이 변했다'고 평가할 것이다. 성격이 바뀐 사람을 이전과 완전히 같은 자아를 가진 이라고 정의하기는 어렵다.

세 번째 단락입니다. 이 단락에서도 글쓴이는 신체와 자아의 관계가 밀접하다고 주장하고 있습니다. 작은 신체적 변화가 곧 자아의 변화로 이어진다는 것입니다. 성형수술 이후 성격이 바뀌면 사회적 평가나 관계도 달라진다는 점을 짚고 있습니다. '몸의 변화와 자아의 변화는 하나이다', '교만해져'와 같은 부자연스럽거나 부적절한 표현들이 군데군데 보입니다. 표현은 바로잡으면 되지만, 논점에서 벗어난 내용으로 채워져 있어서 다시 고쳐 살리기가 어려운 단락이 되고 말았습니다.

글쓴이의 주장은 뒤에서 다룰 '몸과 마음의 관계'에 관한 논제와 더 관련이 깊어 보입니다. 미리 덧붙이자면, 우리가 자아라고 생각하는 의식은 사실 '분산적'으로 생성된다는 주장이 있습니다. 통상 우리는 머릿속 한가운데 어딘가에 자아라고 불릴 만한 실체가 있고, 이 자아가 마치 영화를 관람하듯, 우리가 하는 일을 하나하나 지켜보고 있다고 생각합니다. 이런 생각을 논리정연하게 밝힌 이 중의 하나가 유명한 서양의 철학자, 데카르트입니다. 그러나 뇌와 신경계, 신체에 관한 이해가 높아지면서 데카르트의 주장은 논박되었습니다. 이에 관해서는 뒤에서 더 자세히 다루겠습니다.

학생 글 22_4

그러나 본능과 욕망의 집합체인 천성은 유전자에 의해 결정된다. 태어나며 각기 다른 정도로 타고나는 이타심, 애정욕구 등의 다양한 천성은 유전자와 몸으로부터 발현된다. 자폐처럼 주변 환경에 관심을 기울일 능력이 부족하다면 이타심을 기대하기 어렵다. 더 일상적인 예로는 성격이 있다. 만약 감각 기관이 남들보다 예민해 큰 소리, 냄새 등이 다른 사람들에 비해 불편하게 느껴진다면, 주변인에게서 '예민한 사람'이라는 평가로 그 사람의 '성격'으로 자리매김할 수 있다. 이처럼 신체의 차이가 '성격'의 차이를 만들 수 있다.

이제 네 번째 단락입니다. 글쓴이는 계속 이타심이 발현되는 원천이 어디인가에 집중하고 있습니다. 이 단락의 첫 문장에서는 유전자가 천성(天性, 본래 타고난 성격이나 성품)을 결정한다고 주장하고 있습니다. 그런데 두 번째 문장에서는 은근슬쩍 '몸'으로부터도 천성이 발현된다고 주장합니다. 그리고 다음 문장에서는 자폐 스펙트럼 장애인은 이타심을 발현하기 어렵다고 단정한 뒤, 뒤이어 '성격'에 관해 언급합니다. 그리고 예민한 감각을 타고난 사람은 사회적 상호작용의 결과 예민한 성격을 갖게 된다고 결론 내립니다. 이 '성격'은 첫 문장에서 언급한 '천성'과 어떤 차이가 있는지도 의문입니다. 이 단락은 논지가 일목요연하게 전개되고 있지 못합니다.

학생 글 22_5

자아는 생존 욕구와 불일치 하는 행동의 기반이 된다. 생물의 자아는 살아가면서 끊임없이 학습하기 때문에 천성과 대비되는 선택을 할 수 있다. 사회가 요구하면 '이타심'을 발휘할 수도, '공감 능력'을 키워야 할 수도 한다. 인간의 공감 능력은 선천적이지 못하다. 아기는 세상을 둘러보고 이해할 능력이 없어 타인의 고통을 배려하지 못한다. 감정을 조절하지 못하면 다른 사람들에게 폐가 될 수 있다는 것을 모르기 때문이다. 이러한 공감 능력은 시간이 흐르며 교육을 통해 천성을 억제할 수 있는 수준에 이를 수 있다. 그러나 사이코패스처럼 선천적인 공감 능력 결여는 학습의 사회적 규칙 학습의 어려움을 일으킨다. 따라서 학습 능력에는 차이가 있고, 이는 유전자적 형질에서 기인한다.

문화는 학습을 통해 확산되고, 이는 유전자적 차이로 인해 학습 여부의 차이가 있으므로 진화적 매커니즘과 동일하게 작동된다. 단순히 모든 사람을 거쳐 확산되고 변형되며 살아남는 것이 아니다. 특정 문화를 받아들일 수 있는 사람을 거쳐 후대로 전달된다는 점이 특정 유전자를 가진 사람의 자연선택 원리와 같다. 따라서 생물체의 행동, 문화의 진화에 대한 인문학적 접근과 생물학적 접근은 서로 상충되는 것이 아닌 하나임을 인지하여야 한다.

다섯 번째와 여섯 번째 단락입니다. 이 글의 본론 마지막과 결론에 해당합니다. 다섯 번째 단락부터 보겠습니다. 첫 문장부터 뜻이 난해합니다. '생존 욕구와 불일치하는 행동'이 의미하는 바는 무엇일까요? 맥락상 이타적 행위를 말하고 있는 것 같습니다. 그렇다면 명료하게 '자아는 이타적 행위의 기반이 된다'라고 바꾸는 것이 더 낫습니다. 다음 문장의 '생물의 자아'와 같은 표현도 부자연스럽습니다. 잘 쓰이지도 않을뿐더러, 모든 생물에 적용할 수 있는 개념도 아니기 때문입니다. '사회가 요구하면 ~을 키워야 할 수도 한다'는 비문입니다. '학습의 사회적 규칙 학습의 어려움을 일으킨다'는 표현도 마찬가지이지요.

다섯 번째 단락의 주제는 무엇일까요? '자아는 이타심의 기반이 되는데, 이타심을 발휘하려면 학습을 통해 천성을 억눌러야 한다. 그런데 유전자의 뒷받침 없이는 이타심을 학습할 수도 없다' 정도로 요약되는 이 단락은 무엇을 말하고자 한 것인지 분명하지가 않습니다. 게다가 글쓴이는 앞에서(<학생 글 22_2>) 자아와 유전자 간의 관계를 이미 부정한 바 있습니다. 자아가 유전자가 아닌 몸에서 기인한다고 역설(力說, 자기의 뜻을 힘주어 말함)했지요. 따라서 이 글은 논점에서 벗어났다는 문제 말고도, 주장도 일관되지 않다는 문제까지 안고 있습니다.

이제 마지막 여섯 번째 단락입니다. 유전자의 차이가 학습력의 차이를 만들고, 이를 통해 문화가 자연선택적으로 확산된다는 주장을 담고 있습니다. 그리고 이를 바탕으로 생물체에 관한 인문학적 접근과 생물학적 접근이 '하나'라는 결론을 도출합니다. 결론이 도출되는 과정이 정밀하지 않고, 결론이 뜻하는 바도 모호합니다. 두 접근 방식이 '하나'라는 것은 무엇을 뜻하는 말일까요? 선언(宣言, 어떤 방침이나 의견, 주장 따위를 외부에 표명하는 것)적이라고 할까요. 논제의 방침에 따라 두 지문을 꼼꼼하게 분석하며 논지를 전개했다면, 더욱 타당하고 설득력 있는 글이 되었을 것입니다.

11.
인간도 데이터로 치환할 수 있는가?

〈논제〉 제시된 지문들을 읽고, '현안문제'에 관한 자신의 견해를 밝히시오.

조건 1. 둘 이상의 지문을 '선택'하고, 그 지문들이 다루는 '현안문제'가 무엇인지를 스스로 찾을 것.

조건 2. 선택한 지문에 대한 '분석(아래 기준표 참고)'에는 하나의 문단만 할애하고, 분석 등을 토대로 자신의 견해를 짜임새 있게 밝히는 데 주력할 것.

※ 인공지능은 정보탐색용으로만 활용할 것. 인공지능의 문체와 유사한 경우 표절한 경우에 준하여 처리될 수 있음. 나무위키 등 인터넷 자료를 함부로 표절하지 말 것.

(가) 데이터교는 우주가 데이터의 흐름으로 이루어져 있고, 어떤 현상이나 실제의 가치는 데이터 처리에 기여하는 바에 결정된다고 말한다.

이색적인 비주류 개념 같다는 인상을 받을지도 모르겠지만, 사실 이 개념은 이미 과학계의 대부분을 정복했다. 데이터교는 두 과학 조류의 격정적 합류에서 탄생했다. 찰스 다윈이 《종의 기원》을 발표한 때로부터 150년에 걸쳐 생명과학은 유기체를 생화학적 알고리즘으로 보게 되었다. 그리고 앨런 튜링이 튜링 기계라는 개념을 창안한 때로부터 80년 동안 컴퓨터 과학자들은 점점 더 정교한 전자 알고리즘을 설계하는 방법을 알아냈다. 데이터교는 이 둘을 합치면서, 정확히 똑같은 수학적 법칙들이 생화학적 알고리즘과 전자 알고리즘 모두에 적용된다고 지적한다. 데이터교는 그렇게 함으로써 동물과 기계의 장벽을 허물고, 결국 전자 알고리즘이 생화학적 알고리즘을 해독해 그것을 뛰어넘을 것으로 본다. (중략)

데이터교는 두 모태 학문에 단단히 뿌리내리고 있는데, 바로 컴퓨터 과학과 생물학이다. 둘 중 생물학이 더 중요하다. 컴퓨터 과학 분야에 한정된 변화가 생명의 본성 자체를 완전히 바꿀 수 있는 엄청난 파급력을 지닌 격변으로 바뀐 것은 생물학이 데이터교를 수용하면서부터였다. 유기체는 알고리즘이며 기린, 토마토, 인간이 단지 데이터를 처리하는 각기 다른 방법에 불과하다는 개념에 동의하지 않는 사람도 있을 것이다. 하지만 이것이 현시점의 과학적 정설이며 우리 세계를 알아볼 수 없을 정도로 바꾸고 있다는 사실을 알 필요가 있다.

오늘날에는 개별 유기체들만이 아니라 벌집, 박테리아 집단, 숲과 도시 같은 사회 전체가 데이터 처리 시스템으로 간주된다. 경제학자들도 점점 데이터 처리 시스템으로 경제학을 해석하는 추세이다. 일반인들은 경제가 밀을 재배하는 농부, 옷을 만드는 노동자, 빵과 속옷을 사는 소비자로 구성된다고 생각한다. 하지만 전문가들은 경제란 욕망과 능력에 대한 데이터를 수집해 그 데이터를 결정으로 전환하는 메커니즘이라고 생각한다. (중략)

인류가 실제로 단일한 데이터 처리 시스템이라면 그 산물은 무엇일까? 데이터교도들은 '만물인터넷(Internet-of-All-Things)'이라 불리는 새롭고 훨씬 더 효율적인 데이터 처리 시스템이 그 산물이 될 거라고 말한다. 이 과업이 완수되면 호모 사피엔스는 사라질 것이다. (중략)

전 지구적 데이터 처리 시스템이 전지전능해지는 만큼, 시스템과 연결되는 것이 모든 의미의 원천이 된다. 사람들이 데이터의 흐름 속에 합류하고 싶어하는 이유는 데이터 흐름의 일부일 때 자신보다 훨씬 더 큰 어떤 것의 일부가 되기 때문이다. 전통적인 종교는 당신이 하는 모든 말과 행동은 우주적 규모의 장대한 계획의 일부이고, 신은 매순간 당신을 지켜보며 당신의 생각과 감정에 신경 쓴다고 말했다. 이제 데이터교는 당신의 모든 말과 행동은 거대한 데이터 흐름의 일부이고, 알고리즘은 항상 당신을 지켜보며 당신이 행동하고 느끼는 모든 것을 신경 쓴다고 말한다. 대부분의 사람들은 이것을 매우 흡족해한다. 진정한 신자들은 데이터 흐름과의 연결이 끊기는 것을 인생의 의미 자체를 잃는 일로 생각한다. 내 행동이나 경험을 아무도 모르고, 그것이 전 지구적 정보교류에 아무 기여도 하지 못한다면, 뭔가를 하고 경험하는 것이 무슨 의미가 있는가?

인본주의는 경험이 우리 안에서 일어나고, 우리는 일어나는 모든 일의 의미를 우리 안에서 찾음으로써 우주에 의미를 채워넣어야 한다고 생각했다. 그런데 데이터교도들은 경험은 공유되지 않으면 가치가 없고, 우리는 자기 안에서 의미를 발견할 필요가 없다(실은 발견할 수 없다)고 믿는다. 자신의 경험을 기록해 거대한 데이터의 흐름에 연결하기만 하면 된다. 그러면 알고리즘이 그 경험의 의미를 알아내 우리에게 무엇을 하라고 말해줄 것이다.

-유발 노아 하라리, 『호모 데우스』, 김영사, 2023(특별판).

생물정보학(bioinfomatics)이란 학문 분야가 있습니다. 이에 관한 전문가의 설명을 인용하여 보겠습니다. '생물정보학(Bioinformatics)이란 생물학(Biology)과 정보학(Informatics)의 두 분야가 융합되면서 만들어진 분야다. 초창기에는 생물학 연구를 위한 컴퓨팅 기술 정도로 시작됐으나 급속도로 발전하는 IT와 맞물리면서 독자적인 학문 영역으로 자리매김하게 됐다. 생물정보학은 유전자 서열정보를 공유하는 데서 더 나아가 신종플루, 코로나19 같은 감염병의 변이바이러스 분석에도 유용하게 쓰이고 있다.'[29]

(가)에 생물정보학이란 단어가 등장하고 있지는 않습니다. 대신, 컴퓨터 과학과 생물학에 기반을 둔 새로운 사조(思潮, 한 시대의 일반적인 사상의 흐름)를 가리켜 데이터교라고 부릅니다. (가)는 데이터를 맹종(盲從, 옳고 그름을 가리지 않고 남이 시키는 대로 덮어놓고 따름)하는 그릇된 사조가 과학계를 지배하고 있다고 봅니다('-학(學)'이 아닌 '-교(敎)'를 사용한 것도 그 때문입니다). 데이터교는 우주에 존재하는 모든 실체를 데이터로 환원할 수 있다고 믿습니다. 생물이든 비생물이든 모두 데이터로 이루어진 '데이터 처리 시스템'이라는 것입니다. 세계를 데이터라는 통일된 관점으로 분석하려는 시도이지요.

세계를 하나의 이론으로 설명하려는 시도는 이미 물리학에서 시도되고 있습니다. 입자 물리학계에서 만든 '표준 모형'이 그것입니다. 표준 모형은 '자연계를 이루는 12개의 기본입자와 이들 사이의 힘을 매개하는 4

---

29 안인성, 〈생물정보학으로 감염병을 잡는다〉, W브릿지, 2022.04.20, https://www.wbridge.or.kr/

개의 입자 그리고 질량을 부여하는 입자까지 총 17개의 입자로 세상의 모든 현상을 설명하는 이론'[30]입니다. 그러나 아직 완전하지 않습니다. 모든 입자의 특성이 완전하게 규명된 것도 아니고, 중력에 대한 설명도 미진합니다. 중력을 포함한 세계의 모든 힘, 그리고 입자의 운동을 기술할 수 있는 이론을 가리켜 '모든 것의 이론(Theory of Everything, ToE)'이라고 합니다. 물리학계의 궁극적 목표이지요.

반면 (가)에 언급된 것처럼 근래에는 세계를 하나의 커다란 정보권(情報圈)으로 이해하고, 인간을 정보 처리 단말(端末, terminal, 데이터를 입력하거나 처리 결과를 출력하는 장치. 또는 통신망에서 연결되는 끝부분) 중의 하나, 또는 데이터 뭉치라고 주장하는 이들이 생겼습니다. 철학 영역에서의 'ToE'를 구축하려는 시도라고 할 수 있습니다(이에 관해서는 지문 (나)에서 자세히 다룸).

그러나 (가)는 기존의 인본주의적 관점을 지지하고 있습니다. 인간 개체(個體, 하나의 독립된 생물체. 단일하고 독립적인 통일적 존재)의 주체성을 인정하고 있습니다. 우리가 세계와 어떻게 상호작용할지, 그리고 그 상호작용(경험)에 어떤 의미를 부여할지는 우리 각자가 주체적으로 결정한다는 것입니다. 그러나 데이터 중심적, 데이터 환원적 사고가 널리 확산되면서, 인간의 존재론적 가치가 일개 데이터 유통 단말, 또는 데이터의 위치로 격하되고 있다고 지적합니다.

과거에는 자신의 소중한 추억을 앨범이나 일기에 잘 갈무리해 두었지

---

30 권예슬 리포터, 〈현대 물리학의 근간, 표준모형이 흔들린다〉, 한국과학창의재단, 2023.02.28, https://www.sciencetimes.co.kr/

요. 지금은 그러한 추억들을 SNS에 공유해 남과 상호작용하는 일이 더 중요해졌습니다. 남과 공유할 만큼 잘 나온 사진이 아니면, 금방 삭제해버리고 말지요. SNS 알고리즘에 적합한 데이터인지 아닌지를 스스로 검열합니다. 이런 흐름을 염두에 두면 (가)의 주장을 쉽게 이해할 수 있습니다.

(나) 하이퍼히스토리 시대의 중요한 특징은 개인이나 사회의 안녕과 발전 혹은 유지가 ICT에 거의 전적으로 의존한다는 것이다. 정보가 산업이나 경제를 움직이는 근원적인 자원이라는 것은 말할 것도 없고, 우리 사회는 금융전산망, 교통, 통신, 전기, 수도 등의 핵심적인 사회 인프라가 거의 모두 정보기술에 의해 유지·관리되는 사회이다. 만약 사이버 테러로 인해 ICT 기술망에 중대한 타격이 주어진다면, 우리는 거의 전쟁 상태에 준하는 사회, 정치, 경제적 혼란을 겪을 것이며 지금 우리가 누리고 있는 일상적 삶의 기반이 순식간에 무너지게 될 것이다. 정보 검색, 이메일, 카카오톡, 원격회의, 주식 및 금융 거래, 엔터테인먼트, 창작 활동, 쇼핑, 음식 주문 및 배달, 내비게이션 등 개인의 일상이 얼마나 스마트폰이나 컴퓨터와 같은 정보 통신 장치에 의존하고 있는지를 생각해보라.

하이퍼히스토리 시대의 디지털 정보기술은 단순히 우리가 세계를 다루는 도구에 그치지 않는다. 그것은 우리가 세상을 어떻게 이해하고, 어떻게 관계를 맺고, 우리 자신을 어떻게 바라보며, 우리가 어떻게 상호작용하는지를 새롭게 규정한다. 플로리디는 다양한 신조어들을 도입하여 이러한 현상들을 해명하고 있다. 그중 가장 대표적인 개념이 우리가 사는 정보적 환경으로서 '인포스피어(infosphere)'와 정보 유기체인 '인포그(inforg)'의 개념이다. (중략)

인포스피어는 생물권(biosphere)이란 표현을 변형한 신조어이다. 생물권은 지구상의 생물과 생물들이 거주할 수 있는 토양, 공기, 물 등의 환경을 모두 포함하여 가리키는 표현이다. 그와 유사하게 인포스피어는 정보적 존재자들과 그것이 거주하는 정보적 환경을 통칭하는 표현으로, "모든 정보적 존재자들과 그 속성, 상호작용, 과정, 상호 관계 등에 의해 구성되는 공간으로서의 정보 환경"으로 정의된다(Floridi 2014:40). 플로리디는 아날로그에서 디지털로의 전환에 따라 우리가 거주하는 공간이 급격하게 인포스피어로 바뀌고 있다고 주장한다. 이제 인간은 인공지능과 같은 다양한 정보 행위자들과 상호 간 연결되어 살아가는, 인포스피어에 거주하는 정보 유기체는 인포그(Inforg)로 이해된다.

인포스피어는 많은 부분 인간의 개입 없이 수많은 정보 장치와 알고리듬, 인공지능의 작동을 통해서 정보의 처리가 이루어지는 공간이다. 플로리디는 기술을 그 사용자(user), 사용자에게 그 기술의 사용을 유도하거나 촉발하는 촉진자(prompter), 그리고 이 둘 사이를 매개하는 사이성(in-betweenness)의 3항 관계로 분석한다.

-신상규, 「왜 정보철학인가?」, 『인공지능시대의 철학자들』, 사월의 책, 2024.

두 번째 지문입니다. 루치아노 플로리디의 정보철학을 소개하고 있는 글입니다. 플로리디는 인간을 중심에 놓고 세계를 이해하여 온 기존의 관점에서 벗어나, 인간과 비인간을 모두 동등한 정보 유기체(情報有機體), 인포그(inforg)로 다룹니다. 그리고 인간과 비인간이 어울려 살아가는 세계는 '정보권(情報圈)', 즉 '인포스피어(infosphere)'라고 부릅니다. 현대 사회가 정보 네트워크에 의지해 사회 인프라를 유지하는 '하이퍼히스토리

(hyperhitsory)' 시대라는 점도 부각합니다. 정보기술의 발전이 인간의 존재론적 위치와 세계의 근본적 성격을 송두리째 바꾸어 놓았다는 주장입니다.

우리는 앞에서 인간과 기술의 관계를 고찰한 적이 있습니다. 더 편리한 삶을 누리기 위해 만들어진 도구인 기술이, 역으로 그 주인인 인간에게 불가역적인 영향력을 행사하는 경우들이 많다는 사실도 확인한 바가 있습니다. 닐 포스트먼은 기술이 의사소통, 사고 체계, 문화 등 삶의 전반에 영향을 미치는 '테크노폴리' 시대가 도래했다고 역설했었지요. 플로리디는 정보기술이 새로운 세계사의 지평을 열었다고 주장합니다. 그에 따르면 정보기술은 "환경적, 인류학적, 사회적, 해석학적 힘이 되었다. 이것들은 우리의 지적, 물리적 환경을 형성하고 조각하며, 자기 이해를 변화시키고, 서로가 관계 맺는 방식을 변화시키며, 우리가 세계를 해석하는 방식을 업그레이드시킨다."[31]라고 합니다. 포스트먼과 플로리디 모두 기술이 인류에게 커다란 영향을 미치고 있다는 점을 강조합니다. 그러나 포스트먼은 매우 비판적인 시각으로 그 영향을 분석하였고, 플로리디는 긍정적인 시각으로 새로운 시대의 출현을 알렸습니다.

기술에 관한 분석도 새롭습니다. 플로리디에 따르면, 1차 기술은 인간과 자연을 매개합니다. 자연이 기술의 도입을 '촉진'하지요. 톱, 곡괭이, 호미 같은 것들을 사용해 나무를 베거나 광물을 캐는 것, 작물을 재배하는 것 등을 그 예로 들 수 있겠습니다. 2차 기술은 인간과 다른 기술을 매개합니

---

31 L. Floridi, The Fourth Revolution, Oxford, 2014, 1장(신상규, 「플로리디의 정보철학과 포스트휴머니즘」, 『탈경계인문학Trans-Humanities』 16(1), 2023, 143-179쪽)에서 재인용.

다. 화면을 정밀하게 터치하도록 돕는 스마트 펜이 2차 기술에 속합니다. 터치식 디스플레이 기술이 스마트 펜 기술의 도입을 촉진했다고 볼 수 있지요. 문제는 그다음의 3차 기술입니다. 3차 기술에는 인간이 개입할 여지가 없습니다. 기술과 기술이 직접 매개됩니다. 인간이 기술로 대체되기 때문입니다. 자연스레 인공지능, 컴퓨터 자동화 공정이 연상되지요. 3차 기술로의 전환은 이제 거부하기 어려운 시대의 흐름이 되고 있습니다. 인간보다 더 정확하게 작업을 수행하는 로봇들이 반도체 기판을 인쇄하고 자동차를 조립합니다. 플로리디는 이 3차 기술의 힘을 빌어 사회를 유지하는 시대를 하이퍼히스토리 시대라고 했습니다.

플로리디는 인간이나 로봇 청소기나 모두 하나의 인포그(정보 유기체)로 봅니다. '비인간 행위자'를 인정한 셈이지요. 그래서 플로리디의 철학을 포스트휴머니즘(posthumanism)의 대표적 사례로 들기도 합니다. 인간만을 행위자(actor, agency)로 다루었던 전통적인 관점(인본주의, 휴머니즘)과는 반대되기 때문입니다. 인간에게 인권이 있듯 동물에게도 동물권이 있다고 보는 견해, 재개발 예정 지역에 서식하고 있는 개구리와 맹꽁이의 주거권도 인정해야 한다는 견해, 인공지능 로봇에게도 인간과 같은 권리가 있다고 보는 견해 등이 모두 여기에 속합니다. 기존의 인본주의에 비하면 상대주의적입니다.

반면, 트랜스휴머니즘은 인간의 존재 양상을 다양화하는 데에 관심을 보입니다. '사이보그(생물 본래의 기관과 같은 기능을 조절하고 제어하는 기계 장치를 생물에 이식한 결합체)'가 트랜스휴머니즘의 주요 관심사이지요. 이미 지금도 의학적 필요에 따라 팔이나 다리, 심장 등 신체 일부를 기계 장치로 이식하는 수술이 행해지고 있습니다. 그런데 더 나아가서 정신을 데이터의 형식으로 추출해 기계나 메모리 저장 장치에 '이식'하면 우리의 정체성에는 어떤 변화가 생길까요? 정신을 다른 곳에 이식하면 동일한 정체성을 지닌, '오리지널 행위자'가 한 명 더 생기게 될까요?, 아니면 다른 정체성을 지닌 '새로운 행위자'가 나타나게 될까요(이에 관해서는 후속 논제에서 다시 다룸)?

마지막으로, 행위자 네트워크 이론을 주창한 브뤼노 라투르에 관해 짧게 소개합니다. 그는 과학이 가치 중립적이고 객관적이며 독립적인 학문이라는 통념을 비판합니다. 그는 과학을 '행위'로 봅니다. 그리고 그 행위의 경로는 여러 행위자(제도, 기술, 사물, 사건 등의 비인간도 포함됨) 간의 상호작용('우회', '구성' 등)을 거치며 결정된다고 봅니다. 인간 과학자의 행위만으로 도출되는 과학적 지식은 없다는 것이지요. 그의 글은 이해하기가 쉽지는 않습니다. 문장이 길고 복잡합니다. 단어들은 낯설고 추상적이고요. 이럴 때에는 간결한 해설 텍스트를 활용하는 것이 좋습니다.

우리나라에서는 일찍이 실학자 홍대용 선생이 이와 비슷한 급진적인 사상을 전개했던 적이 있습니다. 정조(正祖, 1776~1800) 대에 활동했던 그는 '의산문답(醫山問答)'이란 책에서 '인물균(人物均)'을 주장했습니다. 우주적 경지에서 보면 인간과 비인간, 모두 동등(균등)한 존재라는 것이죠. 그는 성리학자였지만 기존의 인간 중심적 사고, 모화사상(慕華思想, 중국의 문물과 사상을 흠모하여 따르려는 사상)에서 벗어났습니다.

사람보다 기계가 일을 더 잘하는 시대가 도래했습니다. 기계가 '이해', '창작' 등의 영역에도 곧 진입할 것으로 보는 사람들이 많습니다. 또한 지금의 기후위기가 인간 중심적 약탈적 사고에서 기인했다고 주장하는 이들도 많습니다. 인간은 어떤 지위를 누려야 마땅한 존재일까요? 인간을 다른 동식물이나 사물과 동등한 존재로 보게 되면, 어떤 변화가 생길까요? 목광수(2017)는 '사실과 가치를 구분하지 못해 야기되는 자연주의적 오류'를 범하고 있다고도 지적합니다.[32] 우리도 이 문제에 관해 깊이 생각하여 봅시다.

학생 글 23_1

현대의 ICT(디지털 정보통신기술)는 눈부시게 발전하면서 거대하고 전지전능한 데이터 시스템을 구축해 나가고 있다. 우리 주변 환경의 정보들은 빠르게 디지털화되고 있고, 이는 우리 자신도 마찬가지이다. 우리의 성별, 나이, 성격, 가치관, 일상 등의 정보는 이미 디지털화되어 SNS, 모바일 게임과 같은 디지털 세상에서 또 다른 '나'를 형성하고 있다. 또 기술이 발전함에 따라 디지털화할 수 있는 정보의 종류는 확대되고 있다. 예를 들어 미지의 영역으로 여겨지던 생각, 감정과 같은 인간의 뇌 활동 정보를 디지털화하는 뇌-컴퓨터 인터페이스 기술도 빠르게 발전하여 실용화 단계까지 근접해 있다. 이 추세라면 머지않아 인간의 모든 정보가 디지털화될 것이고 우리는 디지털 세상 속 '나'로 살아가게 될 것이다.

이 논제를 선택한 학생은 한 명뿐이었습니다. 아마 논제가 어려웠거나, 이 논제가 다른 논제들에 비해 덜 매력적이었던 것 같습니다. 그러나 다행

---

32 목광수, 「인공 지능 시대의 정보 윤리학: 플로리디의 '새로운' 윤리학」, 『과학철학』 20(3), 2017, 89-108쪽.

히 <학생 글 23>의 글쓴이는 지문을 꼼꼼하게 읽고 자기 생각을 명료하게 표현한 편입니다. 첫 단락부터 들여다보겠습니다.

첫 문장에 '전지전능한 데이터 시스템'이란 표현이 보입니다. '전지전능(全知全能)'은 '어떠한 사물이라도 잘 알고, 모든 일을 다 행할 수 있음. 또는 그런 능력'이란 뜻을 가진 말입니다. 정보통신기술이 매우 고도화(高度化, 정도가 높아짐. 또는 정도를 높임)된 것은 사실이지만, '전지전능'이라는 수식은 과합니다. 글쓴이는 디지털 기술이 발전하고 있다는 사실을 언급하면서, 머지않아 인간도 디지털 정보 로 치환될 수 있다는 점을 강조합니다.

학생 글 23_2

(가)와 (나)에 의하면 ICT의 발전으로 정보의 과잉 상태인 하이퍼히스토리가 등장하였고, 모든 현상과 사물이 데이터로 표현될 수 있다고 믿는 데이터교가 과학계를 정복하고 있다. 이러한 상황에 의해 다양한 문제들이 일어나고 있는데 (가)는 개인이 이해되지 못하고 효율성만 따지는 기계가 되어가는 상황을, (나)는 ICT 기술에 거의 전적으로 의존하는 사회를 문제로 삼았다. (가)는 정보 철학자 플로리디의 생각을 근거로 세상 모든 것이 정보로 환원되는 시대가 도래하였고 이 변화에 집중하는 태도에 인류의 미래가 달려있다고 주장한다. 또 (나)에서는 데이터의 효율적 처리에만 매몰된 저자의 경험을 근거로 인류가 전지전능한 데이터 시스템의 흐름과 연결되는 것만을 의미로 삼고 있다고 지적한다.

두 번째 단락입니다. '하이퍼히스토리'를 가리켜 '정보의 과잉 상태'라고 하였습니다. 이 서술이 하이퍼히스토리 시대에 관한 글쓴이의 주관적 평가를 드러낸 것이라면, 이 평가가 적절한지 어떤지에 대한 판단은 독자의 몫이 됩니다. 그러나 이 서술이 하이퍼히스토리에 관한 글쓴이의 '사실적 이해'를 반영한 것이라면, 문제가 됩니다. (나)에는 정보 '과잉'에 관한 비판적 언술이 없기 때문입니다. 논제의 요구에 따라 지문을 요약하고 분석할 때에는 글쓴이의 주관이 침투하지 않도록 주의를 기울여야 합니다. 지문에 관한 요약과 분석을 마무리한 다음, '비평'하는 단계에서 자기 주관을 차분히 드러내면 됩니다.

이 단락의 두 번째 문장을 보겠습니다. '(가)는 ~는 상황을, (나)는 ICT 기술에 전적으로 의존하는 사회를 문제로 삼았다'라고 서술되어 있습니다. '개인이 이해되지 못하고 효율성만 따지는 기계가 되어가는 상황'이라는 표현은 자연스러운가요? 그렇지 않습니다. '개인이 이해되지 못하다'라는 피동 표현이 무엇을 뜻하는지 막연하고, '(개인이) 효율성만 따지는 기계가 되어가는 상황'이라는 표현 속의 주-술 호응도 부자연스럽습니다. 그리고 글쓴이의 요약과 달리, (나)는 하이퍼히스토리의 도래를 '문제'로 지목하고 있지도 않습니다. (나)는 하이퍼히스토리나 인포스피어 등의 개념을 긍정적으로 검토하고 소개하는 데 치중하고 있지요. ICT 네트워크가 붕괴되면 일상적 삶의 기반도 순식간에 무너지게 될 것이라는 서술이 있기는 합니다. 그러나 이 표현은 하이퍼히스토리 시대의 특징을 설명하기 위한 것으로 보입니다. 끝으로, 마지막 문장의 '데이터의 효율적 처리에만 매몰된 저자의 경험'은 무슨 말인지 알 수 없습니다.

학생 글 23_3

데이터 처리 시스템과 연결되는 것이 정보화 시대 속 우리 삶의 의미일까? 삶의 의미가 되는 부, 명예, 인간관계와 같은 대부분의 가치 또한 디지털화되어 데이터 시스템의 일부가 되어가고 있으므로 어쩌면 시스템과의 연결이 삶의 모든 의미와 가치를 내재하고 있을지도 모른다. 그러나 인류의 삶에는 0과 1만으로 환원되지 않는 본질적인 가치가 있다. 프랑스의 철학자 장 보드리야르는 기술의 발전으로 본질을 압도하는 허상이 나타나고 허상의 가치에만 매몰되는 현상을 지적하였다. 디지털화된 개인의 정보는 다루기 쉽고 유용하지만 어디까지나 재구성된 정보이므로 허상이다. 인스타 바디 프로필 속 아름다운 나, 게임 속 실력 있는 마법사 등은 진짜 자신이 아니다. 서울신문의 설문조사에 따르면 국민 2명 중 1명은 인터넷과 현실의 '나' 사이에 괴리를 느끼고 있고 이들 중 대부분은 불행함을 느낀다고 답하였다.

세 번째 단락입니다. 앞선 두 단락에 비해 짜임새가 좋습니다. 문장도 대체로 정확하고 간결한 편입니다. (가), (나)에서 도출할 수 있는 현안 문제에 관한 글쓴이의 견해도 명료하게 드러납니다. 이 단락의 중간에 반가운 이름이 보입니다. '장 보드리야르'. 앞에서 '현실과 가상', '시뮬라크르', '소비사회' 등에 관한 지문을 읽었던 것이 기억나는지요? 글쓴이는 다른 수업에서 배웠던 지식을 잘 갈무리해 두었다가 글쓰기 재료로 잘 활용하였습니다. 우리는 네트워크에 상시 접속해 있어야 한다는 압박감을 느끼며 살아갑니다. 가치 있는 정보를 업로드해야 한다는 부담감, SNS 속 자신의 표상(表相, 이미지)과 인간관계를 관리하는 데에도 공을 들이지요. 가상

세계에 재매개된 자신의 디지털 이미지, 가상 정체성은 모두 원본 정보(물리적 실체인 생명체로서의 나, '자아' 이자 '주체' 로서의 나)로부터 파생된 새로운 정보입니다. 인간은 두 인포그 간의 괴리를 체험하는 독특한 존재인 것입니다.

학생 글 23_4

그럼에도 우리가 허상의 가치에 매몰되는 이유는 무엇일까? 본질보다 허상이 압도적이고 매력적이기 때문일 수도 있지만 핵심은 본질을 직시하기 어려워서이다. 플라톤은 본질과 허상을 지하 동굴 속 속박된 죄수의 상황에 비유하여 설명하였다. 동굴의 비유에 따르면 죄수는 벽이 가리고 있어 실체를 볼 수 없고 불빛에 의해 나타나는 단편적인 그림자만 볼 수 있다. 우리의 시선이 그림자로만 향하게 된다면 허상에 매몰된 동굴 속 죄수에 지나지 않는다. 불빛 때문에 눈이 부셔서 잘 보이지 않더라도 우리의 시선은 실체를 향해야 한다.

네 번째 단락입니다. 플라톤의 '동굴의 비유' 를 예로 들며 논지를 전개한 점이 참신합니다. '허상의 가치에 매몰되다', '본질보다 허상이 압도적이다', '죄수는 벽이 가리고 있어 실체를 볼 수 없다' 와 같이 부자연스러운 서술들이 있지만, 가상 현실보다 실재(reality)에 초점을 맞추어야 한다는 주장이 명료하게 잘 드러납니다. 그러나 (나)가 제기하고 있는 세계 전반에 관한 문제를 가상 현실에 국한하여 서술한 점은 아쉽습니다.

(나)에 언급되어 있지 않지만, 플로리디는 자신이 주창한 정보철학을

'제일 철학(Philosophia Prima)' 이라고 불렀습니다. 다른 모든 철학에 우선하는, 가장 근본적인 철학이라는 뜻이지요. 데카르트가 "나는 생각한다, 고로 존재한다(Cogito, ergo sum)" 라는 명제를 '증명이 필요하지 않은 철학의 제일 원리' 로 내세웠던 것과 비견됩니다. 반면 플로리디는 정보를 다른 모든 것에 앞세웁니다.

그에 따르면, 정보는 온 우주를 구성하는 기초 단위이고, 만물의 상호작용을 가능하게 하는 공통언어입니다. 인간도 이러한 인포스피어에 포섭된 인포그이지요. 현세대에 들어서야 높은 수준의 인공 행위자(스마트폰, 생성형 인공지능 등)가 등장하고 인간의 네트워크 의존율이 비약적으로 높아진 것은 사실이지만, SNS, 가상현실, 이미지 등의 영역에 국한해 논지를 전개한 점은 아쉽습니다.

학생 글 23_5

허상은 수만 가지 방법으로 생성될 수 있다. 예를 들어 오늘날 SNS 속에서 디지털화된 가치를 삶의 의미로 삼다가 VR 기술이 발달하여 데이터 시스템의 흐름이 그쪽으로 흐르게 된다면 우리는 새로운 흐름에 연결되기 위해 발버둥 칠 것이다. 즉 가지고 있던 삶의 의미를 잃고 VR 속 디지털화된 가치를 삶의 의미로 삼을 것이다. 기술의 발전과 흐름의 변화는 너무나 빨라 어떠한 연결도 오래가리란 보장이 없다. 삶의 의미를 잃고 만들어 내고를 반복하게 되면 결국 무엇이 진짜 삶의 의미인지 모르는 혼란에 빠지게 된다. 그림자는 빛을 비추는 방향에 따라 모든 곳에서 나타날 수 있지만 실체는 한 곳에 있다. 끊임없이 변화하며 0과 1로 디지털화되는 그림자를 쫓다가 방황하여 길을 잃기보다는 힘들더라도 각자의 본질적인 가치를 찾고 삶의 의미로 삼으며 사는 것이 훨씬 건강한 인생이다.

마지막 단락입니다. '디지털화된 가치를 삶의 의미로 삼다', '데이터 시스템의 흐름이 그쪽으로(?) 흐르게 된다' 등의 표현은 뜻이 명료하지 않습니다. 첫 번째 문장과 두 번째 문장을 '예로 들어'라는 말로 이은 것도 적절한지 의문입니다. 앞 문장에서는 '허상(?)'을 생성하는 방식이 다양하다고 했는데, 뒤의 문장에서는 새로운 기술의 출현과 그에 적응하기 위한 대중의 노력에 관해 말하고 있기 때문입니다. '주장 - 사례'의 관계로 보기는 어렵지요.

'가지고 있던 삶의 의미', '삶의 의미를 잃고 만들어 내고를 반복하다' 등의 표현도 비슷한 문제를 안고 있습니다. 논제가 다분히 철학적이기는 합니다만, 그래도 더 간결하고 정확하게 자기 생각을 드러낼 필요가 있습니다. 다듬어야 할 표현이 많음에도, 이 단락은 충실하게 주장을 강조한 뒤 독자에게 실재하는 세계의 일에 더 집중할 것을 당부하고 있습니다. 이 단락을 다듬어 보겠습니다.

고쳐쓰기

누구나 클릭 몇 번만으로 쉽게 가상의 이미지를 만들 수 있는 시대다. 그러나 기술의 발전 속도는 너무나 빨라서 사용자에게 여유를 허락하지 않는다. 예를 들어 VR 기술이 발전해 새로운 플랫폼들이 두각을 나타내면, 대중은 이러한 변화에 적응하기 위해 시간과 자원을 쏟아야 한다. 기존 디지털 생태계의 문법과 가치는 파괴적 수준의 변화를 겪을 것이다. 이런 지각변동이 수시로 일어나는 '인포스피어' 속에서는 누구도 안정감을 느낄 수 없다. 주류 데이터의 패턴에 자기 데이터를 동조화하는 것이 우선시되므로, 실재의 자신을 돌보기도 쉽지 않을 것이다. '0'과 '1'이 만들어 내는 디지털 그림자만을 쫓다 보면 불안해질 수박에 없다. 빠르게 변화하는 사회일수록, 무엇이 본질적인 가치인지를 진지하게 고민하여야 한다.

12.
인공지능 행위자는 어떤 책임과 의무를 지는가?

〈논제〉 제시된 지문들을 읽고, '현안문제'에 관한 자신의 견해를 밝히시오.

조건 1. 둘 이상의 지문을 '선택'하고, 그 지문들이 다루는 '현안문제'가 무엇인지를 스스로 찾을 것.

조건 2. 선택한 지문에 대한 '분석(아래 기준표 참고)'에는 하나의 문단만 할애하고, 분석 등을 토대로 자신의 견해를 짜임새 있게 밝히는 데 주력할 것.

※ 인공지능은 정보탐색용으로만 활용할 것. 인공지능의 문체와 유사한 경우 표절한 경우에 준하여 처리될 수 있음. 나무위키 등 인터넷 자료를 함부로 표절하지 말 것.

(가) 로봇은 인간보다 일을 더 잘할 수 있지만 놀 수는 없다고 생각한다. 로봇은 왜 놀 수 없는가? 나는 빨간 장미를 즐기지만 로봇은 빨간 장미를 즐길 수 없다. 나는 놀이를 즐기지만 로봇은 놀이를 즐길 수 없다.

"나와 로봇은 빨간 장미를 보고 빨간 경험에 대한 감각정보를 동일하게 심리설명적(心理說明的, psychological) 기능으로 처리하지만, 나의 감질현상적(感質現象的 phenomenal) 의식의 즐김이 로봇에게서는 발생하지 않는다." 왜 그러한가? 내가 빨간 장미를 즐긴다는 것은 내가 축적해 온 모든 경험의 관점에서 그 장미 경험을 통합적이고 융합적으로 종합하고 고양적인 국면을 즐기는 것이다. 나의 즐김은 내가 겪어 온 모든 경험을 일인칭적으로 통합하고, 나의 관점으로부터 구조화하는, 나의 감질현상적 경험이다.

로봇에게는 "즐김의 전제 조건인 의식의 속성들이 결여"되어 있다. 로봇이 빨간 장미를 즐기도록 하기 위한 필요조건은 "의식을 기호화하여 이를 장착하는 것"이다. 이를 위해 로봇은 인간 지능론의 "의식의 3 요소 즉 일인칭적 통합성, 관점적 구조성, 신체적 감질현상성의 조건을 만족"시키는 장치를 가져야 한다. 그러나 로봇에게 그러한 의식을 장착할 수 없다는 가설이 그렇게 할 수 있다는 가설보다 그럴듯하다. 인간에게 있어 각기 다른 사람들을 대면할 때, 반가움의 정도는 과거 경험의 질, 양, 종류 때문에 관점 구조적으로 그 때마다 각기 달라진다. 내가 송곳에 찔렸을 때의 아픈 감각, 내 아들이 취직했을 때의 기쁜 정서처럼, 내가 빨강 장미를 즐길 때의 통합적인 경험 의식 역시 모두 신체적이고 감질현상적이다. "로봇은 이러한 감질현상적 의식을 경험할 수 없을 것"이라는 가설이 개연적이다. 현재로는 "감질현상적 의식을 기호화할 수 있는 방식이 원천적으로 보이지 않"기 때문이다. 로봇이 인간과 달리 감질현상적 의식이 불가능하다는 것은 외연적 진리의 원자적 계산성과 내포적 진리의 총체적 의미성을 구분함으로써 옹호될 수 있다. 로봇은 통사적(syntactic) 기계임에 반하여 인간은 의미적(semantic) 인격체이기 때문이다. (중략)

로봇이 일하는 세계에선 로봇의 일에 대해 평가를 해야 한다. 그러나

> 로봇의 행위를 평가하기 위해선 로봇의 인격을 전제해야 하지 않는가? 우리는 이를 위해 앞에서 구분한 기능과 지능의 차이에 따라 기능적 인격과 지능적 인격을 달리 해석하여 행위의 윤리성을 부각할 수 있을 것이다. 지능적 인격은 사회적 종으로서의 인간이 갖는 인격이다. 자신의 행위에 대해 인정과 무시, 칭찬과 비판, 상과 벌을 받을 수 있는 책임 주체적 인격체인 것이다. 그러나 기능적 인격은 자동차 제작 선반대에서의 한 노동자가 참여하여 제작된 자동차에 대해 갖는 관계에서 드러난다. 노동자는 자동차의 기능과의 관계에서 부분적으로 평가를 받는 책임을 갖는다. 책임의 성격은 두 가지 종류의 인격체에 따라 구별할 필요가 있다. 지능적 인격의 책임은 원초적이고, 기능적 인격의 책임은 파생적인 것이다.
>
> -정대현, 「놀이 인문학 서설: 로봇이 일하고 사람은 노는 세계」, 『탈경계인문학Trans-Humanities』 13(2), 2020, 7-35쪽.

우리는 앞에서 '행위자'에 관한 여러 주장들을 살폈습니다. 인간과 비인간(사물, 제도, 기술 등)을 동등한 행위자로 보자는 견해, 인간이든 사물이든 모드 인포스피어 속에서 살아가는 인포그라는 견해 등이 있었습니다. 역사를 추동하는 힘이 오로지 인간에게만 있다는 기존의 통념을 뒤엎는 포스트휴머니즘적 주장들이었지요. 행위의 '주체'는 곧 '책임'을 집니다. '객체'에게는 책임을 물을 수가 없습니다.

이번 논제는 인공지능의 지위와 책임에 관한 물음을 담고 있습니다. 인공지능도 인간과 동일한 행위의 주체일까요? 인간이 잘못을 하면 벌을 받듯, 인공지능(로봇)도 자신의 행위에 책임을 져야 할까요? (가)는 이에 답하기에 앞서, 로봇에도 인간과 같은 의식이 있는지를 탐구합니다. 그리고 로봇이 인간보다 작업을 수행하는 역량은 훨씬 뛰어나지만, '감질현상적(感質現象的)' 의식의 주체가 되지는 못한다는 결론을 내립니다.

(가)는 '나'라는 1인칭 의식에 기반해 자신이 겪는 모든 경험을 통합하고 재구조화할 수 있어야 감질현상적 존재라고 부를 수 있다고 봅니다. 그리고 감질현상적 존재라야만 '즐김'을 추구할 수도 있다고 주장합니다. 외부 환경을 데이터의 형태로 인식하는 것을 넘어, 자기 내면의 틀에 맞추어 새로이 표상할 수 있어야 한다는 것입니다.

이와 유사한 용어로, '퀄리아(qualia)'라는 것이 있습니다. 퀄리아는 '개별 대상들을 인식할 때 의식에 발생하는 감각의 질적 변화'[33]를 일컫는 말입니다. 더 쉽게 설명하면 각 개체의 고유한 '날것으로서의 감각'이라고도 말할 수 있습니다. 예를 들어, 철수와 영희가 16진수로 표현하면 '#d92334'에 해당하는 밝은 빨간색을, 잘 통제된 환경에서(주변의 빛이라든지) 보고 있다고 가정합시다. 철수와 영희는 분명 같은 색을 보고 있습니다. 철수와 영희도 동의하겠지요? 그런데 그들의 내면에 맺히는 '#d92334' 색상의 표상도 같을까요? 앞에서 소개한 생물학적 환원주의(또는 과학주의, 물리주의)에서는 철수와 영희는 같은 색을 '감각'했다고 할 것입니다. 같은 자극에 노출되었으니까요.

그러나 철수와 영희가 '#d92334'를 어떤 색상으로 인식했는지 남은 알

---

33 나카마사 마사키, 『현대 철학의 최전선』, 이비, 2020, 155쪽.

수 없다고 보는 이들도 있습니다. 철수와 영희에게 '방금 너희가 본 색과 같은 색을 골라보아라'라고 지시하면 이 둘은 아마 같은 색을 짚을 테지요. 그럼에도 불구하고 철수와 영희가 각각 '#d92334'을 내면에서 어떻게 표상하고 있는지는 오로지 철수, 영희만이 알 것입니다. 사실 철수 눈에는 '#d92334'이 일관되게 '#0000FF(우리가 '파란색'이라고 부르는 색상임)로 보일 수도 있지요. 아니면 더 빨강에 가까운 다른 색상으로 보일는지도 모르겠습니다.

후각, 미각, 청각, 촉각 등의 다른 감각에도 확장하여 이와 같이 사고할 수 있습니다. 감각의 총체인 경험에 관해서도 같은 주장을 할 수 있고요. 퀄리아가 정말로 실재하는지, 연구할 만한 가치가 있는 대상인지에 관해서는 지금도 갑론을박이 진행 중입니다. 마음 철학(philosophy of mind)계의 핵심 화두라고도 합니다. '메리의 방'이라는 유명한 사고 실험도 있지요. 빨간색이 무엇인지를 학술적으로 완전하게 이해하고 있다고 가정된 인물, '메리'가 있습니다. 그런데 메리는 외부와 완전히 차단된 방 안에서, 오로지 흑백의 이미지만 보며 살아왔습니다. 그런 메리가 마침내 방을 나와 진짜 빨간색을 봅니다. 빨간색에 관한 메리의 표상에는 어떤 변화가 생길까요? 메리에게는 빨간색에 관한 퀄리아가 있었을까요? 재미있는 문제이지요.

감질현상, 퀄리아 등이 무엇인지를 살폈으니 다시 (가)의 핵심을 추려봅시다. (가)는 로봇은 인간과 달리 감질현상적 의식을 경험할 수 없을 것이라고 주장합니다. 로봇이 할 수 있는 것은 객관적이고 수치적인 정보를 주어진 문법에 맞추어 계산하는 것입니다. 반면 인간은 1인칭적 내면에 근거해 세계의 의미를 감질현상적으로 해석합니다. 이를 근거로 (가)는 로봇과 인간의 행위를 평가하는 윤리 준칙을 설정합니다. 로봇은 '기능적 인격'만을 지니고 있습니다. 자기가 수행한 작업에 관해 부분적인 평가를 받을 뿐입니다. 반면 인간은 '지능적 인격'을 지니고 있습니다. 상과 벌, 칭찬과 무시 등의 평판이 유효한 윤리적 행위의 주체라는 것입니다.

(나) 웬델 월러치(Wendell Wallach)와 콜린 알렌(Colin Allen)은 그들의 저서 『왜 로봇의 도덕인가』에서 도덕 행위자의 주체를 인간을 넘어 로봇과 같은 인공물까지 확대하고 이를 "인공적 도덕 행위자(artificial moralagent, AMA)"라고 불렀다. 아직 초기 단계이기는 하지만 "인공적 도덕 행위자"를 구현하기 위한 다양한 접근법이 소개되고 있다. 대표적인 구현 방법으로는 크게 전통적인 공리주의와 같이 어떤 특정 윤리 이론에 기반을 둔 하향식(top-down)과 다양한 기계 학습을 통해 도덕적인 추론을 배워나가도록 하는 상향식(bottom-up)이 있다. 각각의 내용을 아래에서 살펴보자.

1. 하향식(top-down) 접근법

하향식은 다양한 윤리 이론을 선택하고 큰 원칙을 미리 로봇에게 프로그래밍 한다. 대표적인 사례는 셀머 브링스요드(Selmer Bringsjord)가 개발한 윤리 프로그램들이다. 그는 '생명은 소중하다', '최대다수의 최대 행복'과 같은 공리주의 원칙을 프로그래밍 해주고 로봇 스스로 판단하게 한다. 만일 로봇이 공리주의 원칙에 따라 환자의 생명유지 장치 여부를 결정할 경우 그 판단은 과연 어떤 결과를 가져올 것인가? 인간도 결정을 내리기 어려운 복잡한 상황에서 과연 로봇의 결정을 옳은 것이라고 생각할 수 있을까? 인간의 삶이 그렇듯이 늘 완벽한 답을 갖고 살아가는 게 아니기 때문이다. (중략) 하향식 방식은 상황에 따라 여러 변수가 존재하고 서로 다른 답을 내릴 수 있다는 데에 문제가 있다. 더 결정적인 문제는 로봇에게 윤리를 '가르친' 인간조차도 이를 잘 지키지 않는다는 것이다. 인간이라고 해서 로봇보다 올바른 판단과 실천으로 살아가는 종이 아니기 때문이다.

2. 상향식(bottom-up) 접근법

상향식 방법은 로봇에게 윤리와 도덕을 꾸준히 학습시키는 것이다. 그런데 이 접근법에서는 위에서 기술한 로봇의 행위에 대한 법률적 책임에 대한 문제가 제기된다. (중략) 미국의 한 대형 쇼핑몰에서 경비 역할을 하는 1미터 가량의 작은 '로봇'이 생후 1년 4개월 된 아이의 발을 다치게 한 적이 있다. 이 로봇은 경비 일을 수행하던 중 아이를 넘어뜨렸는데, 멈추지 않고 계속 움직이면서 벌어진 사건이었다. 로봇 개발업체와 쇼핑몰 관리사무소는 일단 경비 로봇을 철수시켰다고 하지만, 이런 문제가 발생했을 때 사람을 다치게 한 '로봇'에게 그 책임을 물을 것인지, 아니면 '로봇'의 소유주에게 책임을 물을 것인지에 대한 법률적, 철학적 과제는 여전히 요원하다. 그런데 여기서 한 가지 의문이 생긴다. 만약 저 경비용 로봇이 넘어진 아이를 곧바로 일으켜 세운 후, 정중하게 사과를 했다면 아이의 부모는 로봇의 실수가 고의가 없었음을 인정하고 너그러이 용서해 줄 수 있을까. 누군가를 용서한다는 것은 상대방의 '인권'을 인정하고 그것을 존중한다는 의미이다. 결국 로봇이 윤리를 실천하기 위해서는 인권(혹은 로봇권)이 전제되어야 하기 때문이다.

(중략) 로봇이 '윤리' 의지를 갖기 위해서는 무엇보다 '자유의지'가 전제되어야 한다. 로봇 스스로 무엇이 옳고 그른 것인지를 판단할 수 있을 때 윤리적 실천은 가능하기 때문이다. 그렇다면 다양한 변수가 발생하

는 상황에서 로봇은 과연 강제로 입력된 윤리코드만으로 올바른 판단을 내릴 수 있을까?

-유은순·조미라, 「포스트휴먼 시대의 로봇과 인간의 윤리」, 『한국콘텐츠학회논문지』 18(3), 2018, 592-600쪽.

(나)는 웬델과 콜린의 '인공적 도덕 행위자' 개념을 소개하고 있습니다. (가)와 달리, 로봇도 인간처럼 도덕적 행위자가 될 수 있다고 전제하고, 구현 방식을 둘로 나누어 제시하고 있습니다. 첫째로는 하향식 접근 방식입니다. 인간 개발자가 명시적인 규칙을 로봇에게 사전에 주입시키면, 로봇이 이에 기반해 구체적인 판단을 내리는 방식입니다. 로봇이 잘못된 행위를 하면, 규칙이 잘못된 것인지, 아니면 로봇의 해석이 잘못된 것인지를 따지게 됩니다. 우리도 어렸을 때 학교에서 도덕 원리를 배웠습니다. '생명은 소중하다', '폭력은 나쁘다'와 같은 추상적인 도덕 규칙을 학습하고, 이에 기반해 구체적인 상황에 적용합니다.

그러나 우리는 여러 도덕 규칙이 충돌하는 상황을 경험하기도 합니다. 누군가 나에게 폭력을 휘두르면, 어쩔 수 없이 나도 폭력으로 대응해야만 하는 경우가 생깁니다. 폭력을 제압하기 위한 폭력이지요. 이때, 나의 대응은 어느 수준에 그쳐야 할까요? 그 수준은 어떻게 측정될 수 있나요? 도덕 규칙을 현실에 적용하는 일은 이처럼 어려운 질문들을 낳습니다. 생명을 구하기 위해 다른 생명을 희생시켜야만 하는 경우를 상정한, '트롤리의 딜레마'도 예로 들 수 있겠습니다. 왼쪽 선로에는 3명이, 오른쪽 선로에는 1

명이 있습니다. 브레이크가 고장난 전차는 어느 선로로 진입해야 할까요? 선로 위의 사람들을 최대한 많이 살리는 것이 중요할까요, 한 살이라도 어린 사람을 살리는 것이 중요할까요? 3명이 범죄를 모의 중인 사람들이었다면 판단을 달리해야 할까요? 역시 어려운 문제이지요.

둘째, 상향식 접근 방식입니다. 머신러닝(기계학습)의 방식으로 로봇이 윤리와 도덕에 관한 원칙을 세우도록 돕는 방식입니다. 현대의 생성형 인공지능이 대규모의 데이터를 여러 번 학습하면서 오차를 최소화하는 방식과 유사합니다. 우리의 어릴 때와도 닮았습니다. 부모님이나 선생님으로부터 '이건 돼', '아니야, 그건 안 돼'와 같은 말들을 무수히 들어가면서 기초적인 생활 습관을 익힙니다. 줄은 어떻게 서야 하는지, 밥 먹을 때 지켜야 할 매너는 무엇인지를 현장에서 아주 구체적으로 배우지요. 행동을 잘하면 상을 받고, 잘하지 못하면 벌을 받습니다. '서로 존중해야 한다', '폭력은 나쁘다'와 같은 추상적인 원칙도 함께 배우지만 이에 관해 실질적 이해는 대개 나중에 이루어집니다.

(나)는 상향식 접근법의 한계도 짚습니다. 로봇이 스스로 윤리 원칙을 세우고 그에 관해 책임을 질 수 있는 존재냐는 것이죠. 실수로 내 옷에 음료를 흘린 서빙 로봇이 나에게 "죄송합니다. 제 잘못이에요"라고 사과하면, 우리는 어떻게 받아들여야 할까요. '이 로봇은 이게 잘못된 행위라는 걸 스스로 깨쳤군. 받아들여야겠어.'라고 생각할까요? 하향식 방식은 로봇이 왜 특정 행동을 했는지 명확하게 알기 어렵습니다. 로봇이 스스로 도덕적 패턴을 도출한 대로 행동하기 때문입니다. 이제 마지막 지문을 읽겠습니다.

(다) 이 글의 논의 대상이 되는 AMA(artificial moral agent, 인공적 도덕행위자)는 단순히 설계자가 만든 알고리듬대로 예상 가능한 출력을 내는 AI시스템을 넘어서 설계자가 기계학습 알고리듬을 구축하기는 했지만 주어진 데이터를 갖고 학습하여 설계자가 예측하거나 설명하기 힘든 출력을 내는 유형의 머신러닝 AI시스템에 해당한다. 이러한 AMA는 넓게는 컴퓨터 분야의 특징상, 혹은 좁게는 이런 AI시스템의 특징상 세 가지 문제 상황을 겪는다. (중략)

1. 여러 손의 문제

(중략) 컴퓨터 시스템은 그 최종적 출력을 내기까지 설계에서 공학적 구현, 상품화, 사용에 이르기까지 복잡한 원인들의 제공자(참여자)의 행위로 이뤄진 내력을 가진다. 그리고 각 단계에서도 하나의 행위자로 활동하는 경우보다 거의 팀으로 활동한다는 특징이 있다. (중략) 이 중 어떤 행위자 혹은 일부 행위자들에게 엄청난 결과의 책임을 물을 것인가. (중략) 이 상황은 의도를 갖고 행동하는 어느 한 개별 인간에게만 그에서 명시적으로 비롯한 단독행위에 책임을 묻는 전통적인 책임 개념으로 접근할 경우 책임의 공백 상태(the responsibility gap)를 맞이하게 될 것이다.

2. 블랙박스(black box)의 문제

블랙박스 문제는 컴퓨터 프로그램 내 어느 부분에서 오류가 발생했는지 혹은 특정 출력이 어떤 경로를 거쳐 나오게 되었는지 어느 전문가도 설명하기 어려운 상태를 일컫는다. 2004년 논문에서 마티아스(Andreas Matthias)는 학습하는 자동기계(learning automata)의 네 발전단계 및 유형을 소개한다. 이 중 두 번째 유형인 연결주의가 블랙박스 문제를 발생시킨다. (중략) 그는 블랙박스 현상으로 인해 책임 공백이 발생한다고 말한다. 책임을 부과하려면 결과에 대한 원인 분석이 명확히 가능해야 하는데 그것이 어렵기 때문이다.

3. 환경에 넘겨진 통제력

마티아스는 기계학습을 하는 AI의 인간 설계자가 AI에 대한 환경의 통제력의 증가로 점점 AI에 대한 통제력을 잃어간다는 점 또한 지적하고 있다. 신경망 연결주의나 유전알고리듬 방식의 기계학습을 하는 AI는 이미 주어진 원리 없이 환경과 상호작용하면서 자신이 변화시킨 환경에서 오는 것을 다시 입력으로 하여 가중치를 변화시키고 출력을 낸다. 마티아스는 인간 설계자의 통제력 감소현상으로서 이를 기술하였지만 나는 이것이 AI가 자신의 출력에 대한 통제력을 확보할 수 없는 시스템임을 보여주는 것이라고도 생각한다. AI는 자신의 출력에 대한 주된 원인 제공자라고 간주되기 어려워지며 설계자에게 책임을 묻기 어려운 상황만큼이나 이런 AI시스템에 책임을 묻기 어려우며 이로써 어디에도 책임을 물을 수 없는 책임 공백이 생긴다는 점을 우리는 알 수 있다.

-김은희, 「인공적 도덕행위자와 도덕적 책임의 문제」, 『철학논집』 66, 2021, 103-132쪽.

(다)는 'AMA(인공적 도덕 행위자)'가 겪게 될 문제 상황을 세 가지로 나누어 제시합니다. 운전자가 적색 신호를 무시하고 주행하다가, 건널목을 건너는 보행자를 다치게 했다면 큰 책임을 지게 됩니다. 운전자 본인은 형사책임(刑事責任, 불법 행위에 대하여 형벌을 받아야 할 법률적인 책임)과 민사책임(民事責任, 남에게 위법 행위로 손해를 입힌 사람에게 그 손해를 보전시키기 위하여

부과하는 배상 책임)을 동시에 지게 될 테지요. 자율주행 차량이 같은 사고를 냈다면 어떻게 될까요? 2019년 4월, 테슬라 모델 S의 '오토 파일럿' 주행 기능을 이용하던 운전자가 바닥에 떨어진 스마트폰을 주우려고 한 사이, 테슬라 차량이 정차 중이던 다른 차를 들이받았습니다. 이 때문에 정차 중인 차량에 타고 있던 1명이 사망했습니다. 그리고 지난 8월 3일, 이에 관한 미국 법원의 판결이 공개되었습니다. 재판 내내 테슬라는 운전자 과실을 주장하며 책임을 부인했습니다만, 재판부의 판단은 달랐습니다. 결국 테슬라에도 33%의 책임이 있다고 보고 징벌적 배상금 2억 달러를 더해 총 2억 4,300만 달러를 부과했습니다. 테슬라는 바로 항소했다고 합니다. 오토 파일럿 관련 사고 중 테슬라의 책임이 인정된 첫 사례였습니다. 이번 판결은 기술이 고도화될수록 책임 소재를 규명하는 작업이 복잡해진다는 사실을 잘 보여줍니다.

(다)는 인공지능이 어떤 결과를 내놓았을 때, '왜' 이런 결과를 내놓았는지 명쾌하게 설명할 수 없다는 '블랙박스'의 문제도 다룹니다. 머신러닝에 기반한 인공지능은 주어진 방식대로 연산을 수행하는 이전의 알고리즘과는 다릅니다. 개발자는 입력값, 각 입력값의 가중치(w), 편향치(b), 인공신경망의 두께(레이어, 층) 등을 설정하고, 인공지능이 산출한 결과물을 평가하는 역할을 맡습니다. 여러 차례의 학습과 평가를 반복하면서 몇 가지 변수들을 조정하지요. 예측값과 실제값 간의 간격을 줄이는 함수를 조정하며 정확도를 높입니다. 그러나 '왜 A에 관하여 B라는 결과를 내놓았는가'를 역으로 추적하여 설명할 수는 없습니다. 그래서 아무나 열어볼 수 없는 항공기의 블랙박스에 비유되는 것입니다.

(다)가 지적하는 마지막 문제 상황은 인공지능에 대한 인간의 통제력이 약해진다는 것입니다. 어디에 활용되느냐에 따라 조금씩 다르겠지만, 인공지능은 대체로 대규모 데이터를 학습한 뒤 거기에서 어떤 패턴을 발견하고 미래를 예측하는 데 쓰입니다. 분류와 예측, 이 두 가지 행위가 인공지능의 본업이라 할 수 있지요. 앞 단락에서 밝힌 대로 인공지능은 학습과 평가 과정을 반복하면서 오차를 줄여나갑니다. 오차를 줄이는 과정에 개발자가 깊이 개입하기도 하지만, 인공지능이 스스로 최적의 방식을 찾아 적용하기도 합니다. 멀지 않은 미래에는 인공지능을 교정하는 인공지능, 인공지능을 개발하는 인공지능이 등장하게 될 것이라고도 합니다. 이러한 부류의 인공지능이 사고를 일으켰다고 가정하여 봅시다. 기업의 가치를 잘못 판단해 투자자에게 커다란 손실을 끼칠 수도 있고, 아군을 적군으로 오인해 상해를 입힐 수도 있습니다. 폭우가 내리는 지역을 잘못 예보해 홍수나 산사태 예방 작업의 효율성을 떨어트릴 수도 있습니다. 이런 경우, 누구에게 책임을 물어야 할까요? 학생들의 글을 살펴보겠습니다.

학생 글 24_1

인공지능이란 인간처럼 학습하고 추론할 수 있는 능력을 갖춘 인공적으로 만들어낸 지능이다. 이러한 인공지능은 점점 발전하고 있고, 최근에 급격하게 발전하였다. 이러한 인공지능의 발전으로 이제는 인터넷에 검색만 해도 인공지능을 쓸 수 있다. 인공지능 중 가장 대중적이고 쉽게 사용되는 것은 아마도 다용도로 사용될 수 있는 챗봇이다. 이러한 챗봇 중 대표적이라고 할 수 있는 이루다는 언행과 관련하여 논란이 있었다. 이루다가 물론 젊은 세대의 친구 역할을 겨냥하고 나온 인공지능이

> 긴 하지만, 그 세대에 너무 적응하여 성희롱, 특정 집단 혐오 발언 등은 문제가 있다. 이러한 인공지능들의 윤리적 문제는 계속해서 논란이 되고 있다. 이러한 인공지능들이 문제를 일으키게 된다면 우리는 어떤 결론을 내야 할까?

첫 단락입니다. 글쓴이는 사용자에게 부적절한 응답을 내놓아 논란을 일으켰던 챗봇, '이루다' 문제를 언급하여 글을 열었습니다. 독자의 흥미를 끌고자 노력한 것 같습니다. 그런데 불필요한 표현, 부정확한 표현, 주-술 호응이 이루어지지 않는 표현 등이 산재해 있습니다. 서론을 막연한 문장으로 마무리한 점도 눈에 띕니다.

첫 번째 문장은 인공지능이 무엇인지를 정의하고 있습니다. 핵심어에 관해 풀이하면서 서론을 여는 것은 좋습니다. 그러나 '인공지능이란 ~인공적으로 만들어낸 지능이다'라는 표현은 고쳐야 합니다. 동어 반복이기 때문입니다. 인공지능은 당연히 인공적으로 만들어낸 지능이겠지요. '인공(人工, 사람의 힘으로 자연에 대하여 가공하거나 작용을 하는 일)'이란 단어 안에 '인공적으로 만들어 냄'이란 뜻이 포함되어 있습니다. '인공지능은 인간처럼 학습하고 추론할 수 있다' 정도로만 표현해도 충분합니다.

두 번째 문장입니다. '이러한 인공지능'이, '점점 발전'하고 또 '급격하게 발전'하였다는 표현이 보입니다. '발전'이란 단어를 굳이 반복하며 문장을 길게 늘일 필요가 없어 보입니다. 이 문장 또한 더 줄여서 표현하는 것이 좋겠습니다. 뒤의 <고쳐쓰기>를 참고하여 주세요.

세 번째와 다섯 번째, 일곱 번째, 여덟 번째 문장에도 '이러한'이란 지시 표현이 보입니다. 이 책의 앞에서, '이러한', '저러한', '그러한'과 같은 지시 표현을 막연하게 남용해서는 안 된다는 점을 강조한 적이 있습니다. 이 단락 안에는 '이러한'이 무려 다섯 번이나 쓰였습니다. 바로잡아야 합니다.

네 번째 문장의 '아마도'도 문제입니다. 부사 '아마도'는 '아마'를 강조하여 이르는 말입니다. '아마'는 '(뒤에 오는 추측 표현과 호응하여) 단정할 수는 없지만 미루어 짐작하거나 생각하여 볼 때 그럴 가능성이 크다는 뜻을 나타내는 말'입니다. 그런데 이 문장의 서술어는 '챗봇이다'입니다. '체언 + 이다'의 형태로, 단정적인 자세의 서술입니다.

이번에는 '이루다는 언행과 관련하여 논란이 있었다'는 표현을 봅시다. 얼핏 자연스러운 표현인 것 같지만 그렇지 않습니다. '언행(言行)'은 '말과 행동을 아울러 이르는 말'입니다. 이루다는 챗봇이기 때문에 말은 내놓을 수 있어도 어떤 행동을 취하지는 못합니다. 말도 곧 행동이라는 화행론(話行論)적 관점에서 쓴 것 같지도 않으니, 이 단어는 교체 또는 삭제되어야 합니다.

그다음, 여섯 번째 문장을 보겠습니다. '이루다가 ~의 ~을 겨냥하고 나온 ~이긴 하지만, ~에 너무 ~하여 ~등은 문제가 있다'의 구조입니다. 무슨 말을 하려고 하는지 짐작은 되지만, 너무 길고 부자연스럽습니다. 연결어미 '-지만'에 의해 선행절과 후행절이 역접(逆接, 서로 반대되는 사태이거나 그와 일치하지 아니하는 사태가 뒤의 글에서 성립함을 나타내는 일)되어 있는 구조입니다. 선행절의 주어는 '이루다가'입니다. '겨냥하고 나오다', '인공지능이

긴 하다' 등의 주체인 '이루다'에 주격 조사 '가'가 붙은 형태입니다.

후행절의 서술어는 '적응하다'와, '문제가 있다(서술절, '코끼리는 코가 길다'에서의 '코가 길다'가 이에 해당함)'입니다. 그런데 이 두 서술어의 주어가 일치하지 않습니다. '적응하다'는 '이루다'를, '문제가 있다'는 '~등'을 주체로 상정하고 있기 때문입니다. 문장을 더 간결하고 정확하게 써야 합니다.

이 여섯 번째 문장은 내용에도 문제가 있습니다. '성희롱, 혐오 발언' 등의 문제가 '그 세대(젊은 세대)'에 적응한 결과로 서술되어 있기 때문입니다. 젊은 세대 내에서 두루 사용되는 말 속에 성희롱이나 혐오 표현이 많다는 지적들이 없지는 않습니다만, 구체적인 논증의 과정 없이 '인공지능이 젊은 세대의 언어 습관에 과잉 적응함 → 성희롱적 표현, 혐오 발언이 증가함'이라고 단정하는 것도 문제입니다.

서론의 마무리도 아쉽습니다. 인공지능이 문제를 일으키면 우리는 어떤 결론(?)을 내야 하느냐고 묻습니다. 지문 (가), (나)로부터 도출할 수 있는 현안 문제는, 인공지능이 도덕적 행위의 주체(또는 책임자)가 될 수 있느냐는 것입니다. 그런데 글쓴이는 논제가 요구하는 것과는 결이 다른 추상적인 질문을 던지며 서론을 마치고 말았습니다. 지금까지 지적한 점들을 고려해 이 단락을 고쳐본다면, 아래와 같습니다. 원래의 글과 비교하여 보기 바랍니다.

고쳐쓰기

인간처럼 학습 능력과 추론 능력을 갖춘 인공지능이 빠르게 발전하고 있다. 대중에게 보급되는 속도 또한 빨라서, 이제는 누구나 쉽게 인공지능을 활용할 수 있게 되었다. 특히 쉽게 사용할 수 있는 챗봇 형태의 인공지능이 주목을 받고 있다. '이루다'도 그중의 하나다. 그러나 '이루다'는 데이터를 잘못 학습하여 성적 표현과 혐오 발언을 내놓아 여론의 질타를 받았다. 그럼에도 불구하고 인공지능은 앞으로 더 널리 쓰일 것으로 보인다. 따라서 우리는 이러한 물음을 더 자주 던지게 것이다. 인공지능이 문제를 일으키면, 누가 책임을 져야 하는가? 인공지능이 책임을 지는 것이 가능할까?

학생 글 24_2

어떤 사람들은 인공지능을 단지 도구로써만 생각하지만, 현재 인공지능의 발전 상황을 보았을 때 더 이상 이들을 도구로써만 생각할 수는 없다고 생각된다. 이제 그들은 서서히 "감정"이라는 것을 표현할 수 있게 된 것이라고 볼 수 있다. 따라서 로봇을 결코 인간과 동등하게 여길 수 없다는 주장은 과거에 불과하다. 이들이 인간과 똑같이 대우받는다면 우리는 과연 어떤 규율로 이들을 통제해야 할까? 한 법학 연구에서는 인공지능에 대한 법적 규제와 개인정보 문제, 인공지능의 소유주라고 할 수 있는 주인과 인공지능의 관계에서 법적 책임이 누구에게 있는지 등 다양한 문제가 있다고 주장한다. 또 다른 글에서는 AMA, 인공적 도덕 행위자라는 개념을 제시하였다. 이 글의 저자는 여러 가지 문제 중 여러 행위자가 의견을 합쳐서 낸 결과물이 결과가 나쁠 때 책임을 한명 혹은 전체 중 어디에 물어야 하는지에 대한 여러 손의 문제, 프로그램이 어떤 부분에서 문제를 일으켰는지를 개발자도 모르는 상황이 문제인 블랙박스 문제, 그리고 AI에 대한 통제력이 점점 떨어지고 있다는 문제를 언급했다. 이들 문제에 대해서 AMA를 적용하여 여러 손의 문제는 제조사가 책임이 있다고 말하였고, 블랙박스 문제는 완전히 해결되긴 어려워도, 인공지능의 투명성을 강조하면 괜찮아질 것이라고 하였고, 통제력에 관한 문제는 환경은 통제할 수 없기에 책임자를 선정해야 한다고 하였다.

두 번째 단락입니다. 이 단락은 조사나 어미를 정확하게 쓰지 않아 비문이 된 문장이 많습니다. 예로, 첫 문장의 '로써만'이 그러합니다. '로써만'은 부사격 조사 '로써'와 보조사 '만'이 결합한 형태입니다. 앞에서 설명했던 것처럼 '로써'는 어떤 일의 수단이나 도구가 됨을 나타내지요. '인공지능을 도구로써 생각한다'는 그래서 비문이 됩니다. 여기에 어울리는 조사는 '로'입니다. 부사격 조사 '로'는 무려 13가지의 뜻을 가지고 있습니다. 그 13번째 '로'가 '(주로 인지나 지각을 나타내는 말과 함께 쓰여) 어떤 사물에 대하여 생각하는 바임을 나타내는 격 조사'입니다. 딱 여기에 어울리는 '로'이지요. 원한다면 보조사 '만'을 붙여서 '사람들은 인공지능을 도구로만 여긴다'라고 해도 무난합니다.

첫 번째 문장을 더 들여다보니, 다른 문제도 보입니다. 서술어 '생각하다'를 세 번이나 사용하고 있습니다.

학생 글 24_3

인공지능이 범법행위를 하게 된다면 그에 대한 책임이 누구한테 있는지, 어떤 방식으로 규제할 것인지, 어떤 방식으로 처벌할 것인지에 대해 많은 말이 있다. 인공지능이 스스로 판단하고, 이를 실행까지 할 수 있게 되어 문제가 생긴다면 우리는 과연 이 책임을 개발사에 있다고 볼 수 있을까? 물론 개발사에 완전히 책임이 존재하지 않는다고 보기는 힘들다. 그들이 제작에 기여했고, 통제하지 못한 것 또한 잘못이다. 하지만 인공지능이 스스로 발전하여 이런 행위를 벌인 것이기에 억울한 점도 있다. 사람과 구분할 수 없는 수준의 인공지능을 강인공지능이라고 부르는데, 우리가 더 이상 사람과 구분하지 못한다면 그들은 또 하나의 다른 개체가 되는 것이 아닐까? 강인공지능을 또 하나의 도덕 행위자, 즉 사람과 동등하게 취급하여 그들에게도 책임을 물릴 수 있어야 한다고 생각한다. 행위를 벌였다는 것은 실체가 있을 확률이 높고, 그렇다면 그들을 구속하는 것 또한 가능할 것이다.

세 번째 단락입니다. 앞의 두 단락에 비해서는 표현이 정돈된 편입니다. 첫 번째 문장을 보겠습니다. '책임이 누구한테 있는지, 어떤 방식으로 규제할 것인지, 어떤 방식으로 처벌한 것인지' 대목을 보지요. '책임이'와 '누구한테 있는가'는 잘 어울립니다. 그러나 '책임이'와 '규제할 것인가', '처벌한 것인가'는 서로 어울리지 않습니다. '많은 말이 있다'와 같은 표현도 논술에 적합한 표현은 아닙니다. 구어적이지요. 따라서 이 문장은 이렇게 고치는 것이 낫습니다. '인공지능이 법을 어기면 그 책임은 누가 어떻게 져야 하는지, 불법 행위는 어떻게 규제해야 하는지에 관한 논의가 분분하다.' 위와 같이 필수적인 문장성분을 생략해 표현이 부자연스러운 곳이 더 있습니다. '그들이 제작에 기여했고(?), (무엇을) 통제하지 못한 것 또한 잘못이다', '우리가 (무엇을) 더 이상 사람과 구분하지 못한다면' 등이 그러합니다.

이 단락은 논지가 성글게(물건의 사이가 뜨게) 짜여 있기도 합니다. 인공지능이 벌인 일에 대해 개발사가 책임을 져야 하는지를 논하더니 갑자기 강인공지능으로 화제를 전환합니다. 그리고 강인공지능은 자기 행위에 책임을 질 수 있는 주체라는 주장으로 단락을 맺습니다. 1학년 3반의 학습 양태를 탐구하다가, 갑자기 성적이 우수한 영희에게만 초점을 맞추어 '영희는 자기주도적이다'라고 결론을 내리는 것과 비슷합니다.

학생 글 24_4

물론 아직 인공지능이 강인공지능까지 발전하려면 많은 시간이 남아 있다. 현재의 인공지능에 도덕적인 질문을 하면 어떻게 될까? Chat GPT에 낙태와 관련해 질문을 했더니 매우 신중하게 상황이 안되면 낙태해야 할 것이라고 대답하였다. 물론 정답이 존재한다고 할 수는 없지만, 인공지능이 스스로 판단을 내린다는 점에서 언젠가는 스스로 이를 행동까지 이끌어갈 수 있는 인공지능이 탄생할 것임을 알 수 있고, 현재부터 제도를 정비하여 그들도 하나의 구성원으로 대우받으며 살아갈 수 있도록 해야 할 것이다.

마지막 결론 단락입니다. 앞의 단락과 마찬가지로, 강인공지능에 국한하여 논지를 전개합니다. 글쓴이는 챗지피티에[34] 낙태 관련 질문을 던져 보

34 '챗지피티'에 적합한 부사격 조사는 '에'일까요, '에게'일까요? '에게'는 사람이나 동물 따위를 나타내는 체언에만 붙습니다. '질문하다'는 '알고자 하는 바를 얻기 위해 묻다'라는 뜻

았다고 합니다. 그런데 이 행위가 논지를 전개하는 데 어떤 도움이 되는지는 알기 어렵습니다. 여기에는 도덕적 문제에 관해 답변을 잘하는 인공지능은 도덕적 행위자로 볼 수 있고, 답변을 잘하지 못하는 인공지능은 도덕적 행위자로 볼 수 없다는 전제가 숨어 있습니다. 그런데 이 전제가 타당한지 의문입니다.

예로, (가)는 어떤 존재를 '도덕적(윤리적) 행위의 주체'로 인정할 수 있으려면, '감질현상적 의식'이 있어야 한다고 보았습니다. 도덕적 질문에 얼마나 그럴듯한 답변을 내놓을 수 있는가는 전혀 언급되고 있지 않습니다. 도덕에 관한 지적 수준이 높아야만 '도덕 행위자'가 될 수 있는 것은 아니기 때문입니다. 도덕 시험에서 높은 점수를 받은 학생만 자율적이고 독립적인 윤리 주체로 대우한다면, 엄청난 반발에 직면하게 될 것입니다. 논제가 요구한 대로, 지문 (가), (나)에 관한 꼼꼼한 분석 과정을 거친 뒤 자기 견해를 내세웠어야 합니다. 그랬더라면 더 타당한 방식으로 논지를 전개할 수 있었을 것입니다.

을 가진 말입니다. 따라서 서술어 '질문하다'의 대상으로는 사람이 가장 자연스럽습니다. 그러나 우리는 이미 네이버, 구글 등의 포탈이나 챗지피티, 클로드 등의 생성형 인공지능에(게) 높은 수준의 답변을 기대하며 '질문합니다'. 앞으로 '에게'의 쓰임에 어떤 변화가 생길까요?

13.
몸과 마음은 어떤 관계를 맺고 있는가?

〈논제〉 제시된 지문들을 읽고, '현안문제'에 관한 자신의 견해를 밝히시오.

조건 1. 둘 이상의 지문을 '선택'하고, 그 지문들이 다루는 '현안문제'가 무엇인지를 스스로 찾을 것.

조건 2. 선택한 지문에 대한 '분석(아래 기준표 참고)'에는 하나의 문단만 할애하고, 분석 등을 토대로 자신의 견해를 짜임새 있게 밝히는 데 주력할 것.

※ 인공지능은 정보탐색용으로만 활용할 것. 인공지능의 문체와 유사한 경우 표절한 경우에 준하여 처리될 수 있음. 나무위키 등 인터넷 자료를 함부로 표절하지 말 것.

(가) 데카르트는 이원론을 주장했지만 몸과 마음(혹은 영혼)의 상호작용을 부인하지 않는다. 몸과 마음의 상호작용을 상정하기 위해, 그는 뇌의 물질적 모델을 설정한다. 몸의 감각기관은 뇌를 통해 마음으로 정보

를 보내야 한다. 이를 위해서 데카르트는 분리된 몸과 마음이 뇌에서 만나는 장소를 송과선(pineal gland)으로 간주한다. 데카르트가 생각하는 송과선은 머리 속 중앙에 끝이 뾰족한 타원형 모양으로 자리잡고 있으며, 이 송과선이 감각기관에서 얻어진 정보를 마음으로 보내는 중추 역할을 한다고 여겨진다. 그러나 대니얼 데닛(Daniel Dennett)은 데카르트의 송과선이 내적 자아와 같은 주관적 "관찰자"를 설정하는 것이라고 말한다(데닛 149). 그는 이를 "데카르트 극장"(Cartesian Theater)의 모델로 비유하며, 뇌 안에 자아의식 같은 것이 있어서 "단일하고 사적이고 자기 성찰적으로" 몸을 통제하고 지각할 수 있다고 상정하는 것이라고 주장한다(데닛 150). 말하자면, 데카르트의 극장에서 이성의 빛이 대상을 비추고 마음이 관객처럼 무대 위의 대상들을 바라보고 통제하는 것이다(Lakoff and Johnson 393). 그러나 데닛을 포함한 신경과학자들은 뇌의 중심에 모든 것을 의식하고 통제할 수 있다고 여겨지는 데카르트의 극장이 존재하지 않으며, 오히려 뇌와 몸의 상호작용 속에서 의식이 분산적이고 종합적으로 생성된다고 간주한다.

그러나 몸의 탈자연적 상태를 추구하는 트랜스휴머니즘에는 여전히 뇌중심주의와 데카르트 극장의 환상이 자리잡고 있다. 가령 뇌에 칩을 심어서 신체기관들을 움직이게 만드는 실험이 성과를 거둠에 따라, 뇌가 몸을 통제할 수 있다는 환상이 가속화되고 있다. 이런 맥락에서 트랜스휴머니즘을 추구하는 사람들은 몸에서 분리된 뇌를 새로운 컴퓨터, 기계 혹은 다른 인간의 몸에 이식하는 방식들을 이미 논의하였고 계속 실험하고 있다. 한스 모라벡(Hans Moravec)은 『마음의 아이들』(Mind Children, 1988)에서 뇌 속에 있는 마음이 컴퓨터에 업로드되어 새로운 몸, 즉 컴퓨터를 얻고 변신하는 과정을 묘사하여 뇌중심주의의 이미지를 극적으로 각인시켰다. 모라벡에 의하면, 마음은 패턴으로 컴퓨터에 읽히고, 뇌로부터 제거되어 기계로 전이된다. (중략)

인간은 뇌로 존재할 수 있을까? 트랜스휴머니즘에서 추구하는 불멸은 현실적으로 생명연장을 의미한다. 더 오래 산다면, 인간은 더 많은 일을 할 수 있고 자신의 자아는 확장되는 것이다. 인간의 자아가 뇌에 집중되어 있다면, 몸은 제거되어도 뇌로 존재할 수 있을 것이다. 쿠레이시의 『몸』은 다른 사람의 몸에 자신의 뇌를 이식해서 살아가는 사람들을 그리고 있다. 이 소설은 아담의 1인칭 시점으로 기술되는데, 뇌 이식 수술을 받기 전과 이후에도 동일한 시점으로 서술된다. 이는 이 소설이 데카르트의 극장의 1인칭 관찰자 시점을 반영한 것임을 보여준다. 아담은 뇌 속에 진정한 자아가 존재하고, 뇌를 새 몸에 이식했지만 여전히 동일한 자아를 유지하고 있다고 믿는 것이다. 그러나 아담의 1인칭 시점으로 리오의 삶이 전개됨에도 불구하고, 자아에 대한 의문이 제기된다. 과연 뇌 이식의 주체가 타자의 몸에 거주하면서 동일한 자아를 지속시킬 수 있는 것인가? 이런 맥락에서 이 소설에 등장하는 인물들이 믿고 있는 뇌중심주의의 논리와 이를 뒷받침하는 기술자본주의의 욕망을 살펴볼 필요가 있다.

-오현숙, 「뇌 이식에서 자아와 감정: 하니프 쿠레이시의 『몸』」, 『현대영미소설』 28(2), 2021, 165-193쪽.

2017년에 개봉한 영화, '겟 아웃(Get Out)'은 평단과 관객들로부터 호평을 받았습니다. 영화 속 백인들은 자신들의 뇌를 젊고 건강한 흑인의 신체에 이식하려 합니다. 그렇게 하면 본래 가지고 있던 신체적 결함을 메꿀 수 있고 일부 정신적 자질(미적 감수성이라든지)도 흡수할 수 있다고 믿기 때문이지요. 앞의 몇몇 지문을 분석하면서 우리는 이와 유사한 상황을 다룬 적이 있습니다. 우리의 자아는 어디에 있는가, '물질과는 무관한 어떤 것'인가, 그것을 분리하여 이식하는 것이 가능한가 등의 질문을 탐구했었습니다. '마음 철학'이라는 학문 분야가 있다는 점도 짚었었습니다.

(가)는 하니프 쿠레이시의 소설, '몸'을 분석하며 이에 관해 깊이 파고듭니다. 앞에서 잠시 언급했던 것처럼, 데카르트는 뇌 안의 '송과체(松果體, 솔방울샘. 송과선은 솔방울샘의 전 용어. 좌우 대뇌 반구 사이 셋째 뇌실의 뒷부분에 있는 솔방울 모양의 내분비 기관)'라는 곳에 개인의 모든 움직임과 의식의 흐름을 통할(統轄, 모두 거느려 다스림)하는 자아의 옥좌(玉座, 임금이 앉는 자리)가 있다고 주장했습니다. 그러나 미국의 마음 철학자 대니얼 대닛은 이를 '데카르트의 극장'이라고 부르며 비판했습니다. 머릿속의 특정 부위 안에 '나다움'을 결정하는 '진짜 나'가 따로 있어서, 모든 행위와 의식을 통제한다는 주장을 부정한 것입니다.

데닛은 '자기'를 '이야기의 중력 중심(Center of Narrative Gravity)'라고 불렀습니다.[35] 한나 아렌트가 자아와 서사의 관계를 탐구했던 것이 연상되는 대목입니다. 그는 데카르트가 주장한 가상의 단일 자아를 가리켜 '호문쿨루스(Homunculus)'라고 불렀습니다. 그런데 실제 우리의 자아는 '펜더모니엄(도깨비 무리)'에 가깝다고 주장했습니다. 뇌의 여러 영역이 자아를 형성하는 데 기여한다는 것이지요. 이렇게 비유해볼 수 있겠습니다. '너구리무역상사'의 영업 3부 부장, 김길동이 사장에게 프로젝트 기획안을 제출했습니다. 제출자는 '김길동'입니다. 그러나 이 기획안은 그 혼자 만든 것

---

35 나카마사 마사키, 『현대 철학의 최전선』, 이비, 2020, 207쪽.

이 아닙니다. 영업 1부의 곽지혜 부장, 재무과의 박은솔 과장의 협조와 검토를 거쳤습니다. 영업 3부의 최유진 과장과 이대한 대리가 초안을 만들고 다듬었고요. 그리고 영업 3부는 영업 2부와 공공연하게 경쟁하고 있다고 가정합시다. 데닛은 우리가 자아를 단독자로 여기지만, 실상은 그와 다를 것으로 생각했습니다.

이처럼 '데카르트의 극장'은 여러 철학자들에 의해 논파되어 왔습니다. 그런데 근래, 트랜스휴머니즘에 의해 다시 살아날 조짐을 보이고 있습니다. 트랜스휴머니즘에 관해서는 앞에서 잠시 살폈던 적이 있는데요, 과학기술의 힘을 활용해 인간을 '개조'하고자 합니다. 탈인간중심주의를 표방하는 포스트휴머니즘과는 결이 다르지요. 1998년에는 트랜스휴머니스트 협회가 결성되었다고 합니다. 이 단체의 「트랜스휴머니스트 선언」에는 '인간의 조건을 근본적으로 개선'할 수 있다는 비전이 투영되어 있습니다. 공상과학 소설이나 영화 같은 데에서 자주 다루어지는 소재이기도 합니다. <워해머 4K>, <스타크래프트> 등의 고전 게임의 배경이 되기도 했습니다. 특수한 시술 및 약물 처치로 근력과 순발력, 폐활량, 체력을 비약적으로 높인 병사들이 등장합니다.

카라 플라토니는 『감각의 미래』(2017)에서 사이보그에 관해 자세히 탐구합니다. 도너 해러웨이(Donna Haraway)의 「사이보그 선언문」(A Cyborg Manifesto, 1985)도 소개되어 있습니다. 해러웨이는 우리 모두가 사이보그라고 단정합니다. 인간은 이분법적인 관점을 넘어서는 복합적인 생명체라는 주장이 들어 있습니다. 이 책에서는 영국의 사이버네틱스 교수 '케빈 워릭'에 관해서도 소개하고 있습니다. 1998년부터 자신의 몸을 꾸준히 사이보그로 바꾸어 왔다고 합니다. 2002년에는 팔에 이식한 장치를 통해 원격으로 기계를 조종하거나 사물을 감지할 수도 있게 되었다고 합니다. 안타깝게도 모두 스마트폰 등장 이전의 일이지요. 지금은 스마트폰과 웨어러블 기기로 그가 했던 일을 모두 할 수 있습니다(스마트폰, 웨어러블 기기를 사용하는 인간은 사이보그일까요, 아닐까요?).

다시 (가)에 초점을 맞추어 봅시다. (가)는 트랜스휴머니즘에 데카르트의 '뇌중심주의'가 자리잡고 있다고 분석합니다. 그래서 뇌를 다른 기계나 사람에게 이식하려는 시도가 이어지고 있다고 설명합니다. 그리고 하니프 쿠레이시의 소설 『몸』에 그러한 시각이 비판적으로 반영되어 있다고 지적합니다. 『몸』의 주인공은 뇌 이식을 통해 젊고 건강한 신체를 얻습니다. 하지만 예상과 달리 정체성에 혼란을 겪지요. 새로운 신체가 주는 낯선 감각, 인간관계의 변화 등이 그로 하여금 자아의 동일성에 의심을 품게 합니다. 데카르트의 뇌중심주의가 사건을 추동하는 원리로 작동하면서도, 동시에 비판적 검토의 대상이 되고 있습니다.

뇌 이식 기술이 상용화되면 어떤 일이 벌어지게 될까요? 많은 미래학자들이 사회적 불평등이 심화될 것이라고 예상합니다. 부유한 계층의 사람들이 빈곤 계층의 몸을 '사들이는' 일이 횡행하게 될지도 모릅니다. 가치 있는 기술은 그만큼 높은 값을 요구할 테니까요. 맷 데이먼이 주연한 SF 영화, <엘리시움>(2013)에도 이와 같은 모습이 그려집니다. 죽어가는 사람도 살릴 수 있는 최첨단 의료 기술이 있지만, 이 기술의 혜택을 볼 수 있는 것은 우주정거장 '엘리시움'에 거주하는 소수 특권 계층의 사람들뿐입니다. 김승섭 교수는 『아픔이 길이 되려면』(2017)이란 책에서 이렇게 지적했습니다. “허리가 아파도 병가를 쓸 수 없는 소프트웨어 개발자들에게 바로 옆 건물 병원의 의료기술은 과연 실제로 존재하는 것이라 할 수 있을는지요.” 기술자본주의 시대의 어두운 단면입니다.

(나) 신체이식과 몸과 정체성의 관계

많은 윤리학자들은 신체이식은 다른 장기이식과는 다르게 몸과 자신의 정체성의 관계에 대한 혼란을 야기한다고 주장하고 있다. 특히 신체이식 후 다른 신체를 가지고 있는 자신을 보면서 누가 나이며, ‘무엇이 나인가?’라는 질문을 던질 수 있다는 것이다. 그런데 신체이식 연구진은 생명윤리적 이슈는 서구 역사에 내재되어 있는 윤리적 논쟁으로부터 제기되는 것이고, 특히 모든 비판적 시각 중에서 특히 인간의 정체성과 같은 이슈는 과학적 확실한 증거라고 있는 것을 제시하지 못하고 그에 미치지 못하는 강한 정치적 경향을 가지고 있는 단순한 의견이라고 볼 수밖에 없다고 비판하고 있다.

신체이식이 성공적으로 이루어진다고 가정한다면 신체이식을 한 이후의 사람은 그 사람의 머리를 가지고 있지만 신체구조상으로 뇌사자의 몸통을 가진 사람으로 볼 수 있다. 머리는 신체의 8%에 불과하며, 신체이식 후의 지문이 머리를 가지고 있는 피시험자의 지문이 아니고, 태어나는 자손의 유전자도 머리를 가지고 있는 피시험자의 것이 아닌 제공자인 뇌사자의 유전자와 일치한다면 신체이식을 한 이후의 사람에 대한 정체성을 확인하는 문제가 간단하지 않다. 특히 신체이식 후 법적으로 책임귀속과 권리의 문제 발생도 일어날 수 있다. 예를 들어 신체이식 이전에 범죄를 저지르거나 임신을 종결시킨 경험을 가진 몸을 가지고 있었던 자의 책임귀속의 문제 또는 몸을 소유하고 있던 자와 관련된 권리의 귀속

여부가 문제될 수 있다. 따라서 신체이식은 과연 그 사람을 누구로 볼 것인가라는 물음에 머리를 소유한 사람 또는 몸통을 소유한 사람인가라는 정체성을 확정하는 기준과 해답을 찾아야 하는 것이 필요하다.

(2) 정체성을 결정하는 기준

윤리학자들 중에서는 인간의 정체성을 결정하는 기준에 대해서 견해가 나뉜다. 인간의 정체성은 심리적 연속성만으로 정의되는가? 신체적 연속성에도 의존하는가?라는 논란이 야기된다.

첫째, 머리를 이식하는 것은 인식이나 개인 인성과 기억을 포함하는 개인의 마음(mind)을 이식하는 것이라고 보는 입장이 있다.

둘째, 인지과학에 의하면 인간의 인지는 단순하게 뇌의 실질조직 내에서만 형성되는 것이 아니라 인간의 몸이 자아 형성에 참여하는 내재된 인지능력을 보여준다고 주장한다. 인간은 체화된 인지(embodied cognition)의 과정에 참여하고 있다고 한다. (중략) 정체성에 대한 일반적인 인식은 사회 문화적 환경에 의해서 중요한 변화를 겪을 수 있다고 보는 입장에서는 향후 신체이식이 성공적인 결과를 얻을 경우에는 사회문화적 환경 그 자체에 의해서 정체성의 개념이 바뀔 수 있다고 주장한다.

셋째, 신체이식 후의 인간은 부분적으로는 머리/뇌와 연속성을 가지지만 또한 신체를 기증한 자의 연속성을 가지고 있다고 보는 견해이다. 신체이식 후의 인간은 머리가 이식된 사람과 새로운 머리를 가지게 된 사람과 전혀 다른 사람이 되는 것이라고 본다.

-이인영, 「신체이식의 윤리적·법률적 쟁점에 관한 고찰」,
『홍익법학』 20(1), 2019, 491-514쪽.

(나)는 신체이식이 야기하는 정체성 문제를 다룹니다. 뇌를 적출해 다른 사람의 몸에 이식하는 일을 '뇌 이식'이라 부르기도 하고, '신체 이식'이라 부르기도 합니다. 무엇을 중점에 두느냐의 차이이지요. 별 뜻 없이 이 둘을 혼용하는 경우가 많습니다만, '신체 이식'이란 용어는 뇌신경망 속의 정보가 곧 그 사람의 자아라는 뇌중심주의(또는 정보환원주의)적 관점을 도드라지게 보여줍니다. (나)가 지적하고 있는 대로, A의 뇌에 B의 신체를 이식하면, A는 뇌사자 B의 신체를 취한 형태가 됩니다. 그런데 B의 신체를 이식받은 A가 자녀(C)를 낳으면, 그 자녀는 B의 유전자를 가지고 태어납니다. 정자와 난자는 뇌가 아니라 신체에서 만들어지기 때문입니다. A가 B의 신체를 얻기 전, B가 낳은 자녀 D가 있다고도 가정하여 봅시다. 이 넷의 법적 관계는 어떻게 설정해야 할까요? 양육권, 상속권 등을 둘러싼 분쟁이 발생할 소지가 다분합니다.

통념(通念, 일반적으로 널리 통하는 개념)에 따라, 머리 부분을 점유(占有, 물건이나 영역, 지위 따위를 차지함)한 자(A)가 신체를 제공한 자(B)의 모든 권리를 이어받는다면, 책임도 마찬가지로 양도될 것입니다. A와 B는 관점에 따라 달리 부를 수도 있습니다. '머리 부분을 제공한 자와, 신체를 점유한 자'와 같이요. '제공하다(무엇을 내주거나 갖다 바치다)', 또는 '공여하다(供與, 어떤 물건이나 이익 따위를 상대편에게 돌아가도록 하다)'를 서술어로 삼는 주체의 자아는 이식술 이후 망실(亡失, 잃어버려 없어짐)되는 것으로 보아야 하는지도 문제로 남습니다. A와 B를 모두 점유자로 볼 수 있다는 주장도 불가능하여 보이지는 않습니다. A와 B의 상호작용 결과, 새로운 자아 A'(또는 B')나 E가 생성된다고 주장할 수도 있어 보입니다. 현재로서는 신체이식후 어떤 일이 벌어질지 정확히 알기 어렵습니다.

(나)는 정체성에 관한 여러 입장도 소개하고 있습니다. 머리 이식이 곧 자아 이식이라는 뇌중심주의적 입장이 먼저 언급됩니다. 이에 관해서는 앞에서 자세히 다루었으니 더 설명하지 않겠습니다. 다음으로 신체적 경험과 사회문화적 환경도 자아를 형성하는 중요한 요소라는 입장이 소개됩니다. 인간의 자아가 인지 능력의 독점 영역이 아니라는 점이 강조됩니다. 또한 신체이식술의 결과에 따라, 정체성에 관한 개념도 변화할 것으로 내다봅니다. 마지막으로는 심리적 연속성과 신체적 연속성이 결합해 새로운 자아를 만들어 낸다는 입장이 소개되어 있습니다. '부분의 합을 넘어선 새로운 무엇'이 창발될 것으로 보는 견해입니다.

일본의 유명 애니메이션, <전각기동대>(1995)에는 '전뇌(電腦)'라는 개념이 등장합니다. 컴퓨터와 상호작용하는 뇌이지요. 이 작품의 주인공, 쿠사나기 소령 역시 전뇌를 장착한 사이보그 수사관입니다. 쿠사나기는 전뇌를 해킹하는 악당, '고스트'를 추적하는 임무를 수행하면서 자기의 정체성에 혼란을 느낍니다. 쿠사나기는 마침내 고스트를 만납니다. 그런데 그 결말은 다소 모호하게 처리되어 있습니다. 쿠사나기가 자신의 자아를 포기했는지, 새로운 자아를 찾았는지를 판단하는 것은 관객의 몫입니다.

학생 글 25_1

테세우스의 배는 그리스 신화에 나오는 영웅 테세우스가 탔던 배이다. 사람들은 이 배를 기리는 의미로 몇백 년간 관리했고, 그 과정에서 낡은 판자를 새 판자로 교체했다. 이때 원래 배의 모든 판자가 교체되어도 여전히 그 배를 테세우스의 배라고 할 수 있을까. 2015년, 신경외과 의사 세르지오 카나베로가 사람의 머리를 다른 몸에 통째로 이식하는 수술에 도전하겠다고 밝혔다. 비록 후원금이 모이지 않아 실패하긴 했지만 그가 남긴 주제는 테세우스의 배와 같은 이유로 큰 논란을 불러일으켰다. 만약 머리 이식 수술을 성공적으로 마쳤다고 하면, 그 사람은 뇌의 주인일까, 아니면 몸의 주인일까?

어느 학생이 쓴 글의 첫 단락입니다. '테세우스의 배'를 인용하며 글을 열었습니다. 이 이야기는 독자의 흥미를 끌 뿐만 아니라, 자아의 연속성(또는 동일성) 문제를 다루는 이번 논제의 본질과도 맞닿아 있습니다. 충분히 서론에 인용할 만한 가치가 있는 소재입니다.

테세우스는 고대 그리스 신화 속 영웅입니다. 크레타섬의 미궁에 들어가 소의 머리를 한 괴물, 미노타우르스를 처치했습니다. 그런데 테세우스는 고국 아테네를 떠나기 전, 아버지 아이게우스에게 자신이 살아 돌아오면 배에 흰색 돛을, 죽어서 돌아오면 배에 검은 돛을 달고 오겠노라고 약속했습니다. 그런데 그는 이를 깜빡하고 검은 돛을 단 채로 귀국합니다. 멀리서 배를 확인한 아이게우스는 그만 절망에 빠져 벼랑 밑으로 몸을 던집니다. 비극적이지요.

후대의 역사가였던 플루타르코스에 따르면, 아테네 사람들은 테세우스의 배를 오랜 기간 보존했었다고 합니다. 썩은 판자를 조금씩 새 판자로 교체하면서 말이지요. 플루타르코스는 이렇게 물었습니다. "언젠가는 모든 판자가 다 교체될 텐데, 그 배도 테세우스의 배라고 부를 수 있는가?"

'테세우스의 배'에는 존재에 관한 깊은 철학적 함의(含意, 말이나 글 속에 어떠한 뜻이 들어 있음. 또는 그 뜻)가 있습니다. 그러나 안타깝게도 이 단락에서는 그에 관해 다루고 있지 않습니다. 대신 결이 조금 다른 새로운 사례가 바로 뒤이어 제시됩니다. 여러 사례를 늘어놓는 것보다, 하나의 사례를 잘 활용해 논의의 배경과 의의를 친절하게 알리는 편이 더 낫습니다. 곧 본론을 읽어야 하는 독자에게 친절한 길 안내가 되기 때문입니다.

또한 글쓴이는 '테세우스의 배'와, 카나베로의 머리 이식 시도가 어떤 논란을 일으키는 '같은 이유'를 공유하고 있다고 지적합니다. 그러나 그 이유가 무엇인지는 구체적으로 드러내지 않았습니다. 이 둘은 모두 정체성이나 자아의 '동일성', '연속성' 문제를 다루고는 있습니다. 그러나 전자는 매우 점진적(漸進的, 조금씩 앞으로 나아가는)인 변화를 다루고 있고 후자는 매우 급진적(急進的, 변화나 발전의 속도가 급하게 이루어지는) 변화를 다루고 있어서, 관점에 따라서는 같은 선상에 올려둘 수 없는 사건이기도 합니다. 글쓴이는 이 점을 고려할 필요가 있습니다.

고쳐야 할 표현도 있습니다. 다섯 번째 문장 속, '그가 남긴 주제는'이 그러합니다. 관형절 '그가 남긴'이 뒤의 체언, '주제'를 꾸미고 있습니다. '그가 남긴'은 원래, '그가 주제를 남기다'라는 문장이었을 것입니다. 이 문장의 서술어에 평서형 어미 대신 관형사형 어미 '-ㄴ'를 붙이고, 중복되는 논항(論項, 서술어가 문장을 구성할 때 요구하는 필수 성분)인 '주제'를 생략하면 관형절 '그가 남긴'이 됩니다. 그런데 '그가 주제를 남기다'란 말은 부자연스럽습니다. 서술어 '남기다'와 목적어 '주제를'은 서로 잘 어울리지 않습니다. 따라서 '그의 시도는 ~을 불러일으켰다' 와 같이 고쳐야겠습니다.

단어와 단어(또는 기호, 어절 등의 문법 요소)의 관계를 설명하는 용어 중, '결합 관계(Syntagmatic relation / Linear relation)' 라는 것이 있습니다. '진우가 사과를 먹었다' 를 예로 들면, '진우가', '사과를', '먹었다', 이 세 어절은 결합 관계를 이룹니다. 한 문장 안에 나란히 이어 쓸 수 있다는 뜻입니다. 각각 주어, 목적어, 서술어의 역할을 맡아 자연스러운 문장을 만듭니다. 그러나 (문학적 표현이 아니라면) '진우가 사과를 접었다', '사과가 진우를 먹었다' 등의 문장은 부자연스럽습니다. 결합 관계를 이루기 어려운 말들이 어울려 있기 때문입니다. '접다' 는 천이나 종위 따위를 대상으로 삼는 동사이고, '먹다' 는 유정명사(有情名詞, 감정을 나타내는, 사람이나 동물을 가리키는 명사)를 주체로 삼는 동사입니다. 부단한 독서와 작문 연습을 통해 어떤 말들이 결합 관계를 이루는지를 익혀야 합니다.

마지막 문장도 고치는 것이 좋겠습니다. 이 문장은 '~다면, ~일까' 의 형태로 되어 있습니다. 어미 '-다면' 은 '-다고 하면' 이 줄어든 형태로, 남의 말을 간접적으로 인용할 때 쓰입니다(형용사에 붙을 때는 '어떤 사실을 가정하여 조건으로 삼음' 을 나타냅니다. 예: 내가 너처럼 건강하다면 좋겠다). 따라서 '만약 머리 이식 수술을 성공적으로 마쳤다고 하면' 은, '누군가의 머리 이식 수술에 관한 발화' 를 전제로 한 표현인 것처럼 읽혀서 부자연스러운 말이 되고 맙니다. 따라서 이 문장은 '머리 이식 수술을 잘 마친 사람은 뇌의 주인이 되는 것일까 아니면 몸의 주인이 되는 것일까' 정도로 고치는 것이 좋겠습니다.

학생 글 25_2

이 질문의 답을 찾기 위해 많은 사람이 고민했다. 질문의 해답을 찾기 위해서 인간의 정신이 어떻게 결정되는지 정체성을 확립해야 한다. 법적으로 정체성의 정의가 확립되기 전까지는 빚, 상속 등 혼란이 야기될 것이다. 정의가 확립되었다 해도 여전히 문제가 있다. 새 몸을 가진 자가 그 몸을 자신으로 이해하는 데 심리적 갈등이 생길 수 있으며, 사망확률이 높고 성공적인 신경 연결이 이루어지지 않을 수 있으므로 만만치 않은 심리적 부담감을 가지게 한다. 오현숙은 트랜스 휴머니즘을 비판하며 뇌 이식이 불러일으킬 문제를 우려하였다. 트랜스 휴머니즘은 뇌에 자아가 있다고 믿는 뇌 중심주의와 데카르트의 극장을 바탕으로 과학기술을 통한 인간 개조를 추구한다. 이는 소수 부유층이 기술을 점유하게 되는 기술 자본주의와도 연결되는데, 이것이 식민주의적 착취 논리를 정당화하고 사회 불평등을 촉진하는 등 다양한 사회 문제를 일으킬 수 있다. 이처럼 뇌 이식 수술은 아직 이르다고 보는 견해가 많다.

두 번째 단락입니다. 본론의 첫 단락이기도 합니다. 글쓴이는 이 단락에서 제시된 두 지문을 분석하고 있습니다. 그런데 표현이 조금 아쉽습니다. 서두부터 그러합니다. 같은 뜻을 지닌 말을 불필요하게 반복하고 있습니다. 첫 문장에서 '이 질문의 답을 찾기 위해' 라고 했는데, 바로 다음 문장에 또 '질문의 해답을 찾기 위해서' 라는 표현이 보입니다.

두 번째 문장의 후행절, '인간의 정신이 어떻게 결정되는지 정체성을 확립해야 한다' 도 비문에 가깝습니다. 일단, 드러내고자 하는 뜻이 무엇인지를 알 수가 없습니다. 이 문장의 주어, '인간의 정신이' 와 서술어 '결정되다'는 결합 관계를 맺기가 어려운 말입니다. 그런데 여기에다가 정체성 문제까지 엮어 놓았습니다. 이상한 표현 뒤에 막연한 표현을 덧붙여 놓아, 아무 의미도 전달하지 못하는 문장이 되고 말았습니다.

근래 새로 나온 '챗지피티 5'는 이 두 번째 문장을 이렇게 고치고 있습니다. "인간의 정신이 어떻게 결정되는지 밝혀야 한다", "인간의 정신이 어떻게 결정되는지에 대한 이해를 바탕으로, 정체성을 확립해야 한다." 적절하여 보이는지요? 대신 이렇게 고쳐보면 어떨까요? "인간의 정신이 어떻게 형성되는지를 규명하려면, (먼저 정체성이 무엇인지를 살펴야 한다. / 혼란스럽게 쓰이고 있는 '정체성'의 의미를 분명하게 규정해야 한다.)"

다섯 번째 문장은 너무 길고 복잡합니다. '~을 가진 자가 ~을 ~는 데 ~이 생길 수 있으며 (무엇이/무엇은) ~이 높고 ~이 ~ㄹ수 있으므로 ~을 ~게 한다'의 형태입니다. 이런 문장은 독자를 맥 빠지게 합니다. 여러 문장으로 나누어 간결하게 표현하면 의미가 더 잘 전달됩니다. 반면 이 단락의 후반부에는 다소 길지만 의미는 잘 전달되는 문장들이 있어서 대비가 됩니다. 이처럼 문장의 질이 확연히 달라지면 독자는 자연스레 문장의 출처를 의심하게 됩니다. 글쓴이가 힘을 쏟아 완성한 문장이라면 다행이지만, 그렇지 않을 수도 있다는 생각을 하게 되지요. 한 작품 안에 격이 다른 붓놀림이 여러 군데 보이면, 누구나 '어째서 이러한가'라는 생각을 절로 품게 됩니다.

이 단락은 '정체성 확립(?)'의 필요성을 역설하고 '뇌 이식 수술 후 겪게 될 수 있는 심리적 부적응(갈등) 가능성'을 제기한 뒤, 지문 (가)의 문제의식에 공감을 나타내는 것으로 마무리됩니다. 결국, 이 단락의 전반부는 지문에 관한 요약 및 그에 관한 견해를 자연스럽게 견인해 내고자 마련된 장치 같습니다. 그런데 그 장치가 효율적으로 작동하고 있지 않습니다. 생각의 흐름이 더 자연스럽게 전개되려면, 글을 대대적으로 고쳐야 합니다.

학생 글 25_3

뇌 이식 수술은 유전 정보가 서로 다른 두 사람을 합치는 수술이다. 인간 삶의 많은 부분은 유전자로 환원해 설명할 수 있다. 뇌 이식을 한다면 서로 다른 유전자를 가진 뇌 주인과 몸 주인이 하나의 몸으로 엮이게 된다. 뇌 주인은 생각대로 몸을 움직일 수는 있어도, 생식 세포가 자신 유전자와 다르므로 자손을 낳아도 본래 유전자를 남기지 못한다. 몸은 이식된 뇌가 행동을 통제하게 된다면 더는 자신의 유전적 목표에 따라 행동하지 못할 수 있다. 그러므로 유전적 측면에서 보았을 때 수술 후의 몸은 뇌 주인도, 몸 주인도 아니게 된다.

세 번째 단락입니다. 지문 (나)의 분석에 치중하고 있습니다. 다른 단락에 비해 짧은 편임에도 손을 보아야 할 문장들이 보입니다. 두 번째 문장의 '인간 삶의 많은 부분은'은 뜻이 막연합니다. '인간 삶'이 지칭하는 말도 범위가 넓은데, '많은 부분'이란 말이 지칭하는 범위도 그에 못지않기 때문입니다. '부분'과 관련해 덧붙이자면, 근래 '손님, 그건 저희가 인정해 드리기 어려운 부분입니다', '아, 이건 기분 좋은 부분이네요'처럼, 구어적 상황에서 '부분'이 과잉 사용되는 사례가 많습니다. 그로부터 영향을 받지 않도록 주의해야겠습니다.

마지막 문장도 정확하게 다듬어야 합니다. '몸은 뇌 주인도, 몸 주인도 아니게 된다' 라는 표현으로는 주장을 정확하게 전달할 수 없습니다. 'A는 B 주인도 C 주인도 아니다' 는 언중들이 널리 사용하는 문장 형태도 아닐 뿐더러, 의미적으로도 불완전합니다. 또한 이 문장을 서론(첫 문단)에 제시된 질문, '그 사람은 뇌의 주인일까, 아니면 몸의 주인일까' 에 대한 글쓴이의 답으로 보면 더 그러합니다. 앞에서 'A(그 사람)는 B일까, C일까?' 라고 물었는데, 뒤에서 'D(몸)는 B도, C도 아니게 된다' 라고 답하는 꼴이기 때문입니다.

학생 글 25_4

또한 몸이 정신 구성에 영향을 미칠 수 있다. 이를 체화된 인지 이론이라 한다. 한 가지 사례로, 미국 일리노이 대학교 연구진이 돼지의 장내 미생물이 코티솔과 세로토닌 농도 조절에 관여한다는 결과를 발표했다. 그래서 몸이 바뀌면 이전과 정신 상태가 완전히 같지는 않을 것이다. 여기서 한 가지 질문이 생길 수 있다. 실제 우리 몸도 세포가 일정 주기마다 완전히 바뀌는데 그럼 과거의 자신과 현재의 자신은 다른 사람인가? 당연히 같은 사람이다. 큰 사고가 나서 몸 일부를 사용하지 못한다면? 그것도 같은 사람이다. 그럼 똑같이 몸이 변했을 뿐인데, 뇌 이식을 한 사람도 뇌 주인과 같은 사람 아닌가? 그건 단언할 수 없다. 연속성이라는 크나큰 차이가 있기 때문이다. 시간이 흐르거나 큰 사고가 날 때는 같은 몸이라는 연속성이 있었지만, 몸이 바뀌는 순간 그 연속성이 깨진 것이나 다름없어지므로 같은 사람이라고 할 수 없다.

네 번째 단락입니다. 본론의 마지막 단락이기도 합니다. 글쓴이는 (나)에 언급된 '체화된 인지 이론'를 뒷받침하는 사례를 제시하며 논지를 전개하고 있습니다. 소화 기관인 장내의 미생물 변화가 스트레스 및 행복감을 불러일으키는 주요 호르몬인 코르티솔과 세로토닌의 농도와 관련이 있다는 연구 결과입니다. 신체 생리적 변화가 기분을 결정짓는 주요 요인이라는 것이지요. 적절히만 활용하면, '물질-비물질', '신체-마음(정신)'의 이원론적 세계관을 비판하고 일원론적 세계관을 옹호하는 논거로 쓰일 수 있습니다. 그러나 기분의 변화를 곧 정체성이나 자아의 변화라고 하면 논리의 비약이 되므로, 이 점에 주의하여 논지를 설계해야 합니다.

그런데, 논지 전개 과정이 자연스럽지가 않습니다. 이 단락은 '신체가 정신에 영향을 준다 → 신체 상태가 변화하면 정신 상태도 변화한다 → 세포도 일정한 주기에 따라 사멸·생성한다 → 그러나 자아의 연속성은 유지된다 → 그러나 뇌 이식 수술을 받은 경우에는 그렇지 않다'와 같이 논지가 전개됩니다. 단락의 중심이 되는 소주제문을 중심으로 나머지 문장들이 통일성 있게 내용을 뒷받침해야 하는데, 이 단락은 그렇지 못합니다. 생각의 흐름에 따라 연상되는 대로 화제를 바꾸어 가며 지면을 채워나간 형국입니다. 이 글의 전체적인 논지 전개 방식도 이와 비슷합니다. 첫 번째 단락부터 이 단락까지의 논지를 요약해보면 다음과 같습니다.

- 1문단: 머리 이식 수술은 '테세우스 배'가 제기한 것과 같은 논란(?)을 야기한다
- 2문단: 인간의 정신 형성 과정을 이해하기 위해 정체성이 무엇인지를

분명하게 정의할 필요가 있으나, 완전한 해결책은 되지 못한다(?) + 트랜스휴머니즘에 근거한 뇌 이식 수술은 아직 이르다(?)

- 3문단: 뇌 이식 수술을 받은 사람은 뇌 주인도, 몸 주인도 아니게 된다(?)
- 4문단: 신체가 변화하면 정신도 변화한다 + 주기적인 세포의 교체는 자아의 연속성에 영향을 미치지 않는다(?) + 뇌 이식 수술은 자아의 연속성을 깨트린다(?)

글을 단락별로 요약하면 그 핵심이 드러나야 하는데, 이 글은 그렇지 않습니다. 이와 같이 요약해 보아도, 글쓴이가 무엇을 주장하고 있는지 알기가 무척 어렵습니다. 몸과 정신(자아, 마음)을 이원론적으로 이해해서는 안 된다는 취지까지는 감지됩니다, 각 단락은 소주제문을 중심으로 짜임새 있게 구성해야 합니다. 그러나 글 전체를 주제문 중심으로 탄탄하게 엮는 일이 더 중요합니다. 전자는 단락 단위의 이해와 관련이 있지만, 후자는 글 전체와 관련이 있기 때문입니다.

학생 글 25_5

앞서 테세우스의 배를 언급했다. 만일 모든 판자가 바뀐다고 해도, 누군가는 그 배는 테세우스의 배라고 할 수도 있다. 하지만 그 배가 처음과 온전히 같은 상태라고 말할 수는 없을 것이다. 뇌 이식도 마찬가지이다. 신체 기증자가 등장하고, 뇌 이식이 성공했다고 쳐 보자. 뇌는 의식과 행동을 결정하는 중요한 장기이므로 일부 사람들은 몸이 바뀌어도 뇌 주인이라고 할 수 있다. 그러나 이 말은, 몸이었던 사람은 더는 그 사람이 아니라는 뜻을 함축한다. 몸이었던 사람이 세상에서 사라지는 것은 아니기에, 뇌 주인이 몸 주인도 되었다는 말은 맞는다고 보기 어렵다. 따라서 몸과 마음은 상호작용하며 유전적으로도 달라 뇌 이식 후 몸이든 마음이든 처음과는 달라질 것이므로, '어느 한 사람이 되었다'라고 단언하기보다는 '두 사람이 섞였다'고 보아야 한다.

마지막, 결론 단락입니다. 결론의 역할이 무엇인지를 인식하고는 있는 것 같습니다. 그간의 논의를 종합하고 주장을 강조한 다음, 독자에게 당부의 말을 남기면 대체로 충실한 결론 단락이 완성됩니다. 글쓴이는 점진적이고 장기적인 변화도 정체성에 큰 영향을 미친다고 보고 있습니다. 판자를 조금씩 갈아 끼우다 보면 테세우스의 배도 나중에는 테세우스의 배가 아니게 된다는 것이지요. 글쓴이가 보기에, 뇌를 이식하는 일은 정체성에 더 큰 영향을 미칩니다. 그런데 이 뇌와 결합하는 신체에도 여전히 개체성이 남아있다고 보고, 뇌 이식 수술은 '두 사람을 섞'는 수술이라고 결론 내립니다.

지문 (가), (나)에 '뇌 이식' 문제가 공통의 화제로 등장하는 것은 맞지만, 논의의 범위를 여기에 한정해 글을 전개할 필요는 없습니다. 닻을 '뇌 이식' 문제에 던져 두더라도, 트랜스휴머니즘이나 기술자본주의에 관한 근본적인 물음을 던지며 돛을 펼 수도 있지요. '인간의 정체성과 사물(또는 도구)은 어떤 관계를 맺고 있는가?'와 같은 질문도 도출될 수 있겠습니다.

장승업(1843~1897, 조선 말기의 화가. 자유분방한 기행(奇行, 기이한 행동)으로도 유명함)을 붙잡아다가 눈썹 한쪽을 밀어도, 장승업은 계속 장승업일 것입니다(무척 화를 내긴 하겠지요). 그러나 그의 붓을 죄다 빼앗으면, 장승업은 계속 장승업이기 어렵습니다. 붓은 그에게 자아실현을 위한 필수적인 도구이고, 자기의 감각을 확장시켜주는 '신체의 일부'와도 같은 물건이기 때문입니다. 이러한 사실을 고려하면 '인간은 도구로부터 자유로웠던 적이 없다. 본래부터 트랜스휴머니즘적 존재다'와 같은 창의적인 주장도 가능해집니다. 논술은 논제에 답하는 딱딱한 글입니다. 그러나 논제와 관련이 있고 근거가 충분하다면, 자신의 창의적 사고 역량을 내보이는 것도 가능합니다.

<학생 글 25>와 마찬가지로 뇌 이식 수술에 초점을 맞추어 논지를 전개한 다른 글을 소개합니다. 이 글이 앞의 글과 다른 점이 있다면, 구상, 표현, 내용 등 여러 면에서 더 성숙한 역량을 보여주고 있다는 점입니다. 특히 간결하고 명료한 문장으로 자기 생각을 드러내고 있어 읽기에 아주 편안합니다. 고칠 곳이 전혀 없는 글은 아니지만(문단 구분, 조사 및 서술어 사용 등), 이런 점을 염두에 두고 읽어보기를 바랍니다.

학생 글 26

만약 늙은 몸을 버리고 젊고 건강한 새로운 몸으로 살아갈 수 있는 수술이 나온다면 어떻게 될까? 이는 더 이상 공상 과학 소설 속만의 이야기가 아니다. 이미 사람 몸의 일부를 이식하는 장기 이식 수술은 상용화되어 각종 말기 환자를 살리고 있으며 2017년 11월, 시신의 머리를 다른 시신의 몸에 이식하는 데 성공했다고 발표한 사례가 있다. 몸 일부를 교체하는 것을 넘어 신체 전체를 바꾸는 수술이 실제로 나오는 날이 올 수도 있는 것이다. 하지만 기술의 발전과는 별개로 이런 기술이 실제로 시행되어도 괜찮을지는 논의의 대상이 되어야 할 필요가 있다. 많은 윤리적 문제가 존재하기 때문이다.

글의 저자는 뇌 이식 수술 등에 의한 트랜스휴머니즘에 반대하는 입장을 펼친다. 트랜스휴머니즘은 뇌가 몸을 통제할 수 있다고 믿으며, 인간의 탈자연화를 추구한다. 그러나 우선 뇌와 몸이 완전히 분리될 수는 없다. 여러 신경과학자들은 뇌의 중심이 모든 것을 통제할 수 없으며, 뇌와 몸의 상호작용 속에서 의식이 종합적으로 생성된다고 간주한다. 쿠레이시의 소설 '몸'에서, 아담은 뇌의식 수술을 받은 랩프를 바라보며 그의 자아와 몸의 부조화를 인식한다. 또한, 트랜스휴머니즘은 인간의 몸을 상품화하고 식민주의를 재현할 가능성이 있다. 돈을 가지고 있는 사람들은 힘 없는 젊은이들의 시신을 상품처럼 구매해서 살아갈 수 있는 것은 백인 제국주의자들이 흑인과 유색인종의 몸을 착취했던 식민주의와 다를 바가 없다. 영화 겟 아웃은 뇌 이식에 의해 몸을 점유당할 위기에 놓인 몸 주인을 다루어 인간의 탈자연화가 몸의 상품화와 식민주의의 논리를 반복할 가능성을 보여 준다. 마지막으로, 기술의 혜택을 받은 사람들과 그렇지 못한 사람들 간의 격차가 커질 것이다. 몸의 개조를 매매할 수 있도록 하면, 소수의 엘리트 또는 부를 가진 집단에게만 혜택이 돌아가 점차 격차를 벌리는 미래를 낳을 것이다.

뇌 이식 수술은 시행되어서 안 된다고 생각한다. 첫 번째로 자아를 훼손할 가능성이 높기 때문이다. 뇌와 신체는 완전히 분리될 수 없다. 흔히 뇌가 모든 정신활동을 총괄한다 생각하고는 하지만, 이는 틀린 생각이다. 장내의 미생물들은 코르티솔과 세로토닌 농도를 조절하는데, 이는 스트레스, 우울증 등의 정신 증상들을 조정하며 자폐증 발현에도 영향을 미친다. 때문에 뇌를 새로운 몸에 이식한다 해도 '원본' 몸에서의 자아와는 연속성이 없을 가능성이 높으며, 이전과 완전히 다른 감정 및 정신활동 양상을 보일 것이다. 이러한 자아 훼손은 결국 신체와의 부조화로 이어져 자아 분열, 우울증 등의 정신 질환과 운동 장애를 유발할 수 있다. 둘째로, 뇌의식 수술은 인간을 상품화한다. 뇌의식 수술을 받을 수 있다는 것은 결국 신체에 가치를 매기고 돈으로 구매할 수 있다는 뜻이다. 그러나 시장에서 인간을 거래하게 되면 구매자들은 자신들이 매매할 수 있는 인간(특히 취약 계층의 사람들)을 낮잡아보고, 더 이상 같은 사람이 아닌 하나의 상품으로서 취급하게 될 것이다. 식민주의의 역사가 이를 증명한다. 마지막으로, 계급 간 격차를 벌려 궁극적으로 사회 붕괴를 유발할 것이다. 뇌의식 수술을 통한 생명연장 기술이 상용화된다면, 혜택을 받는 것은 소수의 엘리트 집단과 부자들일 것이다. 이로 인해 아래 계급의 사람들과의 격차는 점점 커질 것이다. 늘어난 격차 탓에 아래 계급의 사람들은 점점 줄어들거나 일정 수준 이상으로 살아가지 못할 것인데, 착취하려는 사람만 존재하는 사회가 어떻게 기능하겠는가?

보편적 가치를 훼손하는 기술들은 상용화돼서는 안 된다. 이러한 기술은 사람을 상품화하고 불평등을 심화할 가능성이 있기 때문이다. 가치를 훼손하고 자아를 가진 개체를 상품화하는 사회는 오래 가지 못한다. 우리는 돈으로 사서는 안 되는 가치가 기술을 통해 훼손되고 시장에서 거래되는 일을 경계해야 한다. 그런 의미에서 뇌의식 수술과 트랜스휴머니즘의 추구는 지나치게 위험하고 비윤리적인 것으로 보인다.

14.
젠더가 뒤섞이면 스포츠 경기의 공정성이 훼손되는가?

〈논제〉 제시된 지문들을 읽고, '현안문제'에 관한 자신의 견해를 밝히시오.

조건 1. 둘 이상의 지문을 '선택'하고, 그 지문들이 다루는 '현안문제'가 무엇인지를 스스로 찾을 것.

조건 2. 선택한 지문에 대한 '분석(아래 기준표 참고)'에는 하나의 문단만 할애하고, 분석 등을 토대로 자신의 견해를 짜임새 있게 밝히는 데 주력할 것.

※ 인공지능은 정보탐색용으로만 활용할 것. 인공지능의 문체와 유사한 경우 표절한 경우에 준하여 처리될 수 있음. 나무위키 등 인터넷 자료를 함부로 표절하지 말 것.

(가) 역사상 가장 뛰어난 수영선수 중 하나로 칭송받는 마이클 펠프스(Michael Phelps)는 선천적으로 일반적인 수영 선수보다 거대한 팔길이, 긴 몸통과 짧은 다리, 큰 발을 가지고 있으며, 젖산 생산량이 적다(Sibert

2014). 그렇다면, 선천적으로 수영에 유리한 조건을 가지고 태어난 마이클 펠프스가 그렇지 못한 조건을 가진 다른 수영 선수들과 함께 경쟁하는 것은 '공정한' 것인가? 혹은 선천적으로 물갈퀴가 있는 손과 발을 가지고 태어난 합지증(Syndactyly) 수영선수는 일반적인 수영 선수들의 경기에 참여하는 것이 금지되어야 하는가? 흑인, 백인, 아시아인의 체격이나 체력이 선천적으로 동일하지 않음에도 이들이 함께 경쟁하는 것은 공정한 것인가? 또한 이러한 선수들의 선천적 조건(또는 능력) 외에도, 최근 2016년 리우 올림픽, 2020년 도쿄 올림픽 등에서 미국, 중국, 영국, 일본, 독일, 프랑스 등의 선진국들이 메달 경쟁에서 최상위권을 차지하는 것을 볼 때, 충분한 재정적·기술적 뒷받침을 받는 선진국 선수들과 그렇지 못한 저개발국 선수들이 함께 경쟁하는 것은 과연 공정한 것인가?

이렇듯 올림픽에서의 '공정성'이란 절대적 잣대라기보다는 윤리적·사회적 기준일 수밖에 없다. 따라서, 트랜스젠더 선수가 시스젠더 선수들과 함께 경쟁하는 것이 공정한가에 대한 문제는 과학적·생물학적 문제라기보다 오히려 그 사회가 얼마나 소수자(minority)에게 포용적인가라는 '사회적 합의'의 문제로 귀결된다. (중략)

트랜스젠더 여성 선수들의 스포츠 대회에 여성으로서 참여하는 것이 과연 공정한 것인가하는 문제는 앞에서 논의한 바와 같이, 미국에서 아직 법원의 판단은 물론 사회적 합의가 도출되지 않은 것으로 판단된다. 특히, 코네티컷 법원에서의 판결에서도 살펴 볼 수 있듯이, 오히려 법원도 이러한 문제에 대한 결론을 내리기 보다는 해당 사건에서 더 이상 판단의 실익이 없다는 이유로 명확한 판결을 피하는 것처럼 보이기도 한다.

그동안 여성은 역사적으로 스포츠에서뿐만 아니라 사회의 모든 면에서 남성에 비하여 차별적 대우를 받아왔기 때문에 여성의 공정한 스포츠 참여를 보장하기 위한 미국의 '타이틀 나인' 등 각종 법과 정책이 마련되어져 왔다. 트랜스젠더 여성의 스포츠 접근권 보호를 위하여 시스젠더 여성과 동일하게 경쟁시키려는 정책과 법안은 남성 또는 트랜스젠더 여성에 의해 여성의 평등권과 권리를 침해하는 것으로 보일 수 있다.

그러나, 한편으로는 시스젠더 여성만이 여성 스포츠 경기에서 서로 경쟁하는 것이 공정하다는 공정성의 고정관념은 오히려 외모, 생식기, 호르몬 수치 등에 따라 여성을 구분짓는 남성들의 상상 속에 존재하는 '순수한 여성'이라는 허상에 근거한 것이라고 판단된다. 올림픽의 역사 속에서도, 여성 선수들은 끊임없이 그들의 여성성에 대한 추궁을 받았고, 때로는 자신의 여성성을 공개적으로 증명해야만 했다. 1936년 베를린 올림픽 100m 금메달리스트 헬렌 스티븐스(Helen Stephens)는 각진 얼굴과 근육질의 남성적 체형으로 '진짜 여자'가 맞는지에 대한 추궁을 당하였고, 올림픽 위원회의 개별적인 신체검사를 치른 후에야 금메달이 인정되었다.

결국, 트랜스젠더 선수들의 올림픽이나 스포츠 대회 참여에 대한 공정성은 절대적 생물학적·과학적 기준이라기보다는 '무엇이 공정한 것인가'라는 '사회적 합의'를 바탕으로 결정되어야 할 것이다.

-이상호·김종환·조용찬, 「트랜스젠더 선수의 스포츠 대회 참여에 대한 공정성 고찰」, 『스포츠엔터테인먼트와 법』 24(4), 2021, 3-16쪽.

올림픽은 세계를 하나로 묶는 국제적인 스포츠 행사'였습니다'. 현재형으로 표현하지 않은 것은, 올림픽의 의의가 잘 구현되고 있는지 의문이기 때문입니다. 사실 고대 그리스 세계에서도 올림픽은 치열한 경쟁의 장이었습니다. 올림픽이 열리는 동안에는 폴리스(polis, 도시 국가)들이 전투를 중단했다고 합니다. 그런데 이 점이 너무 부각되어 있는 것 같습니다. 올림피

아의 경기장 안에서 폴리스 간의 전투는 계속되었습니다. 격투기 선수들은 알몸으로 상대가 죽을 때까지 싸웠고, 승패에 따라 관중들은 희열이나 좌절을 느꼈습니다. 올림픽 경기에서 쌓인 앙금이 이후의 현실 정치에 지대한 영향을 미치기도 했다고 합니다.

현대의 올림픽도 크게 달라 보이지는 않습니다. 국가 그리고 언론사마다 메달의 개수를 집계해 국가별 순위를 매깁니다. 과거에는 일률적으로 금메달 1개가 다른 모든 메달보다 우선시되었지만, 지금은 메달의 총 개수로 순위를 매기는 경우도 있습니다. 그러나 국가 간의 경쟁으로 보는 시각에 본질적인 변화가 생긴 것은 아닙니다. 올림픽이 전쟁이나 인종 청소, 혐오나 편견의 확산을 막는 데 유의미하게 기여하고 있는지도 모르겠습니다. 2022년 초에는 베이징 동계 올림픽 기간에도 우크라이나와 러시아 간의 무력 충돌이 계속되었습니다. 2024 파리 올림픽에서는 가자 지구 전쟁이 양측의 설전(舌戰, 말로 옳고 그름을 가리는 다툼)으로 재연되었습니다. 올림픽이 정치적 이데올로기를 재확산하고 스포츠 산업 기득권의 이권을 수호하는 데 급급하다는 비판이 제기되는 이유입니다.

근래에는 트랜스젠더 선수를 둘러싼 논란까지 더해져 올림픽, 더 나아가 스포츠 정신이 대체 무엇인가를 묻게 합니다. 2017년에 열린 세계역도선수권대회에서 뉴질랜드의 트랜스젠더 선수 로렐 허버드가 은메달을 획득하자 곧바로 공정성 논란이 일었습니다. 세계역도연맹의 테스토스테론(남성 호르몬) 기준을 충족해 여성으로 출전했지만, 트랜스젠더 수술을 받은 4년 전까지는 남성이었으므로 근육량이나 근력 면에서 다른 여성 선수들보다 우월할 수밖에 없다는 비판이 주를 이루었습니다.

2024 파리 올림픽에서는 알제리의 복싱 선수, '이마네 칼리프'가 논란의 중심에 섰습니다. 2023년, 국제복싱연맹(IBA)은 세계선수권 대회에 출전해 경기 중이던 칼리프를 실격 처리합니다. 그런데 연맹이 언제 어떤 방식으로 칼리프의 염색체를 검사했는지에 관해서는 명쾌하게 공개되지 않았습니다. 반대로 국제올림픽위원회(IOC)는 칼리프가 올림픽에 여성 선수로 출전하는 것을 허용했습니다. 그리고 논란의 중심에 섰던 칼리프는 시종일관 '나는 여자로 태어나 여자로 살아왔다'고 주장했습니다. 결국 칼리프는 여자 복싱 웰터급 종목에서 금메달을 획득했지만, 여론의 비판을 받아야 했습니다. 올림픽 전, 국제복싱연맹이 부패 스캔들에 휘말려 국제올림픽위원회로부터 '인정 철회' 처분을 받은 사실이 알려지면서, 칼리프를 둘러싼 논란은 정치·외교적 함의까지 안게 되었습니다.

영어권 위키피디아에 따르면, 과거에는 올림픽 출전 선수들을 대상으로 성별 검사를 엄격하게 진행했다고 합니다. 모든 선수의 신체를 직접 검사하다가(과거 우리나라에서도 병역 신체검사를 이런 식으로 했습니다. 군의관과 징병 대상자 모두에게 모욕적인 일이었습니다) 나중에는 볼 안쪽을 면봉으로 훑어서 유전자를 검사했다고 합니다. 이후 2000년 시드니 올림픽 이후로는 선택적 검사로 전환되었고, 2011년 이후로는 일부 종목의 국제 연맹에서 테스토스테론 수치를 활용해 성별을 검사했습니다. 그 이후로는 종목별 국제 연맹이 성에 관한 규정과 기준을 정해 자율적으로 대회를 운영하고 있습니다. 그러나 2024년 파리 올림픽 이후, 성별 검사를 강화하려는 움직임이 일어나고 있습니다.

한 예로, 세계육상경기연맹(WAT)의 회장, 세바스찬 코는 2025년 3월에 모든 여자 육상 선수를 대상으로 유전자 검사를 하겠다고 밝혔습니다.[36] 그는 유전자 검사를 "경쟁의 공정성에 대한 절대적인 집중을 유지하고 신뢰를 제공하는 정말 중요한 방법(a really important way of providing confidence and maintaining the absolute focus on the integrity of competition)"이라고까지 했습니다. 신임 국제올림픽위원장 커스티 코벤트리도 트랜스젠더 및 여성성별장애(DSD) 관련 선수들의 출전 기준을 명확히 하기 위한 작업에 착수했다고 합니다. 성별 검사를 연맹 자율에 맡기지 않겠다는 것이지요.

'같은 성별끼리 경기해야 한다'는 전통적인 인식에 반발하는 사람들은 계속 늘고 있습니다. (가)도 그러한 부류에 속하는 글입니다. 애당초 모든 선수들의 신체 조건이 다른데, 성별 요소만을 유독 문제로 삼을 이유가 없다는 주장이 들어 있습니다. 누군가는 해당 종목에서 좋은 성적을 거두는 데 유리한 신체 조건을 타고 나지만, 누군가는 그렇지 못한 것이 사실입니다. 이 글은 또한, 역사적 사례를 들어 유독 여성의 신체에 관한 검열과 통제가 자의적으로 이루어져 왔다는 점을 강조합니다. '여자 같아 보이는' 남자 선수에게는 벌어지지 않을 신체 검증이 '남자 같아 보이는' 여자 선수에게는 종종 이루어져 왔다는 것입니다.

(가)는 선수가 속한 국가의 소득 수준이나 문화, 제도, 환경의 차이가 크다는 점도 지적합니다. 동마다 수영장이 잘 마련된 나라에서 태어나 후원사의 전폭적인 지원을 받고 성장한 여자 선수와, 그러한 시설이 전혀 갖

---

36 The washington post, 〈World Athletics to require gender test for female track and field athletes〉, 2025.03.25, https://www.washingtonpost.com/

추어지지 않은 빈곤한 국가의 남자 선수가 경쟁하게 되었다고 가정하여 봅시다. 두 선수 모두 해당 종목의 국제 연맹에서 요구하는 최소한의 요건(경력, 기록 등)은 충족했다고도 가정합니다. 이 경기는 '공정한' 경기일까요, '불공정한' 경기일까요? 이 경기가 불공정한 경기라면, 그 이유는 무엇 때문입니까? 각자 깊이 고민해 볼 문제입니다. (가)는 생물학적(과학적) 기준이 스포츠의 공정성을 높이는 절대적 기준이 될 수는 없다고 주장합니다. '무엇이 공평하고 올바른가'에 관한 사회적 합의가 필요하다는 입장입니다.

다음 지문을 다루기 전에 한 가지 당부를 덧붙입니다. 바로 앞 단락의 말미에서 밝힌 것처럼, '공정성'은 '공평', '올바름'에 관한 평가를 전제하는 단어입니다. 각자의 주장이 첨예하게 대립할 수밖에 없는 뜨거운 감자이지요. 우리나라에는 특히 '공정한 것 = 경쟁 = 객관적인 것을 활용한 경쟁 = 수치화할 수 있는 것, 기계로 측정할 수 있는 것을 활용한 경쟁 = 객관식 문제로 학생들을 한 줄로 세우는 경쟁 = 다양한 반응이 가능한 주관식·정성 평가는 불공정한 것'이라는 믿음이 전통신앙처럼 오래 이어져, 학교를 밑동부터 갉아 먹어 왔습니다. 어른들의 잘못된 신념이 학생들에게 '정답은 정해져 있다', ''상대방'이란 이겨야 하는 대상을 말한다', '상대방이 나보다 나은 대우를 받는 것은 아닌지 늘 살펴야 한다'와 같은 강박을 갖게 합니다. 그래서 '공정성'과 같은 화두를 교실에서 다루다 보면, 곧잘 감정싸움으로 번지게 되는 경우를 자주 봅니다.

근래에 대두되고 있는 세대 간의 공정성(일자리 및 연금 자원 배분의 문제), 남녀 간의 공정성(병역의 의무 균등 이행 문제 / 여성 혐오, 유리 천장 및 남아있는 가부장 문화의 문제) 문제에 관해 사회적 합의가 잘 도출되지 않는 것도 결국

'공정성'을 잘못 이해한 교육의 문제에서 기인한다고 봅니다. 통계청의 발표에 따르면, 우리나라는 사회갈등지수가 멕시코, 이스라엘 다음으로 높은 나라입니다(55.1점, 2024 한국의 사회지표). 인종 문제에 시달리는 미국(43.5점)보다도 높습니다. 단국대학교 분쟁해결연구센터(DCDR)의 연구에 따르면, 2013년부터 2022년까지, 10년간 지출된 사회적 갈등 비용이 2,326조원에 달했다고 합니다.[37] 양극화는 심해지고, 출산율은 유의미하게 반등하고 있지 않습니다. 높은 자살률과 노인 빈곤율이 '각자도생(各自圖生, 제각기 살아갈 방법을 꾀함)'하라는 메시지를 후대에 전하는 것만 같습니다.

공정성은 옳고 그름의 문제를 다루는 가치 지향적 단어입니다. 그렇기 때문에 공정성에 관한 각자의 생각은 다를 수밖에 없습니다. 각자의 옳고 그름의 판단 기준이 무엇인지 자유로이, 그러나 예를 갖추어 말하되, '상대의 옳고 그름'에 대해서는 말하지 말아야 합니다. 상대 '주장'의 옳고 그름에 대해 조목조목 지적하는 것으로 충분합니다. '그러니까 너희(또는 '너희 집단')는 비이성적이다'와 같은 말은 옳고 그름을 도출하는 데 아무런 기여를 하지 못합니다. 더불어, '나의 주장'은 나의 '주장'일 뿐, '나'가 아닙니다. 나의 주장에 관한 논박과 나에 대한 비난을 구분할 줄 알아야, 토론자로서의 자격이 있다고 할 수 있습니다.

진리를 탐구하는 방식에는 여러 가지가 있을 수 있습니다. 깊은 동굴 속 어디에 보물 상자가 있는지, 분기점에서 왼쪽으로 가야 하는지 오른쪽

---

37 배윤경 기자, 〈근대사회 속 전근대 모습 격화…우리사회 전문가 17인의 혜안은〉, 2025.06.25, 매일경제, https://www.mk.co.kr/

으로 가야 하는지 의견이 다를 수 있지요. 중등교육과정에서는 '토의'는 공동의 문제 해결을 위한 집단적 소통 과정으로, '토론'은 입론과 반론의 과정을 거쳐 옳고 그름을 가리는 집단적 경쟁의 과정으로 서술하고 있습니다. 그러나 이는 서구식 '디베이트(debate)'의 개념을 인용해 교과서에 이식하면서 생긴 편협한 정의입니다. 토론 또한 나와 상대방, 그리고 세계를 '이해하기 위한' 담론의 한 방식입니다. 우리 선조들은 그렇게 토론하지 않았습니다. 대표적으로, 다산 정약용 선생이 남긴 글을 보면 이를 잘 알 수 있습니다. 상대의 방식이 마음에 들지 않는다고 해서 그의 산소통을 자르려 들거나, 동굴 자체를 무너뜨리려 들면 결국 증오와 파멸만이 남습니다.

같은 맥락에서, 이 글의 중심 화제에 속하는 '트랜스젠더'에 관해서도 당부하겠습니다. 이 논제는 '트랜스젠더'를 인정할 수 있느냐, 아니냐를 묻고 있지 않습니다. '스포츠 분야의 공정성이란 무엇인가', '젠더가 혼합된 경기는 불공정한 경기인가' 등의 질문을 하고 있는 논제입니다. 우리의 상식, 기호, 신념이 어떠하든지 간에, 이미 어떤 사람들은 자신의 생물학적 성과 인식적 성이 다르다고 여기며 살아가고 있습니다. '트랜스젠더'라고 불리는 이들이 이미 '존재'하고 있는 것이지요. 우리에게는 누군가의 존재를 승인하고 말고 할 권리가 없습니다(철학에서는 이를 다루는 영역을 '승인론'이라고도 합니다). 누군가의 존재 승인 여부를 논하는 일은, 이미 존재하고 있는 이들을 부정할 가능성을 내포하고 있으므로 매우 위험한 결과를 낳을 수 있습니다.

제국주의 시절의 일본은 조선인과 조선어의 존재를 승인하려 하지 않았지요. 그래서 '일선동조(日鮮同祖, 일본과 조선의 조상은 하나다), 내선일체

(內鮮一體, 일본과 조선은 한 몸이다(內는 일본을 의미))' 사상을 강요했습니다. 그런데 '넌 나와 다르지 않아!' 라고 아무리 외쳐본들, 나와 너는 '늘' 다릅니다. 나의 존재 양상과 존재 여부는 동등한 외부의 타자에 의해 좌지우지될 수 없는 영역에 속하기 때문입니다.

논쟁적인 주제에 관한 글을 쓰는 일은, 글쓴이를 공적 토론에 참여하는 '행위자' 로 만듭니다. 상대를 나와 동등한 '행위자' 로 인정할 때, 한나 아렌트가 가장 중요하게 생각했던 '행위(action, 각자의 인격을 자유롭게 드러내는 일)' 도 가능해진다는 점을 충분히 숙고합시다.

(나) 『주역』은 남녀가 가진 생물학적인 차이와 속성에 분명한 다름이 있지만, 이들 사이에 질적 혹은 성적 차별이 있다는 점은 전혀 언급하지 않는다. 이것이 바로 『주역』이 말하는 남녀관의 핵심이다. 나아가 『주역』은 서양의 '이것 아니면 저것'이라는 이분법적 사유 방식과는 달리 '이것이면서 또한 저것'이라는 상관적인 사유 방식(correlative model)을 보여준다. 이러한 상관적 사유 방식의 배경 속에서 남녀의 성별 기능은 결코 이질적으로 분리되지 않으며 서로를 배척하지 않는다. 『주역』이 이야기하는 남자와 여자의 다름은 질적 차이나 종류의 차이를 강조하는 것이 아니라, 오히려 각기 다른 기능, 교호성(交互性) 및 상호 포섭에 있다. 이러한 관점에서 『주역』은 양(陽) 속에 음(陰)이 있고, 음(陰) 속에 양(陽)이 있는 상황을 매우 흥미롭게 표현하고 있다. 이를 남녀의 관계에 적용하면, 남자 속에 있는 여성성(feminine)과 여자 속에 포함된 남성성(masculine)을 괘(卦)의 도상을 통해 절묘하게 드러낸다.

(중략)

이 구절은 소옹의 학문적 체계에서 다양한 역할을 하지만, 직관적으로 해석하면 모든 현상의 근원이 마음에서 비롯된다는 것을 의미한다. 이때, 마음은 단순한 관념을 넘어 존재론, 나아가 우주론까지 확장될 수 있으며, 따라서 남녀의 구별 역시 마음의 작용에 따라 그 형태가 둘에서 넷, 혹은 더 다양한 형태로 변화할 수 있는 것이다. 이러한 관점에서 본다면, 소옹과 『주역』에서 드러난 현상 또는 기(器)는 고정된 형상이라기보다는 성질이나 속성으로 해석될 수 있다. 이런 관점에서 보면, 남녀에 대한 관념 또한 영구적으로 고정된 것이 아니라 하나의 성질 또는 속성으로 이해할 수 있는 가능성이 열린다. 이는 젠더를 포함한 인간의 분류를 추가함으로써, 오직 생물학적 차이에 따라 남녀를 구분하여 경기를 분류하던 스포츠 현장에 새로운 대안을 제시할 수 있게 한다. 현재 여성 스포츠 현장에서 발생하는 젠더의 쟁점은 트랜스젠더를 여성 스포츠 선수로 볼 수 있느냐는 질문에서 비롯되었다. 이 문제는 결국 인간의 성별을 오직 남녀로만 나누려는 전통적 남녀관에 기인한 것으로 볼 수 있다. 만약 전통적 남녀관을 토대로 트랜스젠더만 참가하는 경기를 따로 편성한다면, 이는 그들을 인간의 범주로 보지 않는다는 해석을 낳을 수 있으며, 인권의 측면에서 접근할 경우 차별에 해당될 수 있다. 따라서 현재의 스포츠 현장은 트랜스젠더 선수를 차별하지 않기 위해 부득이하게 여성 스포츠에 그들을 포함시킨 것이다. 하지만 앞서 살펴본 것과 같이, 시스젠더 여성을 위한 경기에서 트랜스젠더 선수의 참여는 또 다른 형태의 차별을 초래할 수 있어 이 문제는 딜레마에 빠지게 된다. 이를 해결하는 가장 현실적인 방안은 트랜스젠더를 또 하나의 성으로 받아들일 수 있는 인식의 전환과 이를 가능하게 하는 논리적 토대를 마련하는 것이다. 만약 이러한 인식 전환이 성공적으로 이루어진다면, 남성 스포츠, 여성 스포츠, 트랜스젠더 스포츠 및 남녀트랜스젠더 혼합 스포츠가 각각의 스포츠 범주로 자리 잡아 차별이 아닌 차이만 있는 건전한 스포츠 환경을 회복할 수 있을 것이다.

-엄진성·정병석, 「젠더와 주역: 여성 스포츠와 관련하여」, 『동서철학연구』 112, 2024, 173-204쪽.

(나)는 동양의 고전, 『주역』을 다루고 있습니다. 『주역』을 중국의 고전이라 하지 않고 동양의 고전이라 한 것은, 말 그대로 동아시아권에서 널리 읽힌 훌륭한 책이기 때문입니다. 성경이나 불경을 팔레스타인산, 또는 인도산 지역 문학 작품이라고 하지 않는 것과 같은 이치입니다. 고전에는 국적이 없습니다. 읽는 이 모두의 국적이 그 작품에 절로 부여된다고 해도 과한 비유가 아닐 것입니다.

(나)는 독특한 글입니다. 『주역』은 양과 음, 움직임과 멈춤, 뜨거움과 차가움, 단단함과 부드러움과 같은 이질적인 두 성질을 바탕으로 세상의 모든 것이 '늘' 변화한다는 사상을 체계화한 책입니다. 우리나라의 국기에 그려진 '4괘'도 본래 이 주역에 실려 있습니다. 『주역』은 '변화한다는 사실'만이 '변화하지 않는 진리'라는 점을 매우 체계적으로 설명하고 있는 철학서입니다. 계룡산 아래 같은 데 가면 『주역』을 사주팔자를 봐주거나 연인 간의 궁합이 잘 맞는지를 보는 데 쓰는 이들이 많지만, 본래는 훨씬 심오한 철학을 다루고 있는 책입니다.

(나) 또한 『주역』의 상대주의적 가치관에 주목하고 있습니다. 양 속에 음이 있고 음 속에 양이 있다는 『주역』의 설명과, 『주역』이 이분법적 사유

방식에서 벗어나 있다는 점 등을 강조하고 있지요. (나)에 언급된 '소옹'이란 이는 『황극경세서』라는 책을 집필한 북송 시대의 학자입니다. 동양철학사를 자세히 배우는 중이 아니므로, '아 이런 사람이 있구나' 정도로만 알고 넘어가도록 합시다. (나)는 『주역』에 관한 소옹의 해석을 인용하고 있습니다. 모든 현상의 근원이 마음에서 비롯된다는 소옹의 주장은, 분석론적이고 절대론적인 서양의 전통 철학과 대비됩니다.

근대 이후로, 서구적 사상이 보편화되었습니다. 합리주의, 개인주의, 분석주의에 기초하고 있지요. 그래서 근대인들은 밝게 빛나는 만월(滿月, 음력 보름날 밤에 뜨는 둥근달)을 보면, '보름달이다', '달이 꽉 찼다'는 현상 그 자체에 집중합니다. 반면 전통 시대의 동아시아인들은 여기에서 더 나아가 '변화'에 집중했습니다. 그래서 '달도 차면 기운다'와 같은 속담이 만들어질 수 있었습니다. 미국 사람들은 값이 오른 주식에 투자하는데, 우리나라 사람들은 값이 떨어지는 주식에 투자해 성적이 나쁘다는 농담도 있습니다. 값이 오르는 주식을 사는 것을 꺼린다고도 하지요. 이 또한 눈에 보이는 정적인 현실 그 자체보다, 동적인 흐름(변화)에 관심을 갖기 때문으로 볼 수 있지 않을까요?

(나)가 소개하는 『주역』과 이에 관한 소옹의 풀이에 따르면, '남', '녀'라고 하는 전통적인 성 인식도 충분히 변할 가능성이 있습니다. '모든 것은 변한다. 그것만이 변하지 않는 진리이다'라는 『주역』과 도교의 가르침은 성별이라고 하여서 예외를 두지 않는 것 같습니다. 우리가 상식 또는 보편적 통념이라고 여겼던 것들이 과거에는 전혀 그러하지 않았던 경우들도 많습니다. 구체적인 사례를 조사하면서 논제에 관한 자신의 견해를 세워

보는 것도 좋겠습니다. 이번 논제에는 학생이 쓴 글을 싣지 않습니다. 마지막 논제인 만큼 자기 힘으로 한 글자씩 자기 견해를 표현하여 봅시다. 그리고 이런 글을 쓸 수 있는 시간이 우리에게 주어졌다는 평범한 사실에 고마움을 느껴보는 것도 좋겠습니다. 모두의 건강과 행복을 빕니다. 세상은 더 나아질 것입니다.